관상인문학
상학전서

관상인문학

상학전서

梁 卓 生 編著

사람을 꿰뚫어 보는 법

相學全書

學古房

　　과연 인간은 타고난 운명대로 살아가는가? 아니면 운명과 별개로 개척해야 하는 가? 또는 어떻게 살아갈 것인가? 혹은 어렵거나 방향키를 잡지 못하고 살아가는 사람들에게 여명(餘命)의 지혜를 알려주는 방법은 무엇일까? 이러한 의문을 갖고 동양술수학과 인연을 맺은 지도 20년 세월이 흘렀다. 학부과정에서 동양학(주역 · 명리 · 관상 · 풍수)을 공부하고 대학원 석사(동양학 전공), 박사(동양학 전공)를 공부하면서 오로지 人相學[관상학]에 매달려 사람의 형모(形貌)와 연결된 미래를 연구하는데 심혈을 기울였다. 그리하여 「고전상학의 수명론 연구 –동양의학과 관련하여-」 논문으로 박사학위를 받았다.

　　중국속담에 "글을 모르고 살 수는 있지만 사람을 모르고는 세상을 살 수가 없다." 는 말이 있다. 사회적 인간관계가 쉽지 않음을 여실히 보여주는 대목이다. 인상학[관상학]은 외형적 형모에 모두 드러나 있다. 그래서 양(陽)의 학문이라고 한다. 상(相)을 본다는 것은 어린나무 즉 떡잎부터 자라나는 나무[木]를 눈[目]으로 세밀히 살피는 것에서 출발한다. 따라서 상학(相學)이란 바깥으로 투출된 외모를 심미안(審美眼)으로 세세히 들여다 봐야 한다.

　　인상학[관상학]의 역사는 인간이 국가를 형성하여 사회라는 테두리가 생겼을 무렵부터 함께 했을 것이다. 상대를 알아야 나를 지켜내며 살아갈 수 있기 때문이다. 기록에 의하면, 관상은 기원전 약 8세기부터 시작되었다. 중국의 동주(東周)시대 숙복(叔服)의 일화가 『좌전(左傳)』에 나타나 있는데 여기에 관상에 관한 내용이 있다.

　　인상학이 대학 제도권에 정착되어 학문으로 인정을 받고 많은 논문들이 나오면서 사회 일반인들의 관심도가 많이 달라졌다. 이 책은 관상의 개념, 역할, 그리고 관상의 역사 등 인상학[관상학]의 기초지식을 알기 쉽게 서술했으며, 특히, 관상의 시원(始原)은 고전에서부터 시작되었으므로 여러 고전에 나와 있는 내용들을 일일이 한자와 함께 수록하였다. 이는 대학에서 인상학[관상학]을 연구하고자 하는 석 · 박사 과정의 학우들에게도 유용하게 활용할 수 있도록 하였으므로 관상에 관심있는 여러 독자들에게 유익하게 활용되었으면 하는 바람이다.

乙巳年　正初

창암　양 탁 생

제3부   十三部位와 耳·鼻·目·口
         십삼부위   이 비 목 구

제4부 古典에 나타난 觀相
　　　 고 전　　　　　　관 상

제 **1** 부

觀相學의 概要
관 상 학　개 요

1 | 관상학의 개념

인간과 동물, 식물 그리고 토지나 지역의 특성이 외부로 나타나는 모습이며, 협의의 개념으로는 얼굴의 표현과 형태 그리고 영적 본질과 성격이 겉으로 나타난 표정을 말한다.

즉, 관상학이란 사람에 대한 외모의 구성, 특히 얼굴의 모습을 한 인간의 심성(心性)과 연결하여 연구하는 학문이라 할 수 있는데, 한 걸음 더 나아간 상학의 의미를 보면 사회화의 결과인 체상, 일상생활에서 형성된 정신적·심리적 상태가 외부로 나타난 모습을 근거로 개인의 성격·체질·건강, 그리고 사회적 관계를 추론하는 학문이라고 할 수 있다.

외모가 심성의 표현이라는 관상학(Physiognomik-Ausdrucksdeutung)의 어원을 보면 그리스어의 'physis'(자연), 그리고 'gnome'(생각·의지)의 합성어이다. 이와 같이 관상학(Physiognomik)은 관상(Physiognomie)을 연구의 대상으로 하며 관상을 연구하는 사람을 관상학자(Physiognom)라고 한다.

관상학은 "사람은 마땅히 도에 의거해야 한다."는 고전의 정통 논리와 다르지 않다. "어떠한 인생관을 가지고 삶을 살아가니까 체형이 이렇게 변해가고 얼굴 또한 그렇게 변해 간다."는 식으로 인간의 주체적인 역량을 강조한다. 따라서 관상학이란 삶의 태도, 곧 인생관에 의해 이미 주어진 외형을 가꾸고 다듬어가는 학문적 작업이며 더 나아가 인간학(人間學)이라고도 할 수 있는 것이다.

사람의 얼굴 생김새 뿐 아니라 체격·언변·걸음걸이까지 종합적으로 들여다봐야 사람의 성품과 운명을 제대로 파악할 수 있고 그러한 성품과 운명은 자신의 노력에 따라 바꿀 수 있다. 사람의 얼굴은 사유의 방법에 따라 표정이 만들어지고 이것이 근육의 변화를 이루어 내어 마침내 그 얼굴 속에 자신의 운명과 삶의 방향 등이 나타나게 된다. 이것은 얼굴뿐 아니라 마음의 모습·체상·언상·걸음걸이·제스처 등 그 사람의 전체적인 모습과 행동에도 나타난다.

2 | 관상학의 역할

1) 관상학의 특징

일반적인 인상학의 수동적 운명론을 탈피하고 마음과 생각을 다스려 관상을 바꾸고 사회적 관계를 개선하여 운명까지 바꾸도록 인도하는 적극적이며 미래지향적 특징을 갖고 있다.

따라서 누구나 쉽게 접근하고 창의적으로 만들어 나갈 수 있는 삶의 방식이며, 오대양 육대주가 있듯 소우주인 사람은 오장육부가 있으며, 그 장기의 건강상태가 얼굴의 기색 또는 찰색으로 나타난다.

2) 관상학의 의미

히포크라테스는 서양에서 상을 가장 먼저 보았다는 인물로, 얼굴색을 보며 병을 읽고 치료에 임했다. 살과 뼈, 근육의 형태뿐만 아니라 얼굴의 부분 부분에 나타난 미묘한 색의 변화로 현재의 마음·건강·가까운 미래까지 읽어내기도 한다. 이것을 '찰색'이라 부르며 관상의 꽃이라고도 한다.

한방에서는 관형찰색이라 하여 기계를 통해 몸 사진을 찍지 않고 얼굴색만 보고도 질병을 읽는다. 찰색 관리는 그리 어려운 것이 아니다. 안정된 마음과 충분하고 편안한 수면, 반복되는 미소는 좋은 찰색을 유지하게 하는 방법이 된다. 비록 인물이 떨어진다 해도 찰색이 좋으면 긍정적인 대인관계를 유지하게 되고 좋은 운을 부르게 되어 성공하게 된다. 여기에 얼굴 탄력까지 붙어있으면 최상의 상이 된다.

얼굴의 30% 정도가 타고나는 것이라면 70%는 후천적 환경이나 노력으로 만들어지는 것인데 특히 표정은 더욱 그러하다. 나이 40이 되면 자기 얼굴에 책임을 져야 하는 까닭도 여기에 있다. 개인의 잘생긴 인상이 자신의 내면에 있는 편안한 마음과 건전한 정신 상태가 인체의 외부로 드러나는 모습이라 할 때 그 인상이 사회적 관계에서 밀도 있는 협동과 공존, 그리고 신뢰의 심도를 결정하는데 긍정적 영향을 주게 되는 것이다.

그러기에 '잘생긴' 사람들이 직장을 더 잘 얻고, 학교에서 점수를 더 잘 받으며, 친구를 더 잘 사귈 수 있다는 연구 결과가 있으며 이에 따라 인위적인 성형수술이 가속화되고 있는 시대가 된 것이다.

심리학자 로버트 치알디니에 의하면 "사람들은 잘생긴 사람을 보면 능력 있고 친절하고 정직하며 머리가 영리할 것이라 연상한다."고 한다. 미국과 캐나다의 샘플집단을 연구한 경제학자들은 매력적인 사람이 평범한 동료들보다 12~14%의 월급을 더 많이 받는다는 사실을 밝혀냈으며, 우리의 판단 과정이 체격과 골격의 영향력에 민감하다는 연구 결과도 있다.

인간에게 더 좋은 직장, 더 좋은 점수, 더 많은 친구는 더 좋은 사회생활을 보장하며 그의 행·불행에도 영향을 미친다. 더 행복해지고 싶고, 더 잘 살고 싶은 인간의 욕구는 물적·육체적 고통을 감내하고서라도 원하는 상을 얻어내기 위해 얼굴의 상은 물론 체형을 바꾸는데 많은 관심을 가지고 있다.

한국의 경우 성형외과 전문의가 1,200여 명이 된다. 인구 비율로 볼 때 성형의사 수가 세계 최다라고 볼 수 있으며 그들은 연간 약 50만 건을 시술하고 있다. 문제는 이 성형의 방향이 과연 얼마나 좋은 인상을 만들어내고 있는가 하는 문제이다. 성형도 사회상을 반영하면서, 혹은 글로벌시대가 가속화되면서 유행을 달리하고 있다.

해외여행이 자유화되고 서구문화가 본격적으로 들어오기 시작한 1980년대 우리나라 여성들의 성형은 주로 서양식 쌍꺼풀수술이었다. 쌍꺼풀이 어느 정도 휩쓸고 간 1990년대는 너도 나도 코 높이기 성형이었고, 2000년대 들어서는 턱과 유방확대수술이 두드러지게 많아졌다. 성형이 얼굴에서 몸으로 옮아가는 성의 의식구조 변화는 성개방풍조라는 사회현상과 무관하지 않다.

성형뿐만 아니라 화장품과 스파·보톡스·마사지 등의 발달로 미용 산업은 세계적으로 호황을 누리고 있다. 주름살을 펴는 보톡스를 판매하는 미국 제약회사 앨러간의 미용의학품 매출은 5억 달러에 육박하며 이 중 30%는 미국 외에서 판매된 것이다. 미국 내 미용시술도 1997년에 비해 226% 증가해 6백90만 건으로 늘었다. 보형물 삽입·보톡스·레이저 시술 등 최근 몇 년 사이 신기술이 꾸준히 개발되면서 미용시술의 대중화가 더욱 가속화되고 있다.

이렇게 아름답고 멋있어 보이고 싶은 여성과 남성들의 인상은 개성강조보다는 유행 따라 그 시대의 대표적 미(美)의 상(相)으로 획일화되어 가고 있는 실정이다. 요즘 유행하는 성형의 현상은 남녀를 불문하며, 기업을 대표하는 CEO들도 회사이미지를 위해 성형외과나 피부과를 통해 젊게 보이려는 노력을 아끼지 않는다.

우리의 시대상에 비추어 해석해 보면 긍정적인 측면보다는 비교적 바람직하지 않은 방향으로 가고 있다는 것을 알 수 있다. 성이 문란해지면 가정이 파괴될 것이고 그것이 사회적 문제가 된다. 현대는 적극적인 자기 운명 개척 방향으로 성형이나 화장, 기타 미용시술이 활용되는 시대이다. 그렇다면 이를 긍정적으로 전환시킬 필요가 있다.

3) 관상학의 필요성 및 발전방향

업계 종사자는 물론 일반인들이 관상학에 대한 보다 많은 관심과 공부를 통해 '관상학(건강·사회적 관계·대인관계에 의한 길흉화복)에 의거한 행운이 오는 상'으로 방향 설정을 한다면, 인간의 운명은 물론, 나아가 바람직한 사회를 만들어가는 중추적 역할을 할 수 있다.

이렇게 되기 위해서는 관상학의 사회학적 접근을 위한 실험과 연구가 더욱 활발해져야 한다. 과학적이고 합리적인 실증연구결과가 많이 발표되어야 하고, 그렇게 될 때 관상학이 잡술이나 미신이 아닌 제도권의 학문으로서 정착할 수 있을 것이다.

4) 관상학의 사회적 활용성

(1) 한의학의 사상의학

동양에서 오랜 역사적 전통을 가진 관상학은 현재 학계에서도 채택돼 유용하게 사용하고 있다. 인체의 외형으로 드러난 특징들을 기반으로 인체 내부의 오장육부 상태를 진단하고 그 치료법까지 제시하는 『동의보감』은 현재 한의학계에서 여전히 채택돼 실제 임상에 응용되고 있으며, 이제마의 사상체질의학은 국내 한의과 대학에서 독립된 연구과목으로 채택되어 실용되고 있는 실정이다. 관상학적 차원의 체질분석은 환자의 질병을 치료하는데 기본이 되며 이는 사상의학적 치료요법의 하나이기 때문이다.

(2) 기능적 사회관계를 위한 관상학

관상학을 통해 인간개체를 파악함으로써 서로를 이해하게 되고, 업무의 질을 향상시킬 수 있다. 인간을 연구하기 위한 첨단의 다양한 교육 프로그램이 있는데도 불구하고 관상학을 회사 개선의 한 방편으로 선택한 이유는 거시적 관상학의 특징과 내용이 집단의 조직 친화적 마인드 진작에 효과적이기 때문이라는 것이다.

관상학 교육의 목적을 보면, 조직문화를 효과적으로 기획하고 관리하는 이미지 트레이닝, Skill 체득을 통해 리더로서의 기본 소양 능력 배양을 배양하고, 성원의 현상을 파악하여 부서 내 긍정적 변화를 주도하는 적극적·조직친화적 마인드를 향상시킬 수 있다.

(3) 상으로서의 역할과 사회적 기능

명리학적인 음양오행과 장기의 중증질환 발현과의 관계에서, 타고난 오행의 태과불급, 상생상극작용, 유년의 상극성과 기신에 의하여 오행의 부조화에 따라 장기의 중증질환과 연관성이 있는 것으로 나타났다. 따라서 부조화 되어있는 오행에 해당하는 장기에 대하여, 중증질환을 예측하여 운동·생약·식이요법으로 사전에 보완, 관리함으로서 건강을 유지할 수 있는 것으로 사료된다. 연구 결과가 명리학적 접근을 통해 중증질환 발현을 최소한 감소시킬 수 있는 운동요법·생약·식이요법 등을 사전에 보완함으로써 취약한 장기를 효과적으로 보완하는데 기여할 수 있게 되었다.

3 | 동양의 관상학

1) 동양의 관상학 기원 및 발달과정

(1) 동양관상학의 개념

사람의 상을 살펴봄에 있어 눈·코·입을 보는 면상뿐 아니라, 체상(體相)이나 수상(手相)·족상(足相)·성상(聲相)·언상(言相)·보상(步相)·제스처·몸의 언어(body language) 등도 함께 포괄한다.

(2) 동양관상학의 기원 및 발달과정

동양에서 관상학의 기원을 논할 때 빠뜨릴 수 없는 인물이 동주(東周)시대(B.C.770~B.C.256년)에 내사(內史)라는 벼슬을 지낸 숙복(叔服)이다. 관상학과 관련된 그의 일화는 『좌전(左傳)』에 처음 등장한다. 이에 의하면 노(魯)나라 문공(文公)때의 재상 공손오가 숙복이 관상을 잘 본다는 이야기를 듣고 자신의 두 아들의 상을 보게 하였는데, 과연 그가 상을 본 바대로 오차 없이 두 아들이 그대로 성장하므로 이후 관상학이 널리 보급되었다는 것이다. 이것이 관상학과 관련해 문헌에 등장하는 최초의 기록이라 할 것이다.

『좌전』에 의하면 숙복은 관상뿐만 아니라 천문과 풍수에도 능했던 것으로 전해진다. 魯나라 文公 14년 가을에 성괘(星卦)가 북두칠성에 침입한 현상을 관찰한 숙복은 앞으로 7년 이내에 송(宋)·제(齊)·진(晋)나라의 세 임금이 반드시 죽고 군웅이 할거하는 전국(戰國)시대가 전개될 것이라고 예언하였던바, 그의 난세도래예언이 적중하였고, 문공의 아버지인 희공을 장사지낼 때 주왕(周王)혜공이 숙복에게 명하여 장묘의 일을 감독하게 했다는 기록들이 이를 뒷받침한다. 공자보다 100여 년 앞선 시기의 인물인 숙복은 뛰어난 관상학자·천문지리학자로서 그 명성을 쌓았으며, 관상학의 태두로 인정받고 있다.

숙복의 뒤를 이은 관상학자로는 공자 당대의 인물로 추정되는 고포자경(姑布子卿)이 있다. 고포자라는 이름 뒤에 '경'이라는 글자가 붙여진 것으로 보아 주나라 왕실의 고관이었을 것으로 짐작되는 그는 공자의 상을 직접 보았다는 설이 전해 내려오고 있다. 고포자는 공자의 얼굴을 본 뒤 "둥근 코끝에 넓은 이마, 맑은 눈동자와 넓고 큰 입모습은 가히 성인이 나심을 알겠도다.(日準月角河目海口可知聖人之誕)"라고 평했다고 한다. 고포자가 공자의 얼굴이 잘 생겼다는 주위의 말을 듣고 직접 공자가 머물고 있는 집으로 찾아가 다음과 같이 평하였다 한다.

眉有十二釵光　　　　　(눈썹에 열 두 광채가 서려 있고)

有四十九表　　　　　　(몸에 마흔아홉 가지의 위표가 있으니)

後日必是大聖之格　　　(훗날 반드시 대성인이 될 격이다)

공자에 대한 고포자의 평가에 대해 역사적 사실 여부를 가려내기는 어려우나, 고포자가 탁월한 관상학 실력을 가지고 있음을 짐작하게 해주는 대목이다.

고포자경 다음으로는 위나라(魏)의 당거(唐擧)가 뛰어난 관상학자로서 이름을 떨쳤다. 당거의 이야기는 사마천의 『사기(史記)』「열전편」에 자세히 언급되어 있으며 순자(荀子)의 『비상편(非相編)』에도 "옛적에 명상 고포자가 있더니 지금은 당거가 있다."라고 써있는 것으로 볼 때, 그의 관상학 실력에 대해 높이 평가할 수 있다.

관상학을 연구하는 사람들은 숙복과 고포자 때의 상법은 주로 골상(骨相)을 위주로 한 것이었으나 당거에 이르러 기색(氣色)을 살펴보는 법이 가미돼 관상학의 학문적 토대가 구축되었다고 주장한다. 그러나 이들이 보았다는 상법은 후세에 전해지지 않아 더 이상 구체적인 내용을 파악하기가 어렵다.

이후 관상학은 한나라(漢)가 천하를 통일한 시기에 매우 번성하게 되었다. 한의 건국주인

유방(劉邦)이 관상학을 신봉하였고, 이로 인해 관상학자들을 크게 등용하였기 때문이다. 사마천의 『사기』 권8 「고조본기(高祖本紀)」에는 유방이 관상을 신봉하게 된 것에 대해 자세히 기술되어 있다. 유방이 천자가 되기 전 사수(泗水: 강소성 패현 동쪽)지역의 말단 관리로 지내면서 주색잡기에 빠져있을 무렵, 관상 보기를 좋아했던 여공(呂公)이란 인물이 우연히 유방의 상을 보게 되었다. 유방은 콧날이 높고 이마는 튀어나와서 얼굴 모습이 마치 용을 닮았으며, 왼쪽 넓적다리에는 72개의 검은 점이 있었다. 유방의 상을 살펴본 여공은 "나는 어려서부터 상을 보기를 좋아하여 많은 사람의 상을 보았지만, 그대만한 호상(好相)은 없었다."고 하면서 유방에게 자중해 지낼 것을 당부하며 자신의 딸을 선뜻 내주며 그를 사위로 맞아들였다. 여공의 딸이 바로 훗날 효혜제(孝惠帝)와 노원공주를 낳은 여후(呂后)였다.

이후 유방은 마음을 잡고 큰 이상을 품어 천하를 통일할 수 있었고, 관상학자들을 널리 등용해 정사를 함께 의논했다고 한다. 이렇게 되자 황실의 비밀까지도 거머쥔 관상학자들은 큰 세력을 확보하게 되었고, 당시 사람들은 이들을 선망하여 '선가(仙家)'라고 부르기도 하였다.

유방이 장안(長安)에 수도를 정해 천하를 다스리던 서한(西漢) 시기에 뛰어난 관상학자들이 많이 배출됐는데, 그중에서도 허부(許負)라는 관상학자가 단연 으뜸으로 거론된다.

허부는 당대의 명장이었던 한신(韓信)의 상을 봐준 뒤 그 이름을 드날렸고 엄청난 부(富)를 축적했다고 전해진다. 허부의 관상학 실력은 반고(班固)의 『한서(漢書)』에 소개되어 있다. 허부는 漢文帝때 문무를 겸비하고 그 위세를 천하에 떨친 주아부(周亞夫)의 상을 보고 "그대는 3년 후에 제후에 봉해지고, 제후가 된 지 8년 만에 다시 재상이 되어 존귀해지지만, 재상이 된 지 9년이 되면 굶어 죽게 되어 천수를 누리지 못한다."라고 평했다. 주아부의 얼굴에서 일직선을 이루는 주름(법령)이 입으로 향해 들어왔으므로 이는 굶어 죽을상이라는 것이었다. 주아부는 허부의 예언대로 승승장구의 영화를 누리다가 결국 모함에 걸려 5일간 단식하다가 사망하고 말았다. 이렇듯 관상학에서 뛰어난 적중률을 보였던 허부는 현존 상서(相書) 중에 보이는 이목구비 모형(貌形)을 저술한 사람으로 알려져 있고, 이것이 『인륜식감(人倫識鑑)』에 기재되어 있다. 이 때문에 허부는 숙복·고포자·당거에 이어 관상학의 4대 명가로 꼽히고 있다.

허부 외에도 겸도(鉗徒)·관로(官輅)·허교(許敎) 등이 걸출한 관상학자로 이름을 날렸는데, 특히 겸도는 그의 문하에서 많은 제자들을 배출하였다. 동방삭(東方朔)도 겸도의 제자 중의 한 명으로 전해진다. 이처럼 漢의 시대에는 그 어느 때보다 관상학이 융성했고 역사에 이름을 남긴 관상학 대가들도 적지 않았다. 당시 관상학은 '선술(仙術)'이라 일컬어질 만큼 일종의 비술(秘術)로 자리 잡았고 아무나 쉽게 배우도록 허락되지 않았다고 한다.

　이후 관상학은 남북조시대에 이르러 새로운 전기를 맞게 된다. 양나라(梁) 무제 원평 3년에 인도에서 불교의 전파를 위해 중국으로 들어온 한 선승(禪僧)의 등장이 그것이다. 바로 이른바 '달마상법'의 주인공인 달마대사가 그 주인공이다. 달마는 중국인의 의식 속에 깊이 뿌리박고 있는 현세에 대한 집착을 보고 포교의 한 방편으로써 관상학을 공부하였다고 한다. 그러나 달마대사가 과연 달마상법의 주인공인지에 대해서는 현재까지도 논란이 분분하다. 이때부터 관상학은 선가(仙家: 道家)에서는 도교적으로, 불가(佛家)에서는 불교적으로 연구하게 되었고, 그 명칭이나 술어가 다른 점이 많게 되었다. 예를 들어 상법(相法)의 십이궁(十二宮)에서 선가에서는 눈썹을 형제궁(兄弟宮)이라고 하면 불가에서는 도반궁(道伴宮)이라고 하고, 선가에서 턱을 지각(地閣)이라고 하면 불가에선 불지궁(佛地宮)이라고 부르는 식이다.

　당송(唐宋)시대에 이르러서는 순양조사(純陽祖師)·일행선사(一行禪師)·사마두타(司馬頭陀)·마의선사(麻衣禪師) 등이 관상학으로 유명하였고, 특히 송 초기의 인물인 마의선사는 '마의상법(麻衣相法)'을 남겨 달마의 달마상법과 관상학의 쌍벽을 이뤘다. 마의선사는 화산(華山) 계곡에서 살았는데 겨울철에도 항상 삼베옷만 입고 지냈다고 한다.

　당시에 진박(陳博)이란 학자가 관상학에 뜻을 두고서 마의선사를 스승으로 모시고 10여 년간 관상학을 공부하였다. 송의 태종은 진박의 소식을 접하고 궁중으로 그를 불러들여 간의대부(諫議大夫)라는 벼슬을 주려 할 정도로 진박의 인품을 아꼈다 한다. 그러나 진박은 이를 마다하고 마의선사 곁으로 돌아갔는데, 이에 감복한 송태종은 노자(老子)『도덕경』에 나오는 구절을 비유해 "보여도 보이지 않음을 希(희)라 하고, 들려도 듣지 않음이 夷(이)와 같다." 하여 '희이'라는 시호를 하사하였다. 진박은 이후 선가의 비전으로만 전수돼 오던 관상이론서들을 정리해 『상리형진(相理衡眞)』과 『신상전편(神相全編)』 같은 기념비적인 서적을 지어 대중에 널리 알렸고, 이로 인해 관상학의 중시조(中始祖)로 추앙받고 있다.

　진희이 이후에는 원나라(元) 태조의 스승이었던 벽안도사(碧眼道士)가 관상학으로 유명했고, 명나라(明)에 들어서서는 원충철(袁忠澈)이 유명했다. 원충철은 진희이의 『신상전편』을 증정(增訂)한 사람으로 유명한데, 이 책은 한국과 일본에까지 전해졌다. 또한 그가 지은 관상학 저서 『유장상서(柳莊相書)』 역시 현대에도 유용한 관상서로 널리 읽히고 있다. 청나라(靑)의 강희(康熙)시대에는 관상학에 대한 학술적인 체계가 완전히 정립돼 많은 저자(著者)들이 배출되었다.

2) 한국 관상학의 기원

관상학이 한국에 전래된 것은 언제쯤인지 정확히 밝혀진 기록은 없다. 그러나 신라 선덕여왕 때 당으로 유학 간 승려들이 달마대사의 상법을 배웠다는 야사(野史)의 기록들이 적지 않은 것으로 보아, 이 당시 어떤 식으로든 관상학이 한국에 전파된 것으로 추정해 볼 수 있다. 야사의 기록들을 모은 『동국야사』에서는 당시 승려나 도학자들이 영걸들의 관상을 보고 미래의 운명을 예견했다는 사실들이 기록돼 있다. 특히 우리나라 풍수학의 시조로 받들어지는 신라 말의 도선국사는 당나라 일행선사의 학설을 배워 왔다 하며, 왕건을 보고 장차 국왕이 될 것을 예언한 것으로 유명하다.

고려에 이르러 학자 문익점(文益漸)에 의해 상서(相書)가 도입되었다는 것은 역사적 사실이고, 고려 말엽에는 무학대사가 풍수뿐만 아니라 관상학으로도 유명했다고 한다. 또 당시의 관상가 혜증(惠證)은 이성계의 얼굴을 보고 가까운 장래에 창국(創國)할 것을 예언했다 한다.

조선 초기 세조대왕 때에 영통사(靈通寺)의 도승이 칠삭둥이 한명회(韓明會)의 상을 보고 장래에 재상이 될 것을 예언했다는 것이 『한씨보응록(韓氏報應錄)』에 기록되어 있다. 그 밖에 『대동기문(大東奇聞)』에는 관상가들이 고관대작이나 사대부 집에 자주 출입하면서 상으로 예언을 하여 세상 사람들을 놀라게 했다는 사실들이 기록되어 있는 것으로 보아 조선에서도 관상학이 널리 성행했음을 추정해 볼 수 있다.

뿐만 아니라 화담 서경덕, 토정 이지함, 서산대사, 사명당, 권율 장군, 정약용, 격암 남사고, 정북창 등 조선의 걸출한 학자, 종교인들도 관상학에 조예가 깊었던 것으로 전해진다. 그러나 이러한 관상학이 체계적으로 정리되지 못한 채 구전(口傳)으로만 전수되어 왔기 때문에 당시 관상학의 실상을 제대로 파악하기 어렵다는 한계가 있다.

4 │ 고전에서의 관상학

1) 『주역』의 상법

『주역(周易)』은 사물의 본질이나 기미를 파악하기 위해 상(象)을 볼 것을 제시한 최초의 서적으로 8괘와 64괘, 괘사(卦辭)및 효사(爻辭), 그리고 십익(十翼)으로 구성되어 있다. 『주역』 「계사전」에 나오는 상(象)에 대한 개념을 살펴보면 다음과 같다.

> "성인께서 괘(卦)를 만들어 놓고는 상(象)을 살피고 설명하는 말을 더해 길흉(吉凶)을 밝혔다. 강(剛)과 유(柔)가 서로 미루어 나가면서 변화를 낳는다. 이 때문에 길흉(吉凶)은 득실(得)의 상(象)이고, 뉘우침과 부끄러움은 근심과 헤아림의 상이며, 변화(變化)는 나아감 과 물러남의 상이고, 강유(剛柔)는 낮과 밤의 상(象)이며, 육효(六爻)의 움직임은 천지인(天地人)의 도(道)이다. 이 때문에 군자가 거하면서 편안히 여기는 것은 역(易)의 순서이고 기꺼워 서 자세히 보는 것은 효(爻)의 말이다. 이 때문에 군자는 거하면 그 상(象)을 살피고 그 말을 자세히 보며, 움직이면 그 변화를 살피고 그 점을 자세히 본다. 이 때문에 하늘에서 도와주니 길하여 이롭지 않음이 없다."

풀이하자면 태호 복희씨·문왕·주공 등 옛 성인들이 괘와 해석하는 말을 지어서 천지만물 의 본질을 살피고자 했고, 천지만물의 변화와 강유 등에서 그 상(象)을 살피고자 했다는 것이 다. 이 때문에 역(易)이라는 것은 곧 상(象)을 의미하는 것이며, 또 상(象)은 곧 형상(像)을 본뜬 것으로 볼 수 있다는 것이 다음 구절에 등장한다. 역(易)은 상(象)이니 상(象)이란 형상을 말한다. 단(彖)은 재질이고, 효(爻)는 천지의 움직임을 본받은 것이다. 이 때문에 길흉이 생기 고 뉘우침과 부끄러움이 드러나는 것이다.

한편, 『주역』에서 상(象)의 구체적 상징 표현 8가지(8괘)를 살펴보면, 건(乾)은 굳셈이고 곤(坤)은 순함이며, 진(震)은 움직임이고 손(巽)은 들어옴이며, 감(坎)은 빠짐이고 리(離)는 걸림이며, 간(艮)은 그침이고 태(兌)는 기뻐함이다. 乾은 말이 되고 坤은 소가 되며, 震은 용이 되고 巽은 닭이 되며, 坎은 돼지가 되고 離는 꿩이 되며, 艮은 개가 되고 兌는 양이 된다. 건(乾)은 머리가 되고 곤(坤)은 배가 되며, 진(震)은 발이 되고 손(巽)은 다리가 되며, 감(坎)은 귀가 되고 리(離)는 눈이 되며, 간(艮)은 손이 되고 태(兌)는 입이 된다.

곧 역의 건☰ 간☶ 감☵ 진☳ 손☴ 이☲ 곤☷ 태☱의 8괘가 만물과 사람의 인체에 대응시켜 상(象)의 응용 방법을 예시하고 있는 것처럼, 관상학에서 사람의 인체 혹은 얼굴을 12궁으로 나누어 해석하는 것과 그 맥을 같이한다고 볼 수 있다. 결국 사람의 상(相)을 보는 관상학이나, 사람을 포함한 천지만물의 상(象)을 관찰하는 법을 제시하는 『주역』은 본질적으로 다르지 않음을 알 수 있다.

2) 『황제내경』의 상법

『黃帝內經』은 중국 상고시대의 전설적인 인물인 황제와 그의 신하이자 천하의 명의(名醫)인 기백(崎伯)이 의술에 대해 토론한 것을 기록한 것으로 인간의 외모나 행동·태도·성격 등을 음양과 오행이론에 맞추어 해석하면서 치료의학의 영역에서 응용한 서적으로 그 특징은 우주의 본체 혹은 실체를 '氣'로 보았으며, 인간과 우주를 천인상응적(天人相應的) 관계에서 파악했고, 우주의 본성은 음양오행의 법칙에 의하여 일어나므로 관찰과 예측이 가능하다고 보았고, 인간의 건강과 수명은 자연과의 조화여부에 좌우된다 하였다.

3) 『동의보감』의 상법

『동의보감(東醫寶鑑)』은 허준이 내장방서(內藏方書) 500권을 두루 섭렵 고증한 뒤 이를 「목록」 상하 2권, 「내경편」 4권, 「외형편」 4권, 「잡병편」 11권, 「탕액편」 3권, 「침구편」 1권 등, 모두 25권 25책을 5대 강목으로 나누어 저술한 것으로 1613년에 간행된 의서(醫書)이다. 『동의보감(東醫寶鑑)』 「내경편」에서는 인체의 외형으로 드러나는 측면을 통하여 인체 내부의 오장육부(五臟六腑)를 파악하고 이를 통하여 질병을 치료하고자 하는 것이다. 허준의 상법을 살펴보면 다음과 같다.

- 오장이 작고 큰 것이 있다. (五臟有小大)
- 간이 크고 작은 것이 있다. (肝臟大小)
- 심장이 크고 작은 것이 있다. (心臟大小)
- 비장이 크고 작은 것이 있다. (脾臟大小)
- 폐장이 크고 작은 것이 있다. (肺臟大小)
- 신장이 크고 작은 것이 있다. (腎臟大小)
- 담의 상태가 겉으로 나타난 것이 있다. (膽外候)
- 위의 상태가 겉으로 나타난 증후가 있다. (胃外候)
- 소장의 상태가 겉으로 나타난 증후가 있다. (小腸外候)
- 대장의 상태가 겉으로 나타난 증후가 있다. (大腸外候)
- 방광의 상태가 겉으로 나타난 증후가 있다. (膀胱外候)
- 삼초의 상태가 겉으로 나타난 증후가 있다. (三焦外候)

4) 사상의학의 상법

李濟馬는 『동의수세보원』 「사단론」에서 태극(太極)과 사상(四象)과의 관계인 유물유칙(有物有則)의 입장을 견지해 인간을, 정신인 심(心)과 육체인 폐비간신(肺脾肝腎)으로 나누어 설명하고, 이를 천부적인 인품장리(人稟臟理)의 대소(大小)와 인추심욕(人趨心慾)의 활협을 제시하여 네 가지 체질의 차등성을 말하였다.

인품장리(人稟臟理)에서는 폐대간소(肺大肝小)한 사람을 태양인(太陽人), 간대폐소(肝大肺小)한 사람을 태음인(太陰人), 비대신소(脾大腎小)한 사람을 소양인(少陽人), 신대이비소(腎大而脾小)한 사람을 소음인(少陰人)이라 하며, 인추심욕(人趨心慾)에서는 기예이방종(棄禮而放縱: 예의를 버리고 방종)하는 사람을 비인(鄙人: 太陽人), 기의이투일(棄義而偸逸: 의를 버리고 남의 것을 취하거나 게으른)한 사람을 나인(懦人: 少陰人), 기지이식사(棄智而飾私: 지혜를 버리고 사치스럽고 개인적인)한 사람을 박인(薄人: 少陽人), 기인이극욕(棄仁而極慾: 어짐을 버리고 극도로 욕심을 부리는)한 사람을 탐인(貪人: 太陰人)으로 분류한다.

한편, 사상의학에서 인간을 사상으로 분류하는 기준은, 희노애락(喜怒哀樂)의 편차와 지행지상(知行之象)의 양상 그리고 체질과 얼굴로 사람을 분류하는 기준이 있다.

예를 들어 태양인은 양인(陽人)이기 때문에, 양(陽)의 부위에 해당하는 상초(上焦)가 최대로 발달하여 대흉근(大胸筋)이 발달한 것이 가장 특징적이다. 한편 음(陰) 부위인 하초(下焦)는 빈약하고 외로운 형세이다. 이와 반대로 소음인은 음인(陰人)이기 때문에, 양 부위인 상초는 빈약하고 외로운 형색이지만, 음 부위에 해당하는 하초는 발달하여 엉덩이 부위가 크고 견실한 것이 특징적이다. 체질별로 외모의 특징을 정리하면 다음과 같다.

〈태양인의 두면상(頭面象)〉

- 가슴 윗부분이 발달된 체형
- 목덜미가 굵고 실하며 머리가 크고 허리 아랫부분이 약한 편
- 엉덩이가 작고 다리가 위축되어 서있는 자세가 안정되어 보이지 않음
- 하체가 약한 편이므로 오래 걷거나 서있기에 힘듦
- 용모가 뚜렷하고 살이 비후하지 않음
- 전체 사상인 중 가장 숫자가 적음

〈소양인의 두면상(頭面象)〉

- 가슴 부위가 성장하고 충실한 반면 엉덩이 아래로는 약함
- 상체가 실하고 하체가 가벼워서 걸음걸이가 날램
- 엉덩이 부위가 빈약하기 때문에 앉은 모습이 외롭게 보임
- 말하는 것이나 몸가짐이 민첩해서 경솔하게 보일 수도 있음
- 소양인은 많고 비교적 구별이 쉬움

〈태음인의 두면상(頭面象)〉

- 허리 부위의 형세가 성장하여 서있는 자세가 굳건하나, 목덜미의 기세가 약함
- 키가 큰 것이 보통이고 작은 사람은 드물다
- 살이 쪘고 체격이 건실하다.
- 키가 크고 체격이 좋은 편이 대부분
- 태음인의 외모는 소음인의 외모와 비슷한 점이 있으므로 주의를 요함

〈소음인의 두면상(頭面象)〉

- 엉덩이가 크고 앉은 자세가 성장하나, 가슴둘레를 싸고 있는 자세가 외롭게 보이고 약함
- 보통은 키가 작은데, 드물게 장신이 있음
- 상체보다 하체가 균형 있게 발달하였고, 걸을 때는 앞으로 수그린 모습을 하는 사람이 많음
- 상체에 비해 하체가 건실한 편이나, 전체적으로는 체격이 작고 마르고 약한 체형임
- 여자의 경우, 엉덩이가 크고 자궁의 발육이 좋은 체형이기 때문에 아이를 잘 낳음

5 | 관상의 고전

1) 달마상법

(1) 달마상법이란?

달마상법은 중국의 위진남북조시대에 남인도의 달마대사가 불교를 전파하러 중국에 들어왔다가 포교가 여의치 않아 고민하던 중 당시 玄學(현학)의 유행으로 상법에 대한 관심이 높아지자 구년면벽 수행을 통해 깨우친 상법을 불교 포교의 수단으로 삼아 선종을 창시하여 후세에 널리 전해지게 되었으며, 송나라 초기 마의선사가 창안한『마의상법』에 수록되면서『마의상법』과 함께 2대 상전이 되었다.

(2) 달마대사는 누구인가?

천축(天竺) 향지국(香至國) 왕의 셋째 아들로 남인도(南印度) 또는 파사국(波斯國)에서 태어났다. 470년 무렵 중국에 건너와서 선종을 퍼뜨렸다. 반야다라에게서 배우고 40년간 도를 닦았다. 불교를 깊이 믿고 있던 양의 무제와 선문답을 하기도 하였다. 520년 전후에 북위(北魏)의 도읍 뤄양(洛陽)에 갔다가 그 후 허난성 숭산 소림사(小林寺)에서 좌선수행(坐禪修行)에 정진하고 그 선법(禪法)을 혜가(慧可) 등에게 전수하였다. 달마의 전기에는 분명치 않은 점이 많다. 당송(唐宋) 시대 선종의 발전과 더불어 그의 전기가 추가, 보완되어 선종의 1대조로서의 달마상(達磨像)이 역사적 사실과는 별도로 확립되게 되었다. 양무제(梁武帝)와의 문답에 관한 이야기, 혜가가 눈 속에서 팔을 자르고 법을 전수받았다는 이야기, 서역에서 서쪽으로 돌아가는 달마를 만나보았다는 이야기 등이 그것이다.

(3) 달마대사의 생애

보리달마는 남인도 향지국의 셋째 왕자로 태어나 성을 세테이리(利帝利)라고 했다. 또한 달마는 인도가 아닌 페르시아 출신이라고도 하며, 찰제리(利帝利)라고 하는 것은 성이 아니라 인도 4성 계급 중에 크샤트리아를 의미한다고도 한다.

어느 날 '반야다라'라고 하는 고승이 널리 가르침을 베푼다는 말을 듣고 국왕은 그를 왕궁으로 초청하였다. 국왕은 반야다라의 가르침을 받고는 왕에게 광채가 나는 보석을 공양하고 신자가 되기로 하였다. 한편 왕에게는 세 명의 아들이 있었는데, 장남은 '월정다라'라고 불렀으며, 염불삼매의 행을 닦았다. 둘째는 '공덕다라'라고 하는데, 백성에게 봉사하는 것을 기쁨으로 여겼다. 셋째는 '보리다라'라고 불렀는데, 부처님의 가르침을 해석하는 데 뛰어났다.

이에 반야다라는 세 왕자의 지혜를 시험해 보기 위하여 질문을 던졌다. "이 세상에서 이 보석보다 더 훌륭한 것이 있겠습니까?" 월정다라가 대답하였다. "이 보석은 우리나라의 보물입니다. 이 세상에 더 훌륭한 것이 있을 리 없습니다." 공덕다라 역시 비슷한 말을 하였다.

그런데 보리다라가 말하길, "스승님, 이런 보석은 감히 최상의 보물이라고 할 수 없습니다. 이 보물은 가지고 있는 사람만을 기쁘게 할 뿐입니다. 세상에서 제일가는 보물은 여러 가지 법 중에서 부처의 가르침이고, 사람이 지닌 뛰어난 여러 가지 능력 중에서는 지혜가 가장 두드러집니다. 그리고 지혜 중에서는 마음의 지혜가 최상이라고 생각합니다. 이 세 가지 보물이 가장 훌륭할 것입니다." 반야다라는 그가 큰 그릇 임을 알고 크게 칭찬하였다.

얼마 후에 국왕이 승하하자 보리다라는 반야다라를 따라 출가하여 불법을 배우게 되었는데, 이에 이름을 '보리달마'라고 하였다. 달마가 스승 밑에서 수행하기를 40여 년, 반야다라는 임종에 이르러 달마에게 유언을 남기며 입적하였다. "내가 죽은 후 67년이 지나면 동쪽 중국이라는 나라에 가서 전법하도록 하여라. 남쪽에 머무르지 말고, 네가 오기를 기다리는 사람들이 있는 북쪽으로 가도록 해라." 이에 달마는 훗날 스승의 명을 받아 중국이라는 나라로 향하게 된다.

달마의 전기에는 분명하지 않은 것이 많지만, 그가 사권릉가경(四卷楞伽經)을 중시하고, 2입(二入)·4행(四行)의 가르침을 말하고, 북위 말기의 귀족적 가람(伽藍) 불교와 수행체험을 도외시한 강설(講說) 불교에 대하여 날카로운 비판을 가한 일, 중생의 동일진성(同一眞性)을 믿고 선의 실천수행에 노력한 것 등은 사실로 인정된다. 제자에는 혜가(慧可)·도육(道育)·승부(僧副)·담림(曇林) 등이 있으며, 당(唐)나라 중기에 원각대사(圓覺大師)라는 시호를 받았다.

6세기 초 서역(西域)에서 화베이(華北)로 건너와 뤄양(洛陽)을 중심으로 활동하였다. 종래에는 11세기에 정리된 전승설화 외에 전기나 사상 등이 불분명하였으나, 20세기에 들어와 둔황(敦煌)에서 발견된 어록(語錄)에 의해 벽관(壁觀)으로 일컬어지는 독자적인 선법(禪法)과, 제자들과의 문답이 확인되어 그 실상이 밝혀졌다. 그 시대의 불교가 번쇄한 철학체계에 기울어진 가운데, 벽이 그 무엇도 접근시키지 않듯이 본래의 청정한 자성(自性)에 눈떠 바로 성불(成佛)하라는 설법을 평이한 구어로 말한 종교운동가였다.

8세기부터 9세기에 걸친 급격한 사회변혁 시대였기 때문에 사람들은 새 불교의 이상을 달마에게 구하였다. 불립문자 교외별전(不立文字 敎外別傳: 문자·언어·경전)에 의해 전해지는 것이 아닌 사제의 마음에서 마음으로 직접 전해진다. 직지인심 견성성불(直指人心 見性成佛: 바로 자기의 마음을 파악함으로써 자신이 본래 부처였음을 깨닫는 것)의 4구절에 그 교의와 역사가 집약된다.

달마는 부처(佛陀)로부터 28대 조사(祖師)이며, 정법을 전하기 위하여 중국에 건너왔다. 남해를 건너 남조의 양(梁)나라에 이르러 불교학의 최고봉 무제(武帝)와 문답했으나 정법을 전하는 데에는 부족하다 하여, 비밀리에 북위(北魏)의 쑹산(嵩山) 소림사(小林寺)에 들어가 후에 구하였지만 승낙을 얻지 못하자 한쪽 팔을 잘라 진심을 증명한 설화와, "저는 마음이 불안합니다. 제발 제 마음을 가라앉혀 주십시오 / 그대의 불안한 마음을 한 번 내게 보여주지 않겠나, 그래야 가라앉혀 주지 / 그건 어디를 찾아봐도 발견할 수 없습니다 / 나는 지금 그대의 마음을 가라앉혀 두었네."라고 하는 혜가와의 안심문답(安心問答)이 유명하다. 달마의 선(禪)의 특색은 이러한 대화의 어기(語氣)에 있으며 마침내 사람들은 조사서래의(祖師西來意)를 묻게 되었다. 이 문답이 선종의 모든 것이다.

한편, 인도의 왕자였던 달마대사는(혹자는 페르시아나 네팔이라고도 함) 굉장히 잘생긴 외모를 갖고 있었으며 매우 총명하였다고 한다. 수도승이 된 달마는 종교적인 지식뿐만 아니라 무예에도 조예가 깊었고 유체이탈의 경지까지도 가능했다고 한다. 인도에서 수행을 한 달마는 큰 뜻을 품고 중국으로 가게된다.

가는 도중에 악귀(혹은 도인)에게 속아서 유체이탈을 하게 되는데 돌아와 보니 육신은 이미 사라지고 없었다. 달마는 사용가능한 육신을 찾아서 헤매다가 방금 죽은 행려병자의 몸을 발견하고 그 몸 안에 들어가게 된다. 달마는 그 몸을 갖고 중국에 가서 남은 일생을 살아가게 된다. 그리고 중국에 도착한 달마대사는 소림사에 들어가서 깨달음을 얻고 중국에 대승불교를 전파한다.(소림사의 무술도 달마대사가 만든 것이다). 중국 땅에 처음 선법을 전달한 달마대사는 선종의 시조로서 그에 관한 일화가 많이 있다.

달마대사가 인도에서 중국으로 간 것은 부처의 법 중에 선법을 전하고 중생을 제도하려고 한 것, 달마대사는 선의 경지가 매우 높아서 생사의 경계를 초월해 보통 사람들의 생각으로는 도저히 이해할 수 없는 일들을 예사로 해냈다고 한다. 달마대사가 천산산맥을 넘어 인도에서 중국으로 갈 때 앞을 가로지르는 강물을 만났다. 아무리 살펴봐도 부근에는 배도 없고 인가도 없었지만 달마대사는 태연히 걸어서 강을 건너 중국 땅으로 갔다.

(4) 달마상법의 출현

소림굴에서 부지런하게 자신의 느낀 바를 정리해 나가던 달마대사는 어느덧 새봄을 맞이하면서 한 권의 책을 완성시키고 있는 중이었다. 책의 이름을 '달마상법(達磨相法)'이라고 명명했다. 자신이 연구하고 궁리를 했기 때문인데, 세상의 모든 동물의 형체를 본떠서 기본적인 형상을 이름 짓고 그에 따라서 사람을 판단할 적에는 그 사람의 그릇 속에 들어있는 주인의 품격을 관찰하도록 했다.

이러한 활용은 항상 혜가대사가 알아서 했다. 그래서 소림사에 들어오는 입산제자들은 행자원(行者院)에서 이미 어느 방향으로 수행을 해야 할 것인가를 정해주었기 때문에 항상 자신이 타고난 특성을 찾아서 그 방향으로만 수행을 하면 되었던 것이다. 이러한 방법을 사용해 보니 누구나 무조건 거치게 했던 소림의 법규가 상당히 문제가 있었던 것이 판명났던 것이다.

예전에는 소림에 들어가면 중간에 탈락이 되는 제자들이 5할은 되었는데 이러한 달마상법에 의거한 수련법을 적용한 후로는 1할도 되지 않았다. 웬만하면 자신의 천성대로 수행을 할 수가 있었기 때문이었다. 곰의 상에게는 좌선을 시켰고 행정에는 간여를 하지 않도록 했다. 원래 곰은 행정보다는 한길로 파고 들어가는 것에 유능한 동물이다. 사람도 그러한 성품이 있어서 묵묵하게 앉아서 버티는 데는 아무도 당할 사람이 없는 것이었다.

또, 원숭이의 상을 한 제자에게는 외무를 맡겼다. 그러면 눈썰미가 좋아서 언제나 실수를 하는 법이 없었다. 그런가 하면 범의 상을 가진 제자에게는 호법을 시켰다. 그렇게 된 후로는 강호의 무림인물도 절대로 소림에 와서 행패를 부리지 않았다. 원래가 호형의 얼굴을 한 사람은 투쟁심이 있기 때문에 조용하게 앉아있기만 하는 참선은 힘들다. 그렇지만 움직이면서 하는 행공(行功)은 또 남보다 잘하는 것이다. 이러한 하나하나의 활용을 지켜보면서 혜가조사는 사부님의 안목이 얼마나 현실에 적용되는 가치가 높은가를 절실히 느끼게 되었던 것이다.

그래서 경원에서 공부를 하는 학승들은 불경의 공부 외에 또 하나의 공부를 하게 되었는데, 그것은 바로 달마상법이었던 것이다. 이렇게 해서 달마상법은 소림사에서부터 서서히 실험되어 가면서 그 완성도를 더해 갔다.

2) 마의상법

(1) '마의'라는 이름의 유래

'마의'라는 이름은 송나라 희녕(熙寧: 1068-1077) 연간에 석문영(釋文瑩)이 편찬한『상산야록(湘山野錄)』에 처음으로 등장하는데,『마의상법』의 주인공으로 알려진 마의선사에 대해서는『대한화사전』에 '마의는 송나라 시대 때 상술에 밝았던 인물이며, 진박의 스승으로서 마의와 진박에 대한 일화가『상산야록』에 기록되어 있다.『고승전(高僧傳)』에는 늘 마의(麻衣)만 입고 산속에 홀로 살았다 하여 마의도사(麻衣道士)라는 이름을 얻었다고 기록되어 있다.

(2) 마의상법의 출현

『마의상법』은 중국에서 편찬한 관상서이다. 중국의 당·송대에 이르러 순양조사(純陽祖師)·일행선사(一行禪師)·사마두타(司馬頭陀)·마의선사(麻衣禪師) 등이 관상학으로 유명했다. 특히 송대 초기의 인물인 마의선사는 화산(華山) 계곡에 살며『마의상법』을 남겼는데 달마의『달마상법』과 관상학의 쌍벽을 이루었다.

마의선사(혹은 마의도자(麻衣道者))는『신이부(神異賦)』(『석실신이부(石室神異賦)』 또는 간략히『석실부(石室賦)』라고도 함),『금쇄부(金鎖賦)』,『은시가(銀匙歌)』 세 편을 편찬했다고 한다. 그 후 진박은 이 세 편을 채록하고 또 다른 관상학자들의 상설(相說)을 첨삭하여 오늘날 널리 알려진『마의상법』이라는 이름으로 총칭되고 있다.

이 책은 실용성이 높아 우리나라에서도 조선시대에 필사본과 영인본이 많이 나돌았고, 지금은 국내에 여러 번역본이 출간되어 있다. 이 책이 많이 알려진 이유는 다른 관상서와 달리 오관(귀·눈썹·눈·코·입)의 형태별 특징에 대하여 그림과 함께 자세하게 설명해 놓았기 때문이다. 그래서 관상 실전에 필요한 실용성으로서의 가치가 매우 높다. 따라서 관상에 관심이 있는 사람들에게는『마의상법』이 필독서나 마찬가지이다.

한편, 송의 태종은 진박의 소식을 접하고 궁중으로 그를 불러들여 간의대부(諫議大夫)라는 벼슬을 주려고 할 정도로 진박의 인품을 아꼈다. 그러나 진박은 이를 마다하고 마의선사 곁으로 돌아갔는데, 이에 감복한 송태종은 노자(老子)의『도덕경』에 나오는 구절을 비유해 "보여도 보이지 않음을 희(希)라 하고, 들려도 듣지 않음이 이(夷)와 같다."고 하여 '희이'라는 시호를 하사하였다.

진박은 이후 선가의 비전만으로 전수되어 오던 관상 이론서들을 정리해『상리형진(相理衡

眞)』과 『신상전편(神相全編)』 같은 기념비적인 서적을 지어 대중에게 알렸고, 이로 인해 관상학의 중시조(中始祖)로 추앙받고 있다.

(3) 마의상법 목록

■ 卷一 권일

· 十三部位總圖歌(십삼부위총도가)　· 流年運部位歌(유년운부위가)

· 運氣口訣(운기구결)　· 識限歌(식한가)

· 十二宮(십이궁)　· 十二宮秘訣(십이궁비결)

· 五官總論(오관총론)　· 五嶽(오악)

· 四瀆(사독)　· 三主三柱(삼주삼주)

· 五星六曜(오성육요)　· 五星六曜決斷(오성육요결단)

· 六府三才三停(육부삼재삼정)　· 四學堂(사학당)

· 八學堂(팔학당)　· 人面總論(인면총론)

· 五行形(오행형)　· 五行色(오행색)

· 五行象說(오행상설)　· 論形(논형)

· 論神(논신)　· 論形有餘(논형유여)

· 論神有形(논신유형)　· 論形不足(논형부족)

· 論神不足(논신부족)　· 論聲(논성)

· 論氣(논기)

■ 卷二 권이

· 相骨(상골)　· 相肉(상육)

· 相頭幷髮(상두병발)　· 相額(상액)

· 論面(논면)　· 論眉(논미)

· 論目(논목)　· 論鼻(논비)

· 相人中(상인중)　· 相口(상구)

· 相脣(상순)　· 相舌(상설)

3) 유장상법

(1) 유장상법이란?

『유장상법』은 『마의상법(麻衣相法)』과 함께 중국 상학(相學)의 양대 기축(基軸)을 이루는 책이다. 『유장상법』은 명나라 초기 황제의 측근에서 인사(人事)를 담당하던 대신이 저술하였으므로 그만큼 실용적이고 세미(細微)한 내용이 담겨져 있는 것이 특징이다. 특히 그 가운데 「영락백문(永樂百問)」은 황제와 저자가 상술(相術)에 대해 나눈 대화를 기록한 것인데, 그 내용이 파격적(破格的)이며 구체적이어서 상학(相學)에 뜻을 둔 학자들이라면 필독해야 할 심비(深秘)이다.

(2) 원공·원충철 부자와 『유장상법』의 저자

원공·원충철은 부자간이다. 이들을 설명하기 위해서는 이들이 활동하던 시기와 배경을 살펴볼 필요가 있다. 명나라 태조 주원장은 28명의 아들을 두었으며 이들을 전국 요지에 분봉(分封)하여 제실의 안정을 도모하였다. 그러나 1392년 황태자인 의문태자(懿文太子)가 병사하고 1398년 태조 자신도 사망하였다. 태조 사망 후 의문태자의 아들인 주윤문(朱允炆)이 16세로 즉위하였는데 그가 혜제(惠帝)(1383-1402)이다. 1399년 태조의 다른 아들로 연경(燕京: 지금의 北京)에 주둔 중이던 연왕(燕王) 주체(朱棣)(1360-1424)가 정난(靖難)을 일으켜 수도 경사(京師)(지금의 남경)를 함락하고 제위를 찬탈하였는데 이가 영락제(永樂帝)이다.

영락제는 즉위 후 동북지역으로 흑룡강 하류로부터 장백산 북쪽까지를 정벌하여 복속시키고 고비사막 북쪽을 정벌하였으며, 서남지역으로 티베트를 속국화하여 조공을 받고, 안남(安南: 지금의 베트남)을 원정하여 직할 지배하에 두었다. 여섯 차례에 걸쳐 남해지역으로 원정군을 보내 멀리 아프리카 동해안까지 세력을 확장하고 아시카가 요시미쓰(足利義滿)를 일본국왕으로 봉해 왜구를 누르게 하고 감합무역(勘合貿易)의 길을 열었다. 내정면에서는 문화정책에 힘을 기울여 2만여 권에 이르는 일대유서(一大類書) 『영락대전(永樂大典)』과 『사서대전(四書大全)』, 『오경대전(五經大全)』, 『성리대전(性理大全)』 등을 편찬하여 주자학을 국가교학으로 삼도록 하였다. 영락제는 자신이 연왕(燕王)이던 시기부터 원공이라는 대상술가와 교류하며 자문하였는데 『명사(明史)』 「원공전(袁珙傳)」에 그에 관해 다음과 같은 기록이 있다.

帝將建東宮, 而意有所屬, 故久不決. 珙相仁宗曰.. "天子也." 相宣宗曰.. "萬歲天
子." 儲位乃定. 珙生有異稟, 好學能詩. 嘗遊海外洛珈山, 遇異僧別古崖, 授以相人
術. 先仰視皎日, 目盡眩, 布赤黑豆暗室中, 辨之, 又懸五色縷窓外, 映日別其色, 皆
無訛, 然後相人. 其法以夜中燃兩炬視人形狀氣色, 而參以所生年月, 百無一謬. 珙
在元時已有名, 所相士大夫數十百, 其於死生禍福, 遲速大小, 竝刻時日, 無不奇中.

제장건동궁, 이의유소속, 고구불결. 공상인종왈.. "천자야." 상선종왈.. "만세천자." 저위내정. 공생유이
품, 호학능시. 상유해외락가산, 우이승별고애, 수이상인술. 선앙시교일, 목진현, 포적흑두암실중, 변지,
우현오색루창외, 영일별기색, 개무와, 연후상인. 기법이야중연양거시인형상기색, 이참이소생년월, 백
무일류. 공재원시이유명, 소상사대부수십백, 기어사생화복, 지속대소, 병각시일, 무불기중.

주석

황제께서 동궁을 세우려하였으나 뜻이 풀리지 않으므로 오랫동안 결정치 못했다. 원공이 인종을 살핀
후 "천자입니다"라고 하고, 선종을 살핀 후 "만세천자입니다"라고 하였다. 이렇게 해서 태자의 자리가
정해졌다. 원공은 천성적으로 비범한 재능을 타고 났는데 학문을 좋아하여 시문에 능했다. 일찍이 바다
건너 낙가산에 유람갔다가 이승 별구애를 만나 상인술을 전수 받았다. 먼저 밝은 해를 올려다 보다가
눈이 어두워지면 천으로 가려 어둡게 한 암실에서 검은 콩과 붉은 콩을 하나씩 구분하게 했다. 또한
오색실을 창밖에 달아매고 햇살을 받아 비추는 색을 구분토록 하여 모두 그릇됨이 없어진 후에야 사람을
살피도록 했다. 그 방법으로써 밤중에 두개의 등불을 켜놓고 사람의 형상과 기색을 보게 하고 태어난
해와 달을 참고토록 했는데 백번 가운데 한 번도 틀림이 없었다. 원공은 원나라시대부터 이미 유명했으므
로 사대부 수천 명을 살폈는데, 생사와 화복, 운의 늦음과 속함, 크고 작음 그리고 날짜와 시각에 이르기까
지 탁월하지 않음이 없었다.

위의 내용에 의하면 영락제가 태자 정하는 문제를 장기간 동안 결정치 못하다가 원공에게
부탁하여 두 아들의 상에 관한 내용을 듣고 태자를 정했음을 알 수 있다. 원공은 영락제의
장자인 인종(仁宗)(재위 1425-1426)이 장수할 수 없는 상을 지녔음을 '천자입니다(天子也)'로
표현하고 인종의 장자인 선종(宣宗)(재위 1426-1436)의 상을 '태평천자입니다(太平天子)'로
표현하여 인종이 장수하지 못할 것임을 암시한 것으로 당시 황제의 제위를 결정하는 데까지
상술이 활용되었음을 보여주고 있다.
또한 승려 별구애가 원공에게 상술을 비전하는 과정이 소상하게 기록 되어있는데, 별구애는
원공에게 특별히 기색(氣色)을 판별하는 매우 독특한 훈련을 시켰으므로, 원공은 뛰어난 기색
법을 활용하여 대상인물에 대한 운의 흐름을 파악함으로서 원나라 말부터 이미 유명할 수

있었다. 그는 이러한 유명세 덕분에 당시 사대부 등 많은 실력자의 상(相)을 살필 수 있었으므로 원나라의 멸망과 명나라의 개국에 따른 내란 등 시대적 변혁기에 명멸(明滅)하는 권력과 배신, 생사의 갈림 등 필연적인 인간의 운(運)을 예리하게 살피고 분석하여 지식을 축적할 수 있었다. 원공은 일생 동안 연마한 상술(相術)을 자신의 아들 충철에게 비전하였으므로 충철 또한 상술에 탁월하였다. 명나라와 청나라 시기의 기이한 내용들을 기록한 『경이편(庚已編)』에는 원충철의 성격에 관해 다음과 같이 실려 있다.

鄞人袁尚寶忠徹, 得其父太常珙之傳, 以相術妙天下. 嘗道吾蘇, 過閶門沈氏, 沈一子方周歲, 抱之求觀, 尚寶笑且撫其首曰..“切頭, 切頭.” 更無他言. 沈以爲戲弄耳. 其子長名洪, 凶狠不肖, 竟坐重辟. 是歲錄囚, 止此一人…又嘗入南濠徐生藥家, 生子適三日, 方浴而啼, 尚及堂聞其聲, 曰..“是一張盜耳.” 徐聞而怒, 幾欲捶之. 子後亦以探丸論死. 古有視熊狀而知滅族, 聞豺聲而識喪宗, 袁術視之, 殆不多讓也.

은인원상보충철, 득기부태상공지전, 이상술묘천하. 상도오소, 과창문심씨, 심일자방주세, 포지구관, 상보소차무기수왈..“절두, 절두.” 갱무타언. 심이위희롱이. 기자장명홍, 흉한불초, 경좌중벽. 시세록수, 지차일인….우상입남호서생약가, 생자적삼일, 방욕이제, 상급당문기성, 왈..“시일장도이.” 서문이노, 기욕추지. 자후역이탐환론사. 고유시웅상이지멸족, 문시성이식상종, 원술시지, 태불다양야.

주석

은지방 사람 상보 충철은 그 부친 태상공으로부터 전수받아 상술이 천하에 뛰어났다. 일찍이 오소지방을 지나는 길에 심씨 집 대문 앞을 지나게 되었는데, 심씨의 큰 아들이 한돌 되었다. 아이를 안고 충철에게 보아 달라고 했다. 상보는 웃으며 그 아이의 머리를 어루만지며 말하기를 “목이 잘리겠군, 목이 잘려”라고 할뿐 다른 말이 없었다. 심씨는 그저 희롱하는 것으로 여겼다. 그 아들이 자라 이름이 홍이었는데 흉폭하고 성격이 비뚤어져 사람 구실을 못하더니 마침내 중죄를 범하여 그 해에 감옥에 갇히고 멸족하게 되었다. 또한 남호에서 서생약의 집에 들렀는데 새로 태어난 지 3일된 아들을 목욕 시키고 있었다. 아이가 울었다. 상보가 그 집에서 울음소리를 듣고 말하기를 “큰 도둑이로군!”이라고 하였다. 서씨가 듣고 노하여 때려서 내 쫓았는데 그 아이가 후일 살인강도를 하여 사형에 처해지게 되었다. 예로부터 곰의 형상을 보면 멸족할 것을 알고, 승냥이 소리를 듣고 대가 끊길 것을 판단한다 하였는데, 원충철의 상술이 그와 같아서 위태로워도 사양함이 없었다.

위 내용으로 보아 원충철이 부친인 원공으로부터 상술을 전수받았을 뿐만 아니라, 그의 상술 또한 탁월했음을 기록하고 있다. 그러나 원충철의 상술이 뛰어 났음에도 인격은 결코 고상하지 않았음을 그의 신중하지 않은 언행을 통해서 알 수 있다. 또한 한 가지 새로운 사실은, 지금까지『유장상법(柳莊相法)』이 원충철의 저작이며, 원충철의 호가 '유장선생(柳莊先生)'이었던 것으로 국내외에 알려져 있지만『유장상법』은 원충철 혼자만의 저작이 아니라, 그의 부친 원공으로부터 시작된 저작이며 '유장선생' 또한 원공의 호라는 점이다. 그에 관하여는『명사(明史)』「원공전(袁珙傳)」에 다음과 같이 실려 있다.

珙相人卽知其心術善惡, 人不畏義, 而畏禍患, 往往因其不善導之於善, 從而改行者甚多, 爲人孝友端厚待族黨有恩, 所居鄞城西, 遶舍種柳, 自號柳莊居士, 有柳莊集. 永樂八年卒, 年七十有六. 賜祭葬, 贈太常少卿.

공상인즉지기심술선악, 인불외의, 이외화환, 왕왕인기불선도지어선, 종이개행자심다, 위인효우단후대족당유은, 소거은성서, 요사종류, 자호류장거사, 유류장집. 영락팔년졸, 년칠십유륙. 사제장, 증태상소경.

주석

원공은 사람의 상을 보면 그 사람의 마음 씀이 선한지 악한지를 알았다. 사람들이 의를 두려워하지 않고 재난과 우환만을 두려워하므로, 자주 그 불선한 것을 선하게 지도하였기에, 마침내 그 행동을 고친 사람이 매우 많았다. 사람됨이 효성스럽고 우애로우며 단정하고 후덕하여 친척과 고향에 은혜를 베풀었는데, 은성의 서쪽에 살며 집주위에 버드나무를 심고, 스스로 호를 유장거사라고 하였다.『유장집』이 있으며, 영락 8년에 사망하였는데, 76세였다. 황제께서 제사를 하사하고, 태상소경에 추서하였다.

위 내용에 따르면 원공은 불선(不善)치 않은 사람을 착하게 인도할 뿐만 아니라 효심이 지극하고 친구에게는 신의를 지키며 친척과 마을 사람들에게는 은혜를 베푸는 등 인품이 매우 고매했다고 한다. 또한 은(鄞)지방의 성(城) 서쪽에 살며, 집주위에 버드나무를 심고 스스로 호를 '유장거사'라고 하였는데 "학문을 좋아하여 시문에 능했다.(好學能詩)"라고 한 것으로 미루어 중국 동진시대의 시인 도잠(陶潛)(365-427, 도연명)의 취향을 좋아했던 것 같다. 도잠이 집 주변에 다섯 그루의 버드나무를 심어 놓고 스스로 호를 '오류선생(五柳先生)'이라고 했었기 때문이다. '영락 8년' 76세로 사망했다는 것으로 보아 1335년 출생하여 1410년 사망한 것이 확실하며 저서로『유장집』을 남겼다. 그의 아들인 원충철에 관해서는『명사(明史)』「원충철전」에 다음과 같은 내용이 보인다.

嘗坐事下吏罪贖. 正統中, 復坐事下吏休致. 二十餘年卒, 年八十有三. 忠徹相術不殊其父, 世所傳軼事甚多, 不具載. 其相王文, 謂「面無人色, 法曰瀝血頭.」相於謙, 謂「目常上視, 法曰望刀眼.」後果如其言. 然性陰險, 不如其父, 與群臣有隙, 旣緣相法於上前齮齕之. 頗好讀書, 所著有 人相大成 及鳳池喻薰, 符臺外集, 載元順帝爲 瀛國公子云.

상좌사하리죄속. 정통중, 복좌사하리휴치. 이십여년졸, 년팔십유삼. 충철상술불수기부, 세소전질사심다, 불구재. 기상왕문, 위「면무인색, 법왈력혈두.」상어겸, 위「목상상시, 법왈망도안.」후과여기언. 연성음험, 불여기부, 여군신유극, 기연상법어상전기흘지. 파호독서, 소저유 인상대성 급봉지금고, 부대외집, 재원순제위 영국공자운.

일찍이 하급 관리의 일에 연좌되어 재물로서 속죄한 적이 있는데, 정통 중에 다시 하급 관리의 일에 연좌되어 관직에서 물러나게 되고, 20여 년 후에 죽으니 연령이 83세였다. 충철의 상술이 그의 부친보다 뛰어나지 않았으며, 앞질러 말하는 일이 심히 많았는데, 모두 꾸밈이 없었다. 왕문을 살핀 후 "얼굴에 사람의 기색이 없는데 상법에 역혈두(피를 떨어뜨리는 머리)라고 하였다."고 하고, 우겸을 살핀 후 "눈동자가 항상 위를 바라보니 상법에 망도안(칼을 바라보는 흉상)이라 하였다."고 하였는데 후일 과연 그의 말과 같았다. 그러나 원충철은 성정이 음험하여, 그의 부친과 같지 않았다. 동료 대신과 사이가 틀어지면, 황제 앞에서 상법을 이용하여 그를 물어뜯듯 헐뜯었다. 두루 독서를 좋아하였으며, 저서로『인상대성』,『봉지금고』,『부대외집』이 있고, 원순제의『영국공자』에 실렸다고 전한다.

'정통(正統)'은 영종(英宗)(1436-1449, 1456-1465)의 초기 집권 시기인 1436-1449년 사이의 연호로서 원충철은 이 시기에 자신이 관장하는 부서의 하급관리의 죄에 연좌되어 관직에서 물러나고 20여 년 후 83세까지 장수를 누리다가 사망하였다. 왕문과 우겸은 영락제 때 진사에 합격하여 여러 관직을 거쳤으나 제6대 황제인 영종이 1449년 북방으로 침입한 오이라트 부족에게 대패하고 포로가 되었다가 귀환하여 제8대 황제로 복위한 후 석형(石亨) 등의 무고로 기시(棄市)에 처해져 죽었다. 위의 내용 가운데 '忠徹相術不殊其父'에서 알 수 있는 것처럼 원충철의 상술이 그 부친보다 뛰어나지는 않았지만, 대상 인물에 대하여 소위 약점(弱點)에 해당하는 내용을 집중적으로 설파하고, 자신과 사이가 좋지 않은 대신은 황제의 면전에서 핍박하는 등 매우 음험하고 편파적인 성격을 가지고 있었으며 저서로는『인상대성』과『봉지금고』,『부대외집』이 있을 뿐『유장상법』을 저술했다는 내용은 없다. 또한『유장상법』「영락백문」 말미에 다음과 같은 문장이 있다.

予初遊浙省, 復到江南, 後來都下, 見過異相異色數十萬矣, 未嘗誤人之事. 在窓下幾年, 作此一冊三本, 分爲天地人. 上本可知人貴賤窮通, 中本可知人當年吉凶禍福, 下本可知未來休咎, 子孫之盛衰. 凡相盡此四十二訣之中矣. 又附百問在外.

여초유절성, 복도강남, 후래도하, 견과이상이색수십만의, 미상오인지사. 재창하기년, 작차일책삼본, 분위천지인. 상본가지인귀천궁통, 중본가지인당년길흉화복, 하본가지미래휴구, 자손지성쇠. 범상진차사십이결지중의. 우부백문재외.

주석

내가 처음에는 절강성(浙江省)을 유람하고 다시 강남으로 돌아온 후에 수도로 왔는데, 그 동안 서로 다른 상과 서로 다른 기색을 지닌 수십만 명을 보았으나 아직까지 사람의 일에 관해 실수한 일이 없다. 창 아래에서 수 년 동안 이 책하나 세편을 지어 천지인(天地人) 3권으로 나누었다. 상편으로는 사람의 귀천과 궁통을 알 수 있고, 중편으로는 사람의 그 해 길흉화복을 알 수 있으며, 하편으로는 미래의 길흉과 자손의 성쇠를 알 수 있으니 상법에 관한 모든 것을 42결 가운데 담아 영락백문의 뒤에 붙였다.

『유장상법』의 저자가, 처음에 '절성'을 출발하여 강남을 거쳐 수도로 오는 동안 수십만 명의 얼굴을 살펴 자신의 지식이 확고함을 확인한 후 다시 수 년간의 집필기간을 걸쳐 책을 저술하고, 영락황제의 질문에 답한 상법의 중요한 내용을 간추려 기록한 '영락백문' 이 수록되어 있다. '절(浙)'이란 중국에서 절강성(浙江省)을 줄여서 부르는 글자이므로『유장상법』의 저자는 절강성 출신이며, 처음에 절강성을 출발하여 강남을 거치는 등 오랜 기간에 걸쳐 북경에 도달했어야 한다. 원공과 원충철 부자는 절강성 은현(鄞縣) 출생인데『명사』「원충철전」에 따르면,

子忠徹, 字靜思. 幼傳父術. 從父謁燕王, 王北平諸文武, 使忠徹相之.

자충철, 자정사. 유전부술. 종부알연왕, 왕북평제문무, 사충철상지.

주석

(원공의)아들 충철은 자가 정사이며 어려서 부친으로 부터 상술을 전수하였다. 그 부친을 따라와 연왕을 알현하였는데 왕은 충철로 하여금 북평의 여러 문관과 무관들의 상을 보게 했다.

고 하여 충철이 부친을 따라 당시 북경에 있던 연왕을 알현했음을 기록하고 있다. 연왕은

1399년 '정변의 난(靖難)'을 일으키고 1402년 황제가 되었는데, 위에서 "연왕이 원충철로 하여금 북평의 문관과 무관들의 상을 보게 했다."는 기록으로 보아 원충철이 연왕을 만난 것은 1399년 이전이 된다. 원충철은 '정통' 시기인 1436년부터 1449년 사이에 관직에서 물러나 20여 년 후에 83세로 죽었으므로 그의 사망 시기는 1456년에서 1469년 사이가 된다. 이것을 역으로 환산하면 원충철의 출생 시기는 1374년에서 1387년 사이가 되고 원충철이 연왕을 알현했던 시기 그의 나이는 11세 이전으로부터 25세 이전이 되지만, "부친을 따라와 연왕을 알현하였다."는 기록으로 보아 대략 10여 세 때였을 것으로 추정된다. 10여 세 또는 20여 세의 젊은이가 절강성을 출발하여 이미 수십만 명의 상을 살필 만큼 강남을 두루 거치고 북경에 올 수는 없었을 것이므로, 『유장상법』은 원충철의 저작일 수가 없다. 또한 원충철의 자는 '정사'이지 '유장'이 아니다. 『유장상법』은 그야말로 '유장선생'이 저술한 것이다. 이점은 이미 앞에서 살펴본 『명사』「원공전」의 다음 글에서 더욱 분명해진다.

遶舍種柳, 自號柳莊居士, 有柳莊集.
요사종류, 자호류장거사, 유류장집.

주석

버드나무를 집을 둘러싸듯 심고 스스로 호를 '유장거사'라고 하였으며 유장집이 있다.

따라서 『유장상법』은 원충철의 저작이 아니라, 그의 부친 원공이 저작하였으며 원충철이 이에 부기(附記)하여 완성된 책이 확실하다.

제 **2** 부

『麻衣相法』
마 의 상 법

1 | 오형(五形)상법

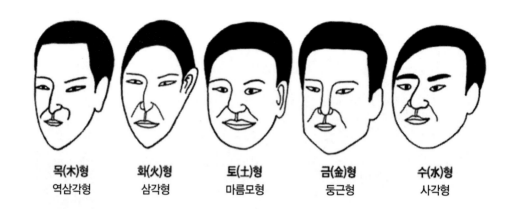

목(木)형	화(火)형	토(土)형	금(金)형	수(水)형
역삼각형	삼각형	마름모형	둥근형	사각형

1) 오행형(五行形)

木瘦金方水主肥(목수금방수주비)

(목형인은 마르고, 금형인은 네모난 듯하며, 수형인은 비만하다.)

목형인은 나무의 형상을 닮아 얼굴·팔다리·몸통이 길다. 이목구비가 가늘고 섬세하며, 나무에 옹이가 지듯이 목형인의 뼈마디가 굵은 것이 특징이다. 금형인은 얼굴과 몸통이 네모지고, 이목구비도 네모꼴이다. 팔다리는 짧으며, 키가 크지 않다. 피부가 하얗고 깨끗하다. 수형인은 얼굴과 몸통이 동그랗고, 이목구비도 둥글다. 팔다리가 짧고, 피부색은 살짝 검은 듯하며, 수염이나 머리카락의 숱이 많다.

土形敦厚背如龜(토형돈후배여구)

(토형인은 두텁고, 등이 마치 거북 같다.)

토형인은 얼굴과 몸통이 두텁고, 이목구비가 둥근 듯 가늘다. 몸이 중후하며, 키가 크다. 피부색이 거무스름 하다.

上尖下闊名爲火(상첨하활명위화)

(위가 뾰족하고 아래가 넓은 듯하면 화형인이다.)

화형인은 위아래가 뾰족하고, 관골이 조금 넓은 듯하여 마치 럭비공처럼 생겼다. 이목구비가 가늘고 끝이 뾰족하며, 팔다리가 늘씬하다.

五樣人形仔細推(오양인형자세추)

(다섯 가지 모습을 자세히 살펴야 한다.)

오체형을 자세히 살피고, 체형에 따라 기질과 성정이 다르므로 깊이 연구해야 한다.

2) 오행색(五行色)

木色靑分火色紅(목색청혜화색홍)

(목색은 청색이며, 화색은 홍색이다.)

홍색은 붉은색이라 보면 된다.

土黃水黑是眞容(토황수흑시진용)

(토색은 황색이며, 수색은 흑색이 적용된다.)

只有金形原帶白(지유금형원대백)

(다만 금형인은 백색을 띤다.)

五般顔色不相同(오반안색불상동)

(오체형마다 얼굴의 색이 서로 다르다.)

3) 오행상설(五行象說)

夫人之受精於水 故稟氣於火 而爲人(부인지수정어수 고품기어화 이위인)

(무릇 사람은 물의 정기를 받고, 화의 기를 품어 사람이 되었다.)

精合而後神生 神生而後形全(정합이후신생 신생이후형전)

(정이 합해진 이후 신이 생하였으며, 신이 생한 이후에 형상이 온전하게 된 것이다.)

是知全於外者 有金木水火土之相 有飛禽走獸之相(시지전어외자 유금목수화토지상 유비금주수지상)

(이를 외형적으로 온전하게 알 수 있는 바가 금목수화토의 형상과 날짐승과 들짐승의 형상에 있음이다.)

金不嫌方 木不嫌瘦 水不嫌肥 火不嫌尖 土不嫌濁(금불혐방 목불혐수 수불혐비 화불혐첨 토불혐탁)

(금형은 모가 진 바를 꺼리지 않고, 목형은 여윈 것을 꺼리지 않으며, 수형은 비만한 것을 꺼리지 않고, 화형은 뾰족한 것을 꺼리지 않으며, 토형은 탁한 것을 꺼리지 않는다.)

다른 체형은 탁한 것을 허용하지 않지만 토형은 만물을 실은 대지를 상징하므로 약간은 탁해도 된다.

似金得金剛毅深 似木得木資財足(사금득금강의심 사목득목자재족)

(금형의 사람이 완전한 金氣을 얻었다면 강건하고 굳세며, 목형의 사람이 완전한 木氣를 얻었다면 재물이 넉넉하다.)

似水得水文學貴 似火得火見機果 似土得土厚櫃庫(사수득수문학귀 사화득화견기과 사토득토후궤고)

(수형의 사람이 완전한 水氣 얻었다면 학문이 귀하며, 화형의 사람이 완전한 火氣를 얻었다면 지모가 있고, 토형인 사람이 완전한 土氣를 지녔다면 창고가 가득하게 된다.)

故豊厚嚴謹者 不富則貴 淺薄輕燥者 不貧則夭(고풍후엄근자 불부즉귀 천박경조자 불빈즉요)

(고로 풍후하고 근엄한 사람은 부유하지 않으면 귀하고, 천박하고 가벼우며 조급하다면 가난하거나 수명이 짧다.)

如子女之氣 欲其和媚 形貌欲其嚴整 若此者不富則貴(여자녀지기 욕기화미 형모욕기엄정 약차자불부즉귀)

(남녀의 기가 온화하고 부드러워야 하며, 형모가 근엄하고 단정해야 한다. 이와 같다면 부유하지 않으면 귀하다.)

사람의 마음이 부드럽고 따뜻하며 단정해야 부귀(富貴)를 누리고, 거칠고 차가우며 인색하면 부귀(富貴)를 누릴 수 없다.

金形清小而堅 方而正 形短謂之不足 肉堅謂之有餘(금형청소이견 방이정 형단위지부족 육견위지유여)

(금형은 맑고 작지만 단단하고, 체형이 모나고 단정하다. 형체가 짧으면 부족한 것이고, 살집이 견실하면 남음이 있다고 한다.)

금형인은 키가 작고, 단단해 보이며, 반듯하고 단정한 것이 특징이다. 근육이 발달했으며 문무를 겸비한 사람이다.

詩曰 部位要中正 三停又帶方 金形人入格 自是有名揚(시왈 부위요중정 삼정우대방 금형인 입격 자시유명양)

(시에 이르길 금형은 각각의 부위가 단정하고 반듯해야 하며, 삼정도 모난듯 해야 한다. 금형인의 격에 맞으면 자연히 이름을 날린다.)

금형인은 이목구비가 네모지고, 얼굴의 삼정과 몸의 삼정이 균형을 이뤘다.

木形昂藏而瘦 挺而直長露節(목형앙장이수 정이직장로절)

(목형은 [가슴은] 들리고, [배는] 늘씬하여 야위었으며, 키가 크고 곧고 길며, 뼈마디가 맺혀 있다.)

頭隆而額聳 或骨重而肥腰 背區薄非木之善(두륭이액용 혹골중이비요 배편박비목지선)

(두상이 풍융하고, 이마가 솟았으며, 혹, 뼈가 굵고 허리의 살이 두툼하다. 그러나 등이 납작하고 얇다면 좋은 목형의 형태가 아니다.)

詩曰 稜稜形瘦骨 凜凜更脩長 秀氣生眉眼 須知晚景光(시왈 능릉형수골 늠름경수장 수기생 미안 수지만경광)

(시에 이르기를, 뼈마디와 체형이 수척하며, [행동이] 의젓하고 늠름하고, [키가] 크다. 눈과 눈썹이 수려하 게 길다면 반드시 말년까지 빛을 보리라.)

목형인은 이목구비가 수려하게 길며, 키가 커서 더욱 늠름하게 보인다.

水形起而浮 闊而厚形俯而趨下 其形眞也(수형기이부 활이후형부이추하 기형진야)

(수형은 살이 들뜬 듯 일어나 있으며, 풍채가 넓고 두툼하며, 형체가 구부정하고, 걸음걸이가 느린 것이 진짜 수형이다.)

수형인은 둥글게 풍만하고, 고개를 약간 숙이고 다닌다.

詩曰 眉粗并眼大 城郭要團圓 此相名眞水 平生福自然(시왈 미조병안대 성곽요단원 차상명 진수 평생복자연)

(시에 이르길, 눈썹이 거칠고, 눈이 크며, 얼굴의 성곽이 둥글둥글하면 이러한 상은 참 수형으로 평생 복이 자연히 따른다.)

수형인은 이목구비가 둥글고, 눈썹 숱이 많다.

火形上尖下闊 上銳下豊 其性燥急 騰上色赤 火之形也(화형상첨하활 상예하풍 기성조급 등상색적 화지형야)

(화형은 위가 뾰족하고 아래가 넓으며, 위는 날카롭고 아래는 너그럽다. 성정이 조급하고, 적색이 상기되어 있으면 화형이다.)

화형인은 머리와 턱이 뾰족하고, 몸이 날쌔며, 행동이 빠르다.

詩曰 欲識火形貌 下闊上頭尖 擧止全無定 頤邊更少髥(시왈 욕식화형모 하활상두첨 거지전무정 이변경소염)

(시에 이르길, 화형의 형모를 알고자 한다면 아래는 넓고 위의 머리가 뾰족하며, 행동거지가 안정되지 않고, 턱 주변에 수염이 적다.)

土形肥大 敦厚而重實 背隆而腰厚 其形如龜(토형비대 돈후이중실 배륭이요후 기형여구)

(토형은 비대하며 몸이 두텁고 실하다. 등이 둥글게 솟고, 허리가 두꺼워 그 모습이 마치 거북 같다.)

토형인은 살비듬이 두텁고 단단하며, 등이 둥글게 솟아 마치 거북의 등껍질을 엎은것 같아 이를 구배[龜背: 거북등]라 한다.

詩曰 端厚仍深重 安詳若太山, 心謀難測度 信義重人間(시왈 단후잉심중 안양약태산, 심모난측도 신의중인간)

(시에 이르길, 단정하고 두툼하여 무게가 있어 우람한 모습이 마치 태산과 같다. 심중의 계략을 측정하기 어렵고 신의가 두터운 사람이다.)

2 | 육부(六府)·삼재(三才)·삼정(三停)

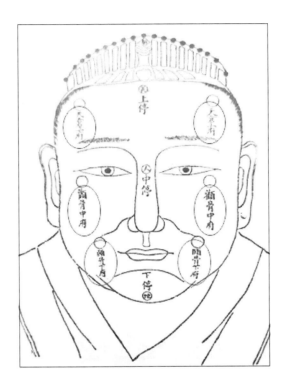

六府者 兩輔骨 兩顴骨 兩頤骨 欲其充實相輔 不欲支離孤露(육부자 양보골 양관골 양이골

욕기충실상보 불욕지리고로)

(육부는 양쪽 보골과 양쪽 관골, 양쪽 이골로서, 충실하고 서로 돕는 듯해야 하며, 어느 한 가지라도
그 격에서 벗어나거나 홀로 드러나서는 안 된다.)

靈臺秘訣云 上二府 自輔角至天倉 中二府 自命門至虎耳 下二府 自頤骨至地閣 (영

대비결운 상이부 자보각지천창 중이부 자명문지호이 하이부 자이골지지각)

(영대비결에 이르길 상이부는 보각에서 천창까지이고, 중이부는 명문에서부터 호이까지이며, 하이부는
이골에서 지각에 이르는 부위이다.)[1]

六府充直 無缺陷瘢痕者 主財旺 天倉峻起多財祿 地閣方正萬頃田 缺者不合(육부충
직 무결함반흔자 주재왕 천창준기다재록 지각방정만경전 결자불합)

(육부가 충만하고 곧으며, 상처나 흉터가 없다면 주로 재물이 풍성하다. 천창이 높게 일어나면 재물의
록[복]이 많고, 지각이 모진 듯 바르면 전답이 만경에 이르게 된다. 그러나 결함이 있다면 이에 해당되지
않는다.)

상이부가 풍융하면 귀(貴)하고, 중이부가 웅장하면 위(威)가 있고, 하이당가 풍만하면 부(富)하다.

三才者 額爲天 欲闊而圓 名曰有天者貴(삼재자 액위천 욕활이원 명왈유천자귀)

(삼재(天地人)는 이마를 하늘(天)로 보고 넓고 둥글어야 하며, 이름하여 하늘이라 하는 바는 '귀'라 할
수 있다.)

이마는 귀천(貴賤)을 살핀다.

鼻爲人 欲正而齊 名曰有人者壽(비위인 욕정이제 명왈유인자수)

(코는 사람(人)으로 보며 바르고 가지런해야 한다. 이름하여 사람이라 하는 바는 '수명'을 의미한다고
말할 수 있다.)

코는 수명의 장단(長短)을 알 수 있다.

頦爲地 欲方而闊 名曰有地者富(해위지 욕방이활 명왈유지자부)

(아래턱은 땅(地)으로 보며 모나고 넓어야 한다. 이름하여 땅이라 하는 바는 '부'를 의미한다고 할 수
있다.)

턱은 빈부(貧富)를 살필 수 있다.

---

1) 영대비결 : 관상서 중에 하나로 복합 사전이다. 상이부는 발제에서 인당까지를 의미하고, 중이부는
   인당에서 준두까지이며, 하이부는 인중[준두아래]에서 지각[턱 끝부분]까지이다. 관상서마다 조금씩
   다르게 표현하고 있다.

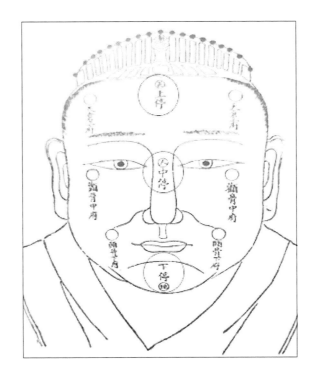

三停者 髮際至印堂爲上停(主初) 自山根至準頭爲中停(主中) 自人中至地閣爲下停(主末)(삼정자 발제지인당위상정(주초) 자산근지준두위중정(주중) 자인중지지각위하정(주말))

(삼정이란 발제에서 인당까지를 상정이라 하며 주로 초년을 주관하고, 산근에서 준두까지를 중정이라 하며 주로 중년을 주관하고, 인중에서 지각까지를 하정이라 하며 말년을 주관한다.)

삼정은 초년의 운 : 15~30세, 중정은 중년의 운 : 31~50세, 하정은 말년의 운 : 51~70세 이상의 운을 본다.

自髮際至眉爲上停 眉至準頭爲中停 準至地閣爲下停(자발제지미위상정 미지준두위중정 준지지각위하정)

(발제에서 눈썹까지를 상정, 눈썹에서 준두까지를 중정, 준두에서 지각까지를 하정이라 한다.)

訣曰 上停長 少吉昌 中停長 近君王 下停長 老吉祥 三停平等 富貴榮顯 三停不均 孤夭賤貧(결왈 상정장 소길창 중정장 근군왕 하정장 노길상 삼정평등 부귀영현 삼정불균 고요천빈)

(결에 이르길, 상정이 길면 젊어서 길하고 창성하며, 중정이 길면 군왕을 가까이에서 모시게 되고, 하정이 길면 노년에 길하고 상서롭다고 하였다. 삼정이 고루 균등하면 부귀영달하게 되지만 삼정의 균형이

맞지 않으면 고독하거나 요절하고, 천하며, 빈천하다.)

이마가 풍융하면 초년에 출세하고, 중정이 웅장하면 중년에 성공하며, 하정이 풍요로우면 말년에 향화를 누린다.

詩曰 面上三停仔細看 額高須得耳門寬 學堂三部奚堪足 空有文章恐不官(시왈 면상 삼정자세간 액고수득이문관 학당삼부해감족 공유문장공부관)

(시에 이르길, 얼굴의 삼정을 자세히 살펴라. 이마가 높으면 반드시 귓구멍도 넓어야 한다. 학당의 삼부가 훌륭하다면 어찌 문장이 뛰어나지 않으며 관직에 나가지 못함을 두려워하랴.)[2]

이마가 높으면 귀(耳)또한 걸맞게 수려해야 지혜롭고 총명한 군자라 할 수 있다.

---

3 | 오악(五嶽)· 사독(四瀆)

1) 오악(五嶽)

額爲衡山南岳 頦爲恒山北岳 鼻爲崇山中岳 左顴爲泰山東岳 右顴爲華山西岳(액 위형산남악 해위항산북악 비위숭산중악 좌관위태산동악 우관위화산서악)

(이마는 형산으로 남악이며, 턱은 항산으로 북악이다. 코는 숭산으로 중악이며, 좌측 관골은 태산으로 동악이다. 우측 관골은 화산으로 서악이다.)

형산·항산·숭산·태산·화산은 중국의 동서남북중앙에 위치한 산의 이름을 따온 것으로 의미는 없다. 다만 산이 높고 웅장해야 한다는 뜻이다.

中嶽要得高隆 東嶽須聳而朝應(중악요득고융 동악수용이조응)

(중악은 높이 솟아야 하고, 동악은 솟아서 서악과 서로 마주 보는 듯해야 한다.)

---

2) 이마를 록학당, 눈을 관학당, 귀를 외학당, 입을 내학당이라 한다.

不隆不峻 則無勢爲小人 亦無高壽(불융불준 즉무세위소인 역무고수)

(높지 않고 적당히 길지 않다면 사람됨이 기세가 없고 소인배에 지나지 않으며 또한 장수할 수 없다.)

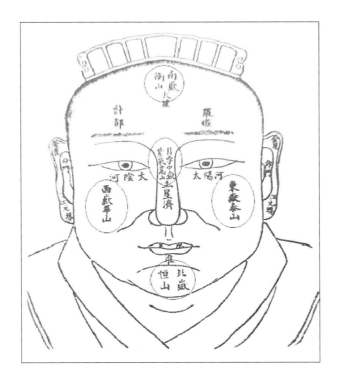

中嶽薄而無勢 則四嶽無主 縱別有好處 不至大貴 無威嚴重權 壽不甚遠(중악박이무세

즉사악무주 종별유호처 부지대귀 무위엄중권 수불심원)

(중악이 얇고 기세가 없다면 사악의 주인이 없는 것과 같아서 설령 다른 곳이 좋다 하여도 크게 귀히
될 수 없고, 위엄과 높은 권세를 누릴 수 없으며 장수를 누릴 수 없다.)

中嶽不及且長者 止中壽 如尖薄晩年見破 到頭少稱意(중악불급차장자 지중수 여첨박만년견

파 도두소칭의)

(중악이 미치지 못하고 길기만 하다면 수명이 중수(中壽)에 지나지 않으며, 준두가 뾰족하고 비량이
얇다면 늙어서 재산을 잃고 마침내는 뜻을 이룰 수 없다.)

南嶽傾倒則主見破 不宜長家(남악경도즉주견파 불의장가)

(남악이 기운즉 반드시 실패를 만나게 되므로 장손으로 마땅치 않은 사람이다.)

北嶽尖陷 末主無成 終亦不貴 東西傾側無勢 則心惡毒無慈愛(북악첨함 말주무성 종역불

귀 동서경측무세 즉심악독무자애)

(북악이 뾰족하거나 함몰되어 있다면 말년까지 성공할 수 없고 끝내 귀(貴)하게 되지 못한다. 동·서악이

기세 없이 모두 기울었다면 마음이 악독하여 자애심이 없다.)

五嶽須要相朝(오악수요상조)

(오악은 반드시 서로 마주 보는 듯해야 한다.)

오악(五嶽)이 서로 마주 보는 듯 조응(朝應)을 하면 이를 조읍지상(朝揖之相)이라 한다.

2) 사독(四瀆)

耳爲江 目爲河 口爲淮 鼻爲濟(이위강 목위하 구위회 비위제)

(귀는 강이 되며, 눈은 하가 되고, 입은 회라 하며, 코는 제라 한다.)[3]

四瀆要深遠成就 而涯岸不走 則財穀有成 財物不耗多蓄積(사독요심원성취 이애안불주 즉

재곡유성 재물불모다축적)

(사독은 깊고 길게 뻗어야 하며, 강의 둑이 빠르지 않아야 한다. 이와 같다면 재물과 곡식이 넉넉하며,

재물이 소모되지 않고 많이 축적된다.)

물가의 둑이 빠르다는 것은 직선으로 곧게 나아가는 것을 말한다. 고로 부주(不走)라는 것은 물의 줄기가

굽이굽이 흘러가야 한다는 뜻이다. 굽이쳐 흐르는 강물이 대지를 적시고, 오곡백과가 열리니 자연 재물이

축적된다는 것이다.

---

3) 강·하·회·제는 모두 중국대륙을 흐르는 강의 명칭이므로 여기에서 큰 의미는 없으며, 강·하·회

·제의 통칭은 사독으로 말할 수 있다. 耳는 호수, 目은 강물, 口는 바다, 鼻는 하천에 비유하면 된다.

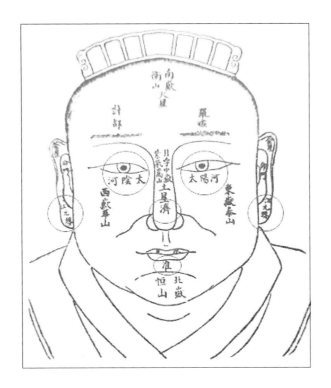

耳爲江瀆 竅要闊而深 有重城之副 緊而聰明 家業不破(이위강독 규요활이심 유중성지부 긴
이총명 가업불파)

(귀는 강독이니 귓구멍이 넓고 깊어야 하며, 귀의 윤곽이 두텁고 잘 감싸야 하고, 수주(垂珠)가 조구(朝口)
하면 총명하여 가업에 실패가 없다.)

귀(耳)의 윤곽이 분명해야 하고, 귓구멍이 깊고 넓어야 한다. 물이 풍부하면 수주지(水主智)라 하여 지혜
가 총명하니 가업의 실패가 없게 된다. 수주는 귓망울이며, 조구는 귓망울이 입을 향해야 한다는 뜻이다.

目爲河瀆 深爲壽 小長則貴光則聰明 淺則短命 昏濁多滯 圓則多夭 不大不小貴 (목
위하독 심위수 소장즉귀광즉총명 천즉단명 혼탁다체 원즉다요 불대불소귀)

(눈동자가 깊은 바다와 같이 검어야 장수를 하고, 눈매는 가늘고 길수록 귀하고, 눈의 빛은 밝아야 총명하
다. 눈동자가 검지 않으면 短命하고, 눈동자가 흐리면 어리석어 되는 일이 없다. 둥글게 큰 눈은 대부분
요절(夭折)하는 수가 있다. 그러므로 눈은 크지도 않고 작지도 않아야 귀하다.)

**口爲淮瀆 要方闊而脣吻相覆載 上薄則不覆 下薄則不載 則無壽無晚福 不覆則家
業破**(구위회독 요방활이순문상복재 상박즉불복 하박즉불재 즉무수무만복 불복즉가업파)

(입은 회독으로 네모난 듯 넓으며 위아래 입술이 서로 균형을 이루고 잘 덮고 실어줘야 한다. 윗입술이 얇아 아랫입술을 잘 덮지 않거나, 아랫입술이 얇아 윗입술을 제대로 싣지 못하다면 장수할 수 없고 늙어서 복을 누릴 수 없다. 입술이 제대로 덮이지 못하면 끝내 가업을 파하게 된다.)

상순(上脣)과 하순(下脣)의 길이가 같아야 하며, 어느 쪽이 길거나 짧으면 복을 실을 수 없으니 장수를 할 수도 없고, 가업을 이어 나가기가 어렵다.

鼻爲濟瀆 要豊隆光圓 不破不露 則家必富(비위제독 요풍융광원 불파불로 즉가필부)

(코는 제독으로 준두가 풍융하고 빛나며 둥그렇고, 비량이 골기가 나오고, 비공이 들리지 않아야 하니 그 집안이 반드시 부를 누리게 된다.)

비량(鼻樑)의 뼈마디가 굵게 드러나고, 준두(準頭)가 둥글지 못하며, 비공(鼻孔: 콧구멍)이 드러나면 격이 깨진 것으로 재복(財福)이 약하다.

4 | 오성(五星)·육요(六曜)

火星須得方 方者有金章(額)(화성수득방 방자유금장(액))[4]

(화성은 모름지기 모난 듯해야 하며, 모난 듯하면 금장의 벼슬을 한다.) (이마)

화성은 이마이며 모나고 넓어야 벼슬길에 나아갈 수 있다.

紫氣須得圓 圓者有高官(印堂)(자기수득원 원자유고관(인당))[5]

인당은 크고 둥글어야 한다. 둥근 사람은 높은 관직에 나아가게 된다.

---

4) 금장(金章): 종2품, 武臣 大將의 벼슬을 말한다.

5) 자기(紫氣)는 북극성을 의미하며, 고관대작(高官大爵)은 3품 벼슬 이상의 공경대부(公卿大夫)를 말한다.

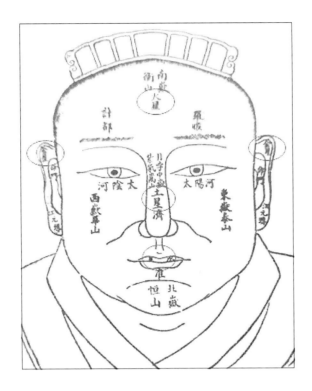

土星須要厚 厚者有長壽(鼻)(토성수요후 후자유장수(비))

토성은 반드시 두툼해야 한다. 두툼한 사람은 장수를 누리게 된다. 코는 건강과 질병, 요절과 장수를 엿볼 수 있는 곳이다.

木星須要朝 五福並相饒(右耳)(목성수요조 오복병상요(우이))

(목성은 상조(相朝: 상응)해야 오복과 풍요를 누리게 된다.)

귀(耳)의 수주(水珠)가 입을 향해 응조(應助)를 해야 복을 잘 받을 수 있다.

귀(耳)는 정면에서 봐서 보일듯 말듯 해야 귀하고, 훤히 잘 보이면 귀하지 못하다.

金星須得白 官位終須獲(左耳)(금성수득백 관위종수획(좌이))

(금성은 맑고 깨끗해야 하니 관직이 마침내 높게 오르게 된다.)

귀(耳)가 깨끗하게 희면 출세가 빠르고, 이성적인 판단력이 뛰어나다.

羅睺須得長 長者食天倉(左眉)(라후수득장 장자식천창(좌미))

(라후는 반드시 길어야 한다. 긴 사람은 복록이 가득하다.)6)

눈과 눈썹이 멀리 떨어질수록 좋고, 가까이에 붙을수록 나쁘다. 천창(天倉)은 눈썹 끝의 살짝 볼록하게 나온 뼈로 천창골(天倉骨)이라도 한다. 눈썹이 천창골까지 길면 복록을 많을 받을 수 있다.

計都須得齊 齊者有妻兒(右眉)(계도수득제 제자유처아(우미))

(계도는 반드시 가지런해야 한다. 가지런하면 귀한 처자를 두게 된다.)[7]
눈썹의 꼬리까지 흩어지지 않고 깨끗해야 좋은 처자를 두게 된다.

月孛須得直 直者有衣食(山根)(월패수득직 직자유의식(산근))[8]

(월패는 반드시 반듯해야 한다. 반듯한 사람은 의식이 풍족하다.)
두 눈썹 사이를 인당(印堂)이라 하고, 인당 바로, 아래 눈과 눈 사이를 산근(山根)이라 한다. 산근이 적당히 높고 곧아야 의식(衣食)이 넉넉하다.

太陰須得黑 黑者有官職(右眼)(태음수득흑 흑자유관직(우안))

(태음은 반드시 검어야 한다. 눈동자가 검은 자는 관직에 나아가게 된다.)
검은 눈동자가 맑아야 관직(官職)을 얻을 수 있고, 눈동자가 맑지 못하면 관직(官職)을 얻지 못한다.

太陽須得光 光者福祿强(左眼)(태양수득광 광자복록강(좌안))[9]

(태양은 빛이 있어야 한다. 눈빛이 있는 사람은 복록이 많다.)
눈의 빛이 밝아야 복(福)과 록(祿)이 굳건하고 안정된다.

水星須得紅 紅者必三公(口)(수성수득홍 홍자필삼공(구))

(수성은 반드시 붉어야 한다. 입술이 붉은 사람은 삼공의 지위에 오르게 된다.)
입술 선이 분명하고 붉어야 높은 벼슬에 오를 수 있다.

火星是額 如見額潤廣 髮隆深者 有祿位衣食足 子息四五人(화성시액 여견액활광 발융심자

유록위의식족 자식사오인)

---

6) 라후(羅睺)는 일식 때 잠시 나타나는 별이며, 흉성(凶星)에 해당한다.
7) 계도(計都)는 월식 때 잠시 나타나는 별이며, 라후와 마찬가지로 흉성이다.
8) 월패(月孛)는 북두칠성을 의미한다.
9) 록강(祿强)은 복록이 두터워 쉽게 무너지지 않는다는 의미이다.

(화성은 이마이다. 이마가 꽉차며 넓고, 발제가 높으면 관직에 나아가고 의식이 풍족하며, 4~5명의 아들을 두게 된다.)[10]

其人有藝學 父母尊貴 是生命宮(기인유예학 부모존귀 시생명궁)

(예와 학문에 능하고 부모가 존귀한 신분이다. 이로써 생명궁이라 할 수 있다.)[11]

得火星之力 人命有田宅壽九十九(득화성지력 인명유전택수구십구)

(이마가 힘을 얻으면 전택을 얻고, 수명이 능히 99세까지 장수를 누리게 된다.)

화성(火星)이 유력(有力)해야 귀하고 장수할 수 있어 생명궁이라고 한 것이다.

如尖陋有多紋理者 是陷了火星 乃不貴子息一二人 至老不得力 衣食平常(여첨루유 다문리자 시함료화성 내불귀자식일이인 지로부득력 의식평상)

(만약 이마가 뾰족하고 좁으며 주름이 많다면 화성의 격이 부족한 것으로 귀하게 되기 어렵고, 자식이 하나 둘에 그치게 되며 늙어서는 힘이 되지 못하고, 의식이 평범하다.)

이마가 풍요롭지 못하면 초년이 불우하며, 늙어서 자손의 효를 받지 못한다.

又不得兄弟力 三方無主 損壽破財(우부득형제력 삼방무주 손수파재)

(또한 형제의 도움도 받지 못하며, 삼방(三方)의 주인이 없으니 수명을 잃고, 재물을 파하게 된다.)

이마가 부족하면 형제간에 자주 싸우며, 수명이 길지 못하고, 모아 둔 재산마저 잃는다.

이마(南方)는 양 관골(顴骨: 東西方)과 지각(地閣: 北方)의 주인이 된다. 이마가 무력하면 귀하지 않을 뿐만 아니라 장수하지 못한다.

紫氣星 印堂下是 印堂分明不直紋 圓如珠 主人必貴(자기성 인당하시 인당분명 부직문 원여주 주인필귀)

(자기성은 인당이다. 인당이 분명하고 세로 주름이 없으며 구슬과 같이 둥글다면 귀한 사람이다.)

인당에는 주름·흉터·점·반점·잡티가 전혀 없어야 귀한 사람이다.

白色如銀樣 主大富貴 黃者有衣食(백색여은양 주대부귀 황자유의식)[12]

---

10) 발제(髮際)는 이마와 머리카락이 난 경계선을 말한다.
11) 예학(藝學): 시·서·예·가·사 등 여러 방면에 재능이 뛰어나다는 의미이다.

(인당에 은빛과 같은 백색을 띠면 크게 부귀할 사람이며 황색이 나타나면 의식이 넉넉하다.)

如窄不平 內有隱紋者不吉 子息二三人 不得力 無厚祿 損田宅(여착불평 내유은문자불길
자식이삼인 부득력 무후록 손전택)

(그러나 좁고 평평하지 않거나 그 안에 은은한 주름이 있으면 불길하여 자식을 2~3인 두어도 도움이
되지 않는다. 넉넉한 복록이 없어 땅과 집을 잃게 된다.)
인당이 좁고, 찌그러지고, 주름이 있으면 귀하지 못하며, 평생 평탄한 삶을 살지 못한다.

**羅睺星眉是 二星粗黑過目入鬢際者 此衣祿之相 子息父母皆貴 親眷亦貴 此二星
入命**(나후성미시 이성조흑과목입빈제자 차의록지상 자식부모개귀 친권역귀 차이성입명)[13]

(라후와 계도는 두 눈썹이다. 두 눈썹이 크고 검으며 눈을 지나 빈발까지 이어져 있으면 복록이 있는
상으로 부모와 자식이 모두 귀하고 형제와 가족까지도 귀하다. 이로써 두 개의 성이 명운에 들었다
한다.)

如眉相連 黃赤色更短 主骨肉子息 多犯惡死(여미상련 황적색갱단 주골육자식 다범악사)

(두 눈썹이 이은 듯하고 누렇고 붉으며 또한 짧다면 형제와 자식이 악사 하는 일이 많다.)
두 눈썹이 붙은 듯 이어져 인당(印堂)을 침범하면 안 되고, 탈색(脫色)이 된 듯 누렇거나 붉으면 장수할
수 없다.

太陰太陽 眼是 要黑白分明 長細雙分入鬢(태음태양 안시 요흑백분명 장세쌍분입빈)

(태양과 태음은 눈으로, 흑백이 분명하고 가늘고 길어 빈발까지 연결되어 있어야 좋다.)
검은 동자와 흰동자의 색이 분명해야 귀하며, 눈매가 길어서 빈발에 이르면 지혜롭고 총명하다.

黑睛多 白睛少 光彩者 其人當生 得陰陽二星照命 大貴 星辰俱順 骨肉俱貴(흑정다
백정소 광채자 기인당생 득음양이성조명 대귀 성신구순 골육구귀)

(또한 검은 동자가 많고 흰자위가 적으며 광채가 있다면 이러한 사람은 마땅히 음양성이 빛을 받은
것이므로 대귀하다. 두 눈이 순탄하면 형제가 모두 귀하다.)[14]

---

12) 은양(銀樣): 은동전 모양, 거울처럼 맑고 깨끗하다는 의미가 있다.
13) 빈제(鬢際): 빈발은 눈썹과 귀 사이에 있는 머리카락을 의미한다. 눈썹이 길게 뻗어서 빈발에 이르면
    매우 귀하고 총명한 사람이다.

如黑少白多 黃赤色 其人陷了二星 損父母 害妻子 破田宅 多災短命(여흑소백다 황적색

기인함료이성 손부모 해처자 파전택 다재단명)

(그러나 검은 동자가 적고 흰자위가 많으며 황색 적색을 띠면 그 사람은 두 눈의 격이 떨어진 사람으로 부모를 잃고 처자를 해롭게 한다. 또한 재산을 파하고 재액이 많으며 단명하게 된다.)

눈의 흑백이 분명하지 않고, 빛이 없으면 격이 낮아 재화(災禍)가 많다.

月孛星 山根是 從印堂直下 不破者 其人當遭月孛照命(월패성 산근시 종인당직하 불파자

기인당조월패조명)

(월패성은 산근으로 인당으로부터 곧게 내려오고 깨지지 않으면 그 사람은 마땅히 월패성의 빛을 운명적으로 받는 것이다.)15)

陷了山根 主子孫不吉 定多災厄 修讀無成 破産業 剋妻害子媳(함료산근 주자손불길 정다

재액 수독무성 파산업 극처해자식)

(산근이 함몰되었다면 주로 자손이 불길하고 재액이 많으며 공부를 해도 성공할 수 없고 재산과 조상의 업을 파하고 처를 극하고 자식을 해롭게 한다.)

산근(山根)이 낮고, 좁고, 움푹 꺼지며, 주름이 있으면 유산(遺産)을 자손에게 물려줄 수 없다.

土星 鼻 是 須要準頭豊厚 兩孔不露 年上壽上平滿 直生耳不偏 其人當不陷了土星

入命(토성 비 시 수요준두풍후 양공불로 연상수상평만 직생이불편 기인당불함료토성입명)16)

(토성은 코로 준두가 풍만하고 두툼해야 한다. 양쪽 콧구멍이 드러나지 않고 연상과 수상이 평평하고 넉넉하며 곧고 옆으로 기울지 않았다면 토성의 기운을 잃지 않은 것이다.)

幷滿三方 主有福祿壽(병만삼방 주유복록수)17)

---

14) 골육(骨肉): 뼈와 살을 나눈 육친을 말하며, 六親은 아버지·어머니·형·동생·처·자녀를 육친이라 한다.

15) 산근(山根)은 인당 아래, 코의 시작 부분으로 눈과 눈 사이를 말한다.

16) 산근은 눈과 눈사이, 년상은 산근의 바로 아래, 수상은 년상 아래 준두의 윗부분, 준두는 코의 끝부분을 말한다. 양공불로(兩孔不露)는 콧망울(콧구멍)이 훤히 드러나지 않아야 한다는 말이다. 콧구멍이 훤히 드러나면 재물이 쌓이지 않고 흩어진다.

17) 병만삼방(幷滿三方)은 준두와 양 관골을 의미하며, 이 세 곳이 서로 조화를 이뤄 풍요로워야 재복이 충만하고, 복과 수를 누리게 된다.

(양쪽 관골이 풍후(豊厚: 三方)하면 복록을 누리고 장수하게 된다.)

如中嶽土星不正 準頭尖露 更準頭高 人陷了中嶽土星 主貧賤 少家業 主心性不直

(여중악토성부정 준두첨로 갱준두고 인함료중악토성 주빈천 소가업 주심성부직)

(중악인 토성이 바르지 못하며 준두가 뾰족하고 뼈가 드러나고 높다면 중악 토성의 기운을 상실한 것으로 빈천하고 가업이 적으며 심성이 바르지 않다.)

코가 가늘고, 준두(準頭)가 뾰족하며, 양 관골이 풍후 하지 못하면 재물의 여유가 없다.

金木 耳是 須要輪廓分明 其位紅白色 不問大小(금목 이시 수요륜곽분명 기위홍백색 불문대소)

(금목 두성은 귀로, 윤곽이 분명해야 한다. 귀가 홍색이거나 백색을 띠고 있어야 하며, 귀가 크고 작은 것을 논하지 않는다.)

귀(耳)가 붉으면 감성적이며, 귀가 얼굴보다 희면 이성적이다.

如門潤生得端正 不反不尖不小 一般 更是高過眉眼 白色如銀樣大好여문활생득단정

불반불첨불소 일반 갱시고과미안 백색여은양대호

(명문이 넓고 단정하며 뒤집히거나 뾰족하지 않고, 지나치게 작지 않고 눈이나 눈썹보다 위에 붙어 있으며 은빛처럼 희다면 크게 길하다.)[18]

其人當生得金木二星照命 發祿定早(기인당생득금목이성조명 발록정조)

(이러한 사람은 금목성이 조명을 받은 것으로 일찍부터 재록이 발하게 된다.)

若反側窄 或大或小 爲陷了二星 其人損田宅 財帛 無學識(약반측착 혹대혹소 위함료이성

기인손전택 재백 무학식)

(그러나 뒤집히고 좁으며 한쪽이 크거나 한쪽이 작다면 금목성의 기운을 잃은 것으로 재산을 잃고 학식마저 없게 된다.)

귀가 좁고 뒤집히면 고독하며, 좌우의 귀가 서로 다르면 초년에 불우하다.

水星 口是 名爲內學堂 須脣紅闊四角 人中深(수성 구시 명위내학당 수순홍활사각 인중심)

---

18) 명문(命門)은 귀 앞부분으로 이곳이 맑고 깨끗해야 만사가 형통한다.

(수성은 입으로 내학당이라고도 한다. 입술이 붉고 넓으며 사각의 형태를 지니고 인중이 깊어야 한다.)[19]
인중(人中)은 분명하고 깊어야 하고, 입술의 능선이 선명하고 붉어야 한다. 치아는 덧니 없이 깨끗하고
치아가 고르게 나야 한다.

口齒端正 有文章 爲官食祿(구치단정 유문장 위관식록)
(입과 치아가 단정하면 학문에 능하고 벼슬길에 나아가 관록을 받게 된다.)

若脣齒粗 口角垂 黃色 主貧賤(약순치조 구각수 황색 주빈천)
(입술과 치아가 깨끗하지 못하며 입 끝이 아래로 쳐지고 황색을 띠었다면 빈천하게 된다.)

---

19) 사각구(四角口): 입의 모양이 넉사자의 형태이면 매우 귀하고, 입꼬리가 살짝 위로 향하면 복록이
많다.

5 | 사학당(四學堂)·팔학당(八學堂)

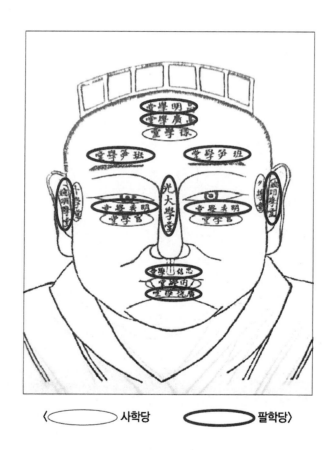

〈⬭ 사학당   ⬭ 팔학당〉

1) 사학당(四學堂)

一曰眼 爲官學堂 眼要長而淸 主官職之位(일왈안 위관학당 안요장이청 주관직지위)[20]
(일왈, 눈을 관학당이라 하니 눈은 길고 맑아야 관직의 지위에 오를 수 있다.)
눈은 가늘고 길어야 한다. 이를 세장지안(細長之眼)이라 한다. 음정(陰精)이 맑고, 양신(陽神)이 밝아야
관직에 나아갈 수 있다.

---

20) 일왈(一曰): 첫번째로 이르되.

二曰額 爲祿學堂 額闊而長 主官壽(이왈액 위녹학당 액활이장 주관수)

(이왈, 이마를 녹학당이라 하니 이마가 넓고 길어야 높은 관직에 오르고, 장수할 수 있다.)[21]

이마가 높고 넓어야 관직에 나아가 복록을 받을 수 있고, 장수도 할 수 있다.

三曰當門兩齒 爲內學堂 要周正而密 主忠信孝敬 疎缺而小 主多狂妄(삼왈당문양치 위내학당 요주정이밀 주충신효경 소결이소 주다광망)[22]

(삼왈, 두 당문치를 내학당이라 하니 치아가 두루 단정하고 조밀해야 충·신·효·경이 있으며, 치아가 듬성듬성하고 작으면 주로 망녕된다.)[23]

앞니 두 개를 문치라 한다. 치아가 반듯하면 나라에 충성하고, 붕우와 신용이 있으며, 부모에게 효도하며, 웃어른께 공경하는 마음이 있다.

四曰耳門之前 爲外學堂 要耳前豊滿光潤 主聰明 若昏沈愚魯之人也(사왈이문지전 위외학당 요이전풍만광윤 주총명 약혼침우노지인야)[24]

(사왈, 귀의 앞을 외학당이라 하니 귀의 앞이 풍만하고 빛이 윤택하면 총명하지만 만약 귀가 어두우면 어리석고 둔한 사람이다.)

이문(耳門)은 귀의 구멍이고, 귀의 앞이 깨끗해야 총명함이 밝게 빛날 수 있다.

2) 팔학당(八學堂)

第一高明部學堂 頭圓或有異骨昻(제일고명부학당 두원혹유이골앙)

(첫째, 고명부학당은 머리가 둥글거나 혹은 특이한 골이 솟은 것이다.)[25]

머리의 정수리가 둥글게 솟고, 그 외 특이한 뼈가 둥글게 솟은 것을 꺼리지 않는다.

第二高廣部學堂 額角明潤骨起方(제이고광부학당 액각명윤골기방)

---

21) 액활이장(額闊而長): 이마는 넓이·높이·길이로 표현하며, 넓이는 너비, 높이는 앞으로 돌출된 정도, 길이는 세로의 길이를 뜻한다.
22) 주정이밀(周正而密): (치아가) 고르고 바르며, 조밀해야 한다.
23) 소결이소(疎缺而小): (치아가) 드물고, 깨지며, 작으면 안 된다.
24) 이문지전(耳門之前): 이문은 귀의 구멍이며, 귀 앞은 명문이라 한다. 우노지인(愚魯之人): 어리석고 둔한 사람을 말한다.
25) 고명(高明)은 고상하고, 현명하며 식견이 높음을 말한 것이다.

(둘째, 고광부학당은 액각으로 밝고 윤택하며 뼈가 모난듯 솟아 있는 것이다.)26)
일각과 월각이 힘차게 솟아 해와 달처럼 밝아야 한다.

第三光大部學堂 印堂平明無痕傷(제삼광대부학당 인당평명무흔상)

(셋째, 광대부학당은 인당으로 평평하고 밝고 상처나 흠이 없어야 한다.)27)
인당은 네모난 듯 둥글어야 하며, 아무런 상처·주름·잔털이 나지 않아야 한다.

第四明秀部學堂 眼光黑多人隱藏(제사명수부학당 안광흑다인은장)

(넷째, 명수부학당은 눈의 빛이 있고 눈동자가 검고, 눈빛은 은은히 감춰져 있어야 한다.)28)
눈은 세장(細長)하여 양신(陽神)이 은은하게 빛나야 하고, 음정(陰精)은 은근히 숨어야 한다.

第五聰明部學堂 耳有輪廓紅白黃(제오총명부학당 이유윤곽홍백황)

(다섯째, 총명부학당은 귀로 윤곽이 뚜렷하고 홍색이나 백색, 황색이어야 한다.)29)
귀의 색이 홍색이면 감성적이고, 백색이면 이성적이며, 황색은 감정을 잘 추수린다.

第六忠信部學堂 齒齊周密白如霜(제육충신부학당 치제주밀백여상)

(여섯째, 충신부학당은 치아로 가지런하고 조밀해야 하며, 색은 마치 서리와 같이 희어야 한다.)
대문치아가 바르면 약속을 천금같이 지키고, 성실하며 충효를 다한다. 치아가 단정하면 의지가 매우
굳건하다.

第七廣德部學堂 舌長至準紅紋長(제칠광덕부학당 설장지준홍문장)

(일곱째, 광덕부학당은 혀로서 길이는 준두까지 닿을 정도로 길고, 붉으며 세로의 문양이 있으면 귀하다.)30)
혀는 길면 길수록 지혜로우며, 혀가 짧으면 어리석다.

---

26) 고광(高廣): 학식이 높고 넓은 바를 의미한다. 골기방(骨起方): 이마의 전체가 네모난 듯 융기되어야
고광학당이 힘이 있는 것이다.
27) 광대(光大): 광대는 크게 번성하고, 발전하여 성공한다는 뜻이다.
28) 명수(明秀): 왼쪽 눈은 해, 오른쪽 눈은 달을 상징하여 밝을 明자를 쓰고, 눈이 가늘고 길어야 하므로
빼어날 秀를 쓴다. 눈을 明秀學堂이라 한다.
29) 윤곽(輪廓): 귀의 바깥 선을 윤이라 하고, 귀의 안쪽 선을 곽이라 한다. 聰은 귀가 밝아야 총명하다는
것을 말한다.
30) 광덕(廣德): 혀가 붉으면 마음이 따뜻하여 넓은 덕을 베풀 수 있다.

第八斑笋部學堂 橫紋中節彎合雙(제팔반순부학당 횡문중절만합쌍)

(여덟째, 반순부학당은 눈썹으로 옆으로 길게 뻗다가 중간에 살짝 굽은듯 하며, 양쪽 눈썹이 똑같아야 한다.)[31]

눈썹이 눈보다 길고, 맑아야 한다.

6 | 십이궁(十二宮)

1) 명궁(命宮)

命宮者 居兩眉間山根之上(명궁자 거양미간산근지상)

(명궁이란 두 눈썹 사이로 산근 위에 있다.)[32]

명궁은 곧 인당을 의미하며, 인당은 미간을 본다. 산근은 눈과 눈 사이의 코 부분이고, 인당의 바로 밑에 위치한다.

光明如鏡 學問皆通(광명여경 학문개통)

(거울처럼 맑게 빛나면 모든 학문에 통한다.)[33]

인당이 유리처럼 빛나면 어떤 학문이든 전문가 수준으로 공부를 한다.

山根平滿 乃主福壽 土星聳直 扶拱財星(산근평단 내주복수 토성용직 부공재성)

(산근이 평평하고 가득차면 이에 복과 수를 누리고, 土星(비량)이 곧게 솟으면 재산이 늘어난다.)[34]

---

31) 반순(斑笋): 대나무 새순처럼 맑고 청아하게 뻗은 눈썹이라야 한다.
32) 명궁(命宮): 운명을 좌우하는 곳이다.
33) 여경(如鏡): 거울처럼, 거울같이 또는 유리처럼.
34) 복수(福壽): 관상에서 가장 잘 생긴 상에 붙여지는 최고의 말이다. 용직(聳直): 콧대가 곧게 솟다. 부공(扶拱): 재물이 늘어나는데 있어서 여러사람의 도움을 받고, 조공을 받치듯 재물이 들어온다는 의미이다.

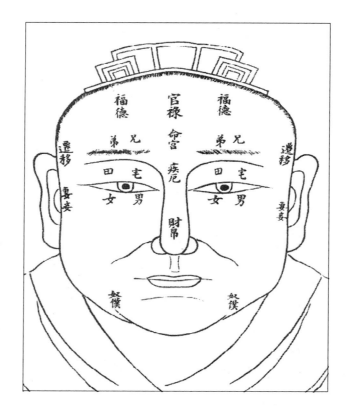

眼若分明 財帛豐盈(안약분명 재백풍영)

(눈의 흑백이 분명하면 재백이 풍성하게 가득찬다.)35)

額如川者 命逢驛(액여천자 명봉역마)

(이마에 세 개의 골기가 서면 관직의 역마성이 있다.)

이마에 세로로 기둥처럼 뼈가 일어나 있는 것으로, 가운데 기둥은 천주골이라 하고, 눈썹에서 올라간 기둥을 보골이라 한다.

이 세 개의 기둥이 선명하게 서 있으면 높은 관직에 쉽게 오르게 된다.

官星 果若如斯 必保雙全富貴(관성 과약여사 필보쌍전부귀)

(관록(官祿)이 이와 같으면 반드시 부귀를 모두 안전하게 누린다.)36)

---

35) 분명(分明): 검은 동자와 흰동자가 뚜렷하게 나뉘어지고, 구분되어지는 것을 의미한다. 흑백이 분명한 눈을 가장 좋은 눈이라 본다.

凹沈 必定貧寒(요침 필정빈한)

(인당이 움푹 꺼지면 반드시 춥고 가난하다.)37)

眉接相交 成下賤(미접상교 성하패)

(눈썹이 서로 붙은 듯 교차하면 하천한 사람이다.)38)

亂理 離鄕又剋妻(난리 이향우극처)

(인당에 어지러운 주름이 있으면 고향을 떠나고, 처를 극한다.)39)

額窄眉枯 破財迍邅(액착미고 파재둔전)

(이마가 좁고 눈썹이 메마른 듯하면 재산을 잃고, 하는 일마다 막힌다.)40)

詩曰 眉眼中央是命宮 光明瑩淨學須通(시왈 미안중앙시명궁 광명영정학수통)

(시왈, 눈썹과 눈의 중앙을 명궁이라 하니 맑고 깨끗하게 빛나면 모든 학문에 소통한다.)

若還紋理多迍滯(약환 문리다둔체)

(만약 인당에 어지러운 주름이 있으면 어렵고 막히는 일이 많다.)

破盡家財及祖宗(파진 가재급조종)

(집안의 재물을 모두 잃고, 조상의 종묘까지 잃게 된다.)

---

36) 과약여사(果若如斯): 만약 이와 같다면으로 해석한다. 보쌍전부귀(保雙全富貴): 부와 귀 모두 누린다. 관상에서 부귀쌍전이라는 말은 가장 좋은 상에 나오는 말이다.
37) 요침(凹沈): 움푹 꺼진 모양. 빈한(貧寒): 너무 춥고 가난하다. 관상에서 가장 꺼리는 말이다.
38) 미접상교(眉接相交): 양쪽의 눈썹이 서로 사귀듯 이어져 있는 눈썹을 의미하며, 가장 흉한 상이다. 하천(下賤): 귀천으로 등급을 나뉘는데 있어서 가장 밑바닥에 해당되는 것으로 지극히 어리석다는 의미로 본다.
39) 난리(亂理): 어지러운 주름 또는 난문(亂紋)이라 되어있는 곳도 있다. 인당에는 어떠한 주름·흉터·점·사마귀도 허용하지 않는 곳이다. 이향극처(離鄕剋妻): 예전에는 고향을 떠난다는 것은 삼재팔난에 해당 되는 것으로 가장 고통스러운 현상으로 본다.
40) 파재둔전(破財迍邅): 일의 진행이 느리고, 될듯 말듯하면서 결국 안 되는 의미이다.

2) 재백궁(財帛宮)

鼻乃財星 爲居土宿 天倉·地庫·金甲·三陰·井竈 總曰財帛 須要豊滿明潤 財帛有 餘 忽然枯削昏黑 財帛乏消(비급재성 위거토숙 천창·지고·금갑·삼음·정조 총왈재백 수요풍만명윤 재백유여 홀연고삭혼흑 재백핍소)

(코를 재성이라 하며, 토성에 거하였으니, 천창·지고·금갑·삼음·정조를 총합하여 재백이라 한다.) 반드시 풍만하고 밝으며, 윤택해야 재백이 여유롭다. 홀연히 재백궁이 메마르고 깎이고 어두워지고 검게 변하면 재백이 궁핍하고 소모가 많다.

截筒懸膽 千倉萬箱 聳直豊隆 一生財旺富貴(절통현담 천창만상 용직풍륭 일생재왕부귀)

(절통비이거나 현담비이면 천개의 창고와 만개의 상자가 가득 찬다. 비량이 곧게 솟고, 준두가 풍융하면 평생 재물이 왕성하여 부귀를 모두 누리게 된다.)

中正 不偏 須知永遠滔滔 鷹嘴尖峰 破財貧寒 莫敎孔仰 主無隔宿之糧(중정 불편 수지 영달도도 응취첨봉 파재빈한 막교공앙 주무격숙지량)

(비량이 중심으로 바르고 삐뚤지 않으면 반드시 재백이 영원히 도도히 흐르는 강물 같고, 매부리코처럼 뾰족하면 재산이 흩어지고 가난하여 추우며, 비공(콧구멍)이 훤히 보이지 않아야 하는데, 그러하면 이틀 먹을 양식이 없게 된다.)

厨竈若空 必是家無所積(주조약공 필시가무소적)

(콧망울이 훤히 보이면 반드시 집안에 쌓아 놓은 재산이 없다.)[41]

詩曰 鼻主財星瑩若隆 兩邊厨竈莫敎空 仰露家無財與粟 地閣相朝甲匱豊(시왈 배주 재성영약륭 양변주조막교공 앙로가무재여조 지각상조갑궤풍)

(시왈, 코를 재성이라 하고, 밝게 빛나고, 풍융해야 한다. 양 콧망울이 훤히 보여서는 안 된다. 비공이 앙천(하늘을 향해)하면 재물과 곡식이 없다. 지각이 상조(相朝: 앞으로 살짝 나옴)하고, 갑궤(콧망울)가 둥글면 재산이 풍요롭다.)

---

41) 주조(厨竈): 난대정위, 즉 콧망울을 말한다.

3) 형제궁(兄弟宮)

兄弟位居兩眉 屬羅計 眉長過目 三四兄弟無刑(형제위거양미 속라계 미장과목 삼사형제무형)
(형제궁은 두 눈썹에 있으며, 속칭 라후 계도라 한다. 눈썹이 눈보다 길면 형제가 많고, 모두 의가 좋다.)

眉秀而疎 枝幹 自然端正 有如新月 和同永遠超群 若是短粗 同氣連枝見別(미수이소
지간 자연단정 유여신월 화동영원초군 약시단조 동기연지견별)
(눈썹이 수려하고, 눈썹이 맑아야 형제간의 우애가 깊고, 모두 반듯하다. 눈썹이 마치 초승달과 같으면
화목함이 오래가며, 형제들의 관록이 높다. 만약 눈썹이 짧고 거칠면 동기간에 인연이 끊어지고, 서로
멀리한다.)

眉環塞眼 雁行必疎 兩樣眉毛 交須異母(미환새안 안행필소 양양미모 교수이모)
(눈썹이 고리가 져서 눈을 감싸면 형제간에 소원해진다. 양 눈썹의 모양이 서로 다르면 반드시 다른
어머니를 모시게 된다.)

交連黃薄 自喪他鄉 旋結回毛 兄弟蛇鼠(교연황박 자상타향 선결회모 형제사서)
(눈썹이 서로 이은 듯하며, 눈썹이 누렇고, 눈썹이 희미하면 타향에서 죽는다. 눈썹이 곱슬거리면 형제간
이 원수 같은 사이가 된다.

詩曰 眉爲兄弟軟輕長 兄弟生成四五强 兩角不齊須異母 交連黃薄喪他鄉(시왈 미위
형제연경장 형제생성사오강 양각불재수이모 교연황박상타향)
(시왈, 눈썹은 형제궁으로 눈썹이 부드럽고 맑게 길어야 형제가 많고, 모두 출세한다. 두 눈썹의 높이가
서로 다르면 배다른 형제가 있고, 눈썹이 서로 붙은 듯하고, 눈썹의 색이 누렇거나 숱이 없는 듯하면
고향을 떠나 고생을 한다.)

4) 전택궁(田宅宮)

田宅者 位居 兩眼 最怕赤脉侵睛(전택자 위거 양안 최백적액침정)
(전택이란 두 눈에 위치해 있으니, 가장 두려운 것은 붉은 실핏줄이 눈동자를 침범하는 것이다.)

初年破盡家園 到老無糧作孽 眼如點漆 終身産業 榮昌(초년파진가원 도로무량작얼 안여점칠

종신산업 영창)

(초년에 가정과 재산을 모두 잃고, 늙어서까지 자녀도 없고, 양식도 없게 된다. 눈이 점칠이면 평생
산업이 번창한다.)[42]

鳳目高眉 稅置三州五縣 陰陽枯骨 莫保田園 火眼氷輪 家財傾盡(봉목고미 세치삼주오현

음양고골 막보전원 화안영륜 가재경진)

(봉의 눈에 눈썹이 높이 있으면 삼주 오현의 세를 받는 제후가 되며, 음양[두 눈]이 움푹 꺼지고, 뼈가
메마른 듯하면 전재산을 지킬 수 없다. 붉은 눈이나 차가운 눈은 집안의 재산을 모두 탕진한다.)

詩曰 眼爲田宅主其宮 淸秀分明一樣同 若是陰陽枯更露 父母家財總是空(시왈 안위

전택 주기궁 청수분명일양동 약시음양고갱로 부모가재총시공)

(시왈, 눈을 전택궁으로 삼으니 맑고 수려하며, 흑백이 분명하고, 두 눈이 같은 모양이어야 한다. 만약
두 눈이 꺼지고, 눈 주변의 뼈가 마른듯 드러나면 부모의 유산과 가업의 재산을 모두 날린다.)

5) 남녀궁(男女宮)

男女者 位居兩眼下 名曰漏堂(남여자 위거양안하 명왈누당)
(남녀는 두 눈의 아래에 위치하니 누당이라 한다.)[43]

三陽平滿 兒孫福祿榮昌(삼양평만 아손복록영창)
(삼양이 평평하고 가득찬 듯하면 자손의 복록이 영화롭고 번창한다.)[44]

隱隱臥蠶 子媳還須淸貴 漏堂深陷 定爲男女無緣(은은와잠 자식환수청귀 누당 심함 정위남여

무록)

(와잠이 은은하면 자식이 반드시 청렴한 귀인이 된다. 누당이 깊이 꺼진 듯하면 반드시 남녀[자녀]와

---

42) 점칠: 옻칠로 점을 찍은 듯한 눈 (大貴富之眼).
43) 남녀는 자녀를 의미한다.
44) 삼양은 눈 아래의 와잠을 세 부분으로 나누어 태양·중양·소양은 왼쪽 와잠이며, 오른쪽의 와잠은
태음·중음·소음이라 한다. 여기서 삼양이라 한 것은 왼쪽의 와잠을 의미한다.

인연이 없다.)45)

黑痣斜紋 到老兒孫有尅 口如吹火 獨坐蘭房 若是平滿人中 難得兒孫送老(흑지사문
도노아손유극 구여취화 독좌난방 약시평만인중 난득아손송로)

(와잠에 검은 점이나 사마귀가 있고, 주름이 많으면 늙어서 자손을 극한다. 입이 불을 끄듯 나오면 독수공
방하게 된다. 만약 인중이 평평하고 가득차면 자손을 얻기 어렵거나 있어도 늙어서 떠나보낸다.)46)

時曰 男女三陽起臥蠶 瑩然光彩好兒郎 懸針理亂來侵位 宿債一生不可當(시왈 남여
삼양기와잠 영연광채호아랑 현침이란래침위 숙채일생불가당)

(시왈, 남녀[자녀]는 삼양인 와잠이 일어나야 하니 밝게 광채가 나면 좋은 자손을 얻는다. 와잠에 가는
주름이 어지럽게 있으면 평생 숙식에 어려움이 있다.)

6) 노복궁(奴僕宮)

奴僕者 位居地閣 重接水星(노복자 위거지각 중접수성)

(노복이라는 것은 지각에 위치하고, 수성과 가까이에 접해 있다.)47)

顏圓豊滿 侍立成群 輔弼星朝 一呼百諾(안원풍만 시립성군 보필성조 일호백낙)

(얼굴이 둥글고 풍요롭게 가득 차면 내 주위에 시립하는 자가 무리를 이룬다.지각이 살짝 앞으로 나오면
한 번 부르면 백 사람이 대답을 한다.)

口如四字 主呼聚喝散之權 地閣尖斜 受恩深而反成怨恨(구여사자 주호취갈산지권 지각첨
사 수은심이반성원한)

(입이 넉 사자 모양[사자구]이면 반드시 불러서 모으고 꾸짖어서 흩어지는 권력을 쥔다. 지각이 뾰족하거
나 기울면 깊은 은혜를 주어도 오히려 원한으로 갚는다.)

---

45) 자(子)는 아들이고, 식(媳)은 딸을 의미한다. 와잠과 누당은 같은 의미이다.
46) 입이 돌출하여 나오면 고독하고 외로워 자녀의 효심을 기대하가 어렵다. 인중의 골이 깊이 있어야
   자손이 번창한다.
47) 노복은 종이나 노비를 뜻하지만, 지금에는 부하직원을 의미한다. 지각은 턱을 말하고, 수성은 입을
   의미한다.

紋痕敗陷 奴僕不周 墻壁低傾 恩成讐隙(문흔패함 노복불주 장벽저경 은성수극)

(지각에 주름이나 흉터가 있거나 지각이 파손되거나 꺼지면 노복이 평범하지 않다. 장벽이 낮고 기울면
은혜를 원수로 갚는다.)[48]

詩曰 奴僕還須地閣豊 水星兩角不相容 若言三處都無應 傾陷紋痕總不同(시왈 노복
환수지각풍 수성량각불상용 약언삼처도무응 경함문흔총불동)

(시왈, 노복은 반드시 지각이 풍요로워야 하며, 수성의 양 각이 서로 같아야 한다. 만약 세 곳이 상응하지
않으면 기울고 꺼지며, 주름과 흉터로 모든 것이 한결같지 않다.)[49]

7) 처첩궁(妻妾宮)

妻妾者 爲居魚尾 號曰奸門(처첩자 위거어미 호왈간문)

(처첩은 어미에 위치하니 간문이라고도 한다.)

光潤無紋 必保妻全四德 豊隆平滿 娶妻 財帛盈箱(광윤무문 필보처전사덕 풍륭평만 취처 재백
영상)

(어미가 윤택하게 빛나고, 주름이 없으면 반드시 온전히 사덕을 갖춘 부인을 얻는다. 간문이 풍요롭게
융성하고, 평평하고 가득 찬듯 하면 처를 얻으면서 재백의 상자가 가득 찬다.)[50]

顴星 侵天 因妻得祿 奸門 深陷 常作新郎(관성 침천 인처득록 간문 심함 상작신랑)

(관골의 기세가 이마로 올라가면 처로 인하여 복록을 얻는다. 간문이 깊이 꺼지면 항상 신랑이 된다.)[51]

魚尾紋多 妻防惡死 奸門 黯黲 自號生離 黑痣斜紋 外情好而心多淫慾(어미문다 처방악

---

48) 장벽은 다른 말로 현벽이라 하며, 또는 뺨을 의미한다. 뺨은 벽처럼 반듯하게 서야 하는데, 살이 없어서
   기울고 낮으면 안 된다.
49) 불상용: 서로 같지 않다. 원래의 뜻에서 벗어나 의역을 하였다. 수성양각은 입의 꼬리를 의미하며,
   서로 높이 맞지 않으면 입이 삐뚤어진 것이다. 삼처: 지고[뺨], 지각[턱], 수성[입]이 바르지 않으면
   서로 상응하지 않은 것이다.
50) 여인사덕은 ①싸우지 않는다. ②음식을 절식한다. ③원망하지 않는다. ④놀라지 않고, 고마워 한다.
51) 배우자 궁이 좋지 않아 이혼을 하고 매번 새로 장가를 간다.

사 간문 암참 자호생리 흑지사문 외정호이심다음욕)

(어미에 주름이 많으면 부인이 악사하는 것을 방비해야 한다. 간문이 검푸르면 이를 이르길 살아서 헤어진다 하였다. 간문에 검은 점이 있거나 비스듬히 주름이 있으면 외도를 좋아하고, 마음 속에 음탕한 욕심이 많다.)[52]

詩曰 奸門光澤保妻宮 財帛盈箱見始終 若是奸門生黯黲 斜紋黑痣蕩淫奔(시왈 간문 광택보처궁 재백영상견시종 약시간문생암참 사문흑지탕음분)

(시에 이르길, 간문의 빛이 윤택하면 처궁이 보장되고, 시종 재백의 상자가 가득찬 것을 본다. 만약 간문의 색이 검푸르고, 비스듬한 주름이 있거나 검은 사마귀가 있으면 음탕한 일로 분주하다.)

8) 질액궁(疾厄宮)

疾厄者 印堂之下 位居山根 隆而豊滿 祖祿無窮 連接伏犀 定主文章(질액자 인당지하 위거산근 융이풍만 조록무궁 연접복서 정주문장)

(질액궁은 인당의 아래 산근에 위치한다. 산근이 융성하고 풍만하면 조상의 복록을 무궁하게 받는다. 복서비가 연이은 듯 접해 있으면 정녕코 높은 지위의 벼슬을 한다.)[53]

瑩然光彩 五福俱全 年壽高平 和鳴相守 痕紋低陷 連年宿疾沉疴(영연광채 오복구전 연수고평 화명상수 흔문저함 연년숙질침아)

(산근이 밝게 광채가 나면 오복이 모두 온전하다. 년상과 수상이 높고 평평하면 편안하고 건강하게 장수를 누린다. 산근에 흉터·주름이 있거나 낮고 꺼진 듯하면 오랜 숙병이 끊이지 않는다.)[54]

枯骨尖斜 未免終身受苦 氣如烟霧 災厄纏身(고골첨사 미면종신수고 기여연무 재액전신)

(산근의 뼈가 마르고, 뾰족하고 삐뚤면 종신토록 수고로움을 면하지 못한다. 산근의 기색이 연기, 먹구름이 낀 듯하면 재액[중병]이 몸에 얽힌다.)

---

52) 간문의 검푸른 기운이 짙으면 생리사별(살아서 헤어지고, 죽어서 이별)한다.
53) 문장: 예악과 제도를 관장하는 벼슬자리.
54) 오복: ①장수. ②부유. ③귀함. ④덕을 베풂. ⑤고종명이다. 고종명은 가족이 임종을 지켜보는 가운데 유언을 남기고, 조용히 잠들듯 돌아가시는 것이며, 화명은 태평하게 새들의 노래소리를 들으며 노후를 느긋하게 보낸다는 의미이다.

詩曰 山根疾厄起平平 一世無災禍不生 若直紋痕幷枯骨 平生辛苦却難成(시왈 산근

질액기평평 일세무재화불생 약직문흔병고골 평생신고각난성)

(시왈, 산근은 질액궁으로 평평하게 일어나면 일생 재화가 발생하지 않는다. 만약 산근에 세로 주름이나, 흉터가 있거나 뼈가 마른 듯하면 평생 고생이 심하고, 뜻을 이루기 어렵다.)

9) 천이궁(遷移宮)

遷移者 位居眉角 號曰天倉(천이자 위거미각 호왈천창)

(천이는 눈섭의 角[산]에 위치하니 다른 이름으로는 천창이라 한다.)55)

隆滿豊盈 華彩無憂 魚尾位平 到老得人欽羨 騰騰驛馬 須貴遊宦四方(융만풍영 화채무

우 어미위평 도로득인흠선 등등역마 수귀유환사방)

(천창골이 융기되어 풍요롭게 가득차면 영화로운 광채[고위직]로 근심이 없다. 어미가 평평하면 늙어서까지 흠모하고 공경하는 사람이 많다. 천창골이 역마골로 꿰올라가면 모름지기 사방으로 귀한 벼슬자리를 얻는다.)56)

額角 低陷 到老住場難覓 眉連交接 此人 破祖離(액각 저함 도로주장난멱 미련교접 차인 파조리

가)

(액각[일월각]이 낮고, 중정과 사공이 꺼지면 늙도록 일정하게 머무는 곳을 구하기 어렵다. 눈썹이 서로 이은 듯하면 이런 사람은 조상의 종묘[선산]를 팔아 버리고, 고향을 떠난다.)

天地偏斜 十居九變 生相如此 不在移門 必當改墓(천지편사 십거구변 생상여차 불재이문 필당

개묘)

(하늘과 땅이 삐뚤고 기울면 열 번 중에 아홉 번은 이사한다. 이와 같은 경우에는 집을 바꾸지 않으면

---

55) 천창골이라 하며 눈썹 끝부분에 뼈가 힘있게 솟아야 좋은 천이궁이다.
56) 화채(華彩): 영화로운 광채 즉, 고위직의 영광이 화려하게 빛나고 아무런 근심없이 부귀를 누린다. 관골의 기세가 어미부위를 평평하게 하고, 천창을 융기하여 변지까지 꿰올라가는 것을 관골삽천(顴骨挿天)이라 한다. 이러한 상은 관록이 승승장구하여 늙어서도 벼슬에 머물며 백성들의 흠모와 공경을 한 몸에 받는다. 등등(騰騰): 천창골의 기세가 역마골을 지나 변지로 올라가는 기세를 의미한다. 유환(遊宦): 벼슬자리를 옮겨 갈 때 전국을 유람하며 돌아다닌다.

반드시 개묘를 해야 합당하다.)57)

詩曰 遷移宮分在天倉 低陷平生少住場 魚尾末年不相應 定因遊宦却尋常(시왈 천이

궁분재천창 저함평생소주장 어미말년불상응 정인유환각심상)

(시왈, 천이궁은 천창골에 있으니 낮고 꺼지면 평생 머무를 곳이 없고, 어미는 말년과 상응하지 않으면

정녕코 벼슬자리를 항상 찾아다녀야 한다.)58)

10) 관록궁(官祿宮)

官祿者 位居中正 上合離宮 伏犀頂貫 一生 不到公庭(관록자 위거중정 상합리궁 복서정관

일생 불도공정)

(관록은 중정에 위치 하니, 중정이 위로는 이궁과 합하고, 복서비가 정수리로 꿰올라가면 평생 공정에

이르지 않는다.)59)

驛馬朝歸 官司退擾 光明瑩淨 顯達超群 額角堂堂 犯着官司貴解(역마조귀 관사퇴요 광

명영정 현달초군 액각당당 범착관사귀해)

(역마골이 일월각을 향하면 관직에서 물러날까 근심하지 않아도 된다. 중정과 아울러 이마가 밝게 빛나고,

맑고 깨끗하면 뭇사람들보다 월등하게 출세가 빠르다. 액각[일월각]이 기세있게 당당하면 범법을 하였어

도 귀인이라 자연히 해소된다.)60)

紋痕理破 常招橫事 眼如赤鯉 決死徒刑(문흔리파 상초횡사 안여적리 결사도형)

(중정과 이마에 주름, 상처등이 있으면 항상 흉한 일을 초래한다. 눈이 잉어 눈처럼 붉으면 결단코 형벌로

죽음에 이르게 된다.)

---

57) 하늘은 이마, 땅은 지각 : 이마가 뒤로 기울고, 지각이 뒤로 물러나면 이사를 수십 번 다닌다.
58) 어미는 천창골을 의미하며 천이궁을 뜻한다. 천이궁이 융기되지 않으면 평생 안정된 직장을 구하기 어렵다.
59) 중정은 인당의 윗부분이다. 중정이 일월각과 하나 뼈로써 기세를 이룬다. 복서비는 준두의 기세가 정수리로 꿰올라간 형세를 의미하며, 공정이란 현재의 법정을 뜻한다.
60) 역마골은 눈썹 끝(천창골)의 바로 윗부분에 위치한다.

詩曰 官祿榮宮仔細詳 山根倉庫要相當 忽然瑩淨無痕點 定主官榮久貴長(시왈 관록
영궁자세상 산근창고요상당 홀연영정무흔점 정주관영구귀장)

(시왈, 관록궁이 밝은지 자세히 살펴보아라. 산근과 천창, 지고가 당당해야 한다. 갑자기 이마가 맑게
빛나고, 아무런 결점이 없다면 정녕코 관록과 영화로움이 귀하고 오래 간다.)

11) 복덕궁(福德宮)

福德者 位居天倉 牽連地閣(복덕자 위거천창 견련지각)
(복덕궁은 천창에 위치하여 지각의 기세를 당겨 끌어 맨다.)

五星 朝拱 平生福祿 滔滔 天地相朝 德行須全五福(오성 조공 평생복록 도도 천지상조 덕행수
전오복)

(오성이 모두 조공(서로 도움)을 하는 듯하면, 평생 복록이 도도히 흐르는 강물과 같다. 하늘과 땅이
서로 조응하면 덕행을 베풀며, 오복이 온전하다.)[61]

頦圓額窄 須知苦在初年 額闊頦尖 迍否還從晚景(해원액착 수지고재초년 액활해첨 둔부활종
만경)

(턱은 둥근데 이마가 깎인 듯하면 반드시 초년에 고초를 겪음을 알 수 있다. 이마는 넓은데 턱이 뾰족하면
말년에 막히고 안 되는 일이 거듭 따른다.)

眉高目聳 尤且平平 眉壓耳掀 休言福德(미고목용 우차평평 미압이흔 휴언복덕)
(눈썹이 높고, 눈끝이 살짝 올라가면 더욱 기세가 좋다. 눈썹이 눈을 압박하는 듯하고, 귀가 뒤집어진
듯하면 복덕을 말할 수 없다.)[62]

詩曰 福德天倉地閣圓 五星光照福綿綿 若還缺陷幷尖削 衣食平平更不全(미고목용
우차평평 미압이흔 휴언복덕)

---

61) 오성(五星): 이마 화성, 입은 수성, 왼쪽 귀는 금성, 오른쪽 귀는 목성, 코를 토성이라 한다. 천지(天地):
이마와 지각을 의미한다.
62) 복덕궁은 천창이며, 눈썹의 끝에 있는 뼈이다. 눈썹이 높고 길어야 천창의 기세가 좋다.

(시왈, 복덕은 천창과 지각이 둥글어야 하고, 오성이 밝게 비추면 복이 솜처럼 이어진다. 만약 천창과 지각에 흠결이 있고, 턱이 뾰족하고, 이마가 깎인듯 하면 의식이 평범하며, 복이 온전하지 못하다.)

12) 상모궁(相貌宮)

相貌者 先五嶽 盈滿 此人 富貴多榮 次辯三停俱等 永保平生顯達(시왈 복덕천창지각원 오성광조복면면 약환결함병첨삭 의식평평경불전)

(꼴을 본다는 것은 먼저 오악이 가득 차 있어야 하니 이러한 사람은 부귀과 영화를 누린다. 다음은 삼정이 모두 균등함을 살펴봐야 하니 평생 현달함이 오래도록 간다.)

五嶽 朝聳 官祿遷榮 行坐威嚴 爲人 尊重(오악 조용 관록천영 행좌위엄 위인 존중)

(오악이 조응하면 관록이 영전하여 영화로움이 있고, 걷고 앉음에 위엄이 있으면 사람됨이 존귀하며 엄중하다.)

額主初運 鼻主中年 地庫水星 是爲末主 若有剋陷 斷爲凶惡(액주초운 비주중년 지고수성 시위말주 약유극함 단위흉악)

(이마는 초년의 운을 보고, 코는 중년을 살피며, 지고와 수성은 말년을 의미한다. 만약 상극이 있고, 꺼진 곳이 있으면 결단코 흉화와 험악한 일이 벌어진다.)

詩曰 相貌須敎上下停 三停平等更相生 若還一處無均等 好惡中間有改更(시왈 상모 수교상하정 삼정평등경상생 약환일처무균등 호악중간유개경)

(시왈, 꼴을 볼 때 반드시 상정·중정·하정으로 기준을 삼아야 하니 삼정이 균등하면 서로 생하는 상이다. 만약 한 곳이라도 균등함이 없고, 중간에 나쁜 점이 있다면 개선[적선]을 하면 좋아진다.)

13) 십이궁비결(十二宮祕訣)

父母宮 論日月角 須要高圓(부모궁 논일월각 수요고원)

(부모궁은 일각, 월각을 논한 바이니 반드시 높고 둥글어야 한다.)

明淨則父母 長壽康寧 低陷 幼失雙親(명정즉부모 장수강녕 저함 유실쌍친)

(일월각이 맑고 깨끗하면 부모가 건강하고 장수하며, 낮고 꺼진 듯하면 어려서 부모를 모두 잃는다.)

暗昧 主父母有疾(암매 주부모유질)

(일월각이 어둡고 컴컴하면 주로 부모에게 질병이 생긴다.)

左角 偏妨父 右角 偏妨母(좌각 편방부 우각 편방모)

(좌각[일각]이 기울면 아버지의 건강을 예비해야 하고, 우각[월각]이 기울면 어머니의 건강을 유의해야 한다.)

或同父異母 或隨母嫁父 出祖成家(혹동부이모 혹수모가부 출조성가)

(월각이 기울면 같은 아버지에 다른 어머니를 모시고, 혹은 일각이 기울면 어머니를 따라 새 아버지를 얻고, 일월각이 기울면 일찍 고향을 떠나 혼자 가정을 꾸린다.)

重重災異 只宜假養 方免刑傷(중중재이 지의가양 방면형상)

(일월각이 기울면 거듭 이상한 재화가 따른다. 다만 자랄 때 양자로 보내지는 것이 마땅하며, 그리되면 바야흐로 형상을 면할 수 있다.)

又云重羅疊計 父母重拜(우운중라첩계 부모중배)

(또 운하되 두 눈썹의 높낮이가 다르면 부모에게 두 번 절한다.)

或父亂母淫 與外奸通 又主妨父害母(혹부란모음 여외간통 우주방부해모)

(중라첩계가 되면 혹은 아버지가 음난하고, 어머니가 음탕하여, 더불어 외정으로 간통을 하며, 또한 부모의 건강과 장수를 예비해야 한다.)[63]

頭側額窄 多是庶出 或因奸而得(두측액착 다시서출 혹인간이득)

(두상이 기울고, 이마가 깎인 듯하면 대체로 서출이 많으며, 혹은 간통으로 얻은 자식이다.)

又云左眉高右眉低 父在母先歸 右眉上左眉下 父亡母去嫁(우운좌미고우미저 부재모선귀 우미상좌미하 부망모거가)

---

63) 중라첩계(重羅疊計): 라계는 양 눈썹이고, 중첩은 두 눈썹이 서로 다르다는 의미이다. 배다른 형제가 있거나, 고아로 자라거나, 부모를 일찍 여의기도 한다.

(또한 운하되 왼쪽 눈썹이 높고, 오른쪽 눈썹이 낮으면 아버지는 계시는데 어머니가 먼저 돌아가시고, 오른쪽 눈썹이 높고, 왼쪽 눈썹이 낮으면 아버지를 잃고 어머니는 재취한다.)

額削眉交 父母早抛(액삭미교 부모조포)

(이마가 깎인 듯하고, 눈썹이 서로 붙은 듯하면 부모 모두 일찍 잃어버린다.)

是爲隆角 反面無情(시위융각 반면무정)

(일월각이 높게 융기되었지만 오히려 얼굴에 정이 없이 차갑게 보이면 부모에게 해가 간다.)

兩角入頂 父母雙榮(양각입정 부모쌍영)

(일월각이 정수리로 꿰어 올라가면 부모 모두 영화로운 귀인이다.)

更受祖廕 父母聞名(경수조음 부모문명)

(다시금 조상의 음덕을 받으며, 부모의 덕망을 들을 수 있다,)

氣色靑 主父母憂疑 又有口舌傷刑(기색청 주부모우의 우유구설상형)

(일월각의 푸르면 반드시 부모에게 근심 걱정이 생기고, 또한 구설로 갖은 형상을 겪는다.)

黑白 主父母雙亡(흑백 주부모쌍망)

(일월각이 검기도 하고, 희기도 하면 부모 모두 돌아가실 수 있다.)

紅黃 主雙親喜慶(홍황 주쌍친희경)

(일월각이 홍색이나 밝은 황색이면 주로 쌍친에게 경사스러운 일이 생긴다.)

7. 오관총론(五官總論)

五官者 一曰耳 爲採聽官 二曰眉 爲保壽官 三曰眼 爲監察官 四曰鼻 爲審辯官 五曰口 爲出納官(오관자 일왈이 위채청관 이왈미 위보수관 삼왈안 위감찰관 사왈비 위심변관 오왈구 위출납관)

(오관은, 첫째는 귀로 채청관이라고 하며, 둘째는 눈썹으로 보수관이라고 하고, 셋째는 눈으로 감찰관이라

고 하며, 넷째는 코로 심변관이라 하고, 다섯째는 입으로 출납관이라고 한다.)[64]

大統賦云 一官成十年之貴顯(대통부운 일관성십년지귀현)

(대통부에 이르기를, 오관 가운데 일관이 잘 생기면 10년간 귀하고 현달하며)

一府就十載之富豊 但於五官之中 倘得一官成者 可享十年之貴也(일부취십재지부풍 단어오관지중 당득일관성자 가향십년지귀야)

(일부(府)가 잘생겼으면 10년간 풍요로운 부를 누리게 된다고 한 것과 같이 오관 가운데 일관만 잘 생겨도 가히 10년간 귀함을 누릴 수 있다.)[65]

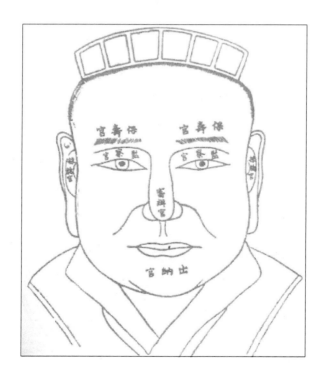

---

64) 耳는 채청관이라 한다. 가려 받아들인다는 뜻이다. 지혜로서 시비를 가려 받아들인다는 것이다. 眉는 보수관이라고 한다. 눈은 생명을 상징하므로, 눈을 보호하는 눈썹은 생명을 보호하는 보수관이라고 한다. 눈은 감찰관이라 한다. 사물을 관찰하여 분별한다는 뜻이다. 코는 심변관이라 한다. 코는 심지표라 하여 마음의 표상이라 한다. 마음으로 사물을 살펴 분별하는 것을 말한다. 입은 출납관이라 한다. 숨을 들이고, 내 쉬는 것과 기운이 들락거리는 것을 말한다.

65) 一府: 六府 중에 하나를 말하며, 六府는 천창 상이부, 관골 중이부, 지고 하이부이고, 이 가운데 천창 상이부만 잘 생겨도 평생 부귀를 누릴 수 있다.

如得五官俱成 其貴老終(여득오관구성 기귀노종)

(만약 오관 모두 잘 생겼다면 그 귀함이 늙어 죽을 때까지 간다.)

耳須要色鮮 高聳過於眉 輪廓完成 貼肉敦厚(이수요색선 고용과어미 윤곽완성 첩육돈후)

(귀는 색이 선명하고 높이 솟아 눈썹을 지나며 귓바퀴가 온전하게 생기고 귓불이 두툼해야 한다.)

命門寬大者 謂之探聽官成(명문관대자 위지채청관성)

(명문이 넓고 큼직하게 생겼다면 채청관이 잘 생겼다고 말한다.)[66]

眉須要寬廣 淸長雙分入鬢(미수요관광 청장쌍분입빈)

(눈썹은 반드시 너그럽고 넓어야 하며, 맑게 길어서 양쪽 옆얼굴의 살쩍(옆머리가 난 부분)까지 이어져 있어야 한다.)[67]

或如懸犀新月之樣(혹여현서신월지양)

(혹은 무소뿔 모양의 눈썹이나 초승달과 같은 모양이어야 한다.)

首尾豊盈 高居額中 乃爲保壽官成(수미풍영 고거액중 내위보수관성)

(눈썹머리와 꼬리가 풍부하고 가득하며 높이 이마에 붙어 있다면 보수관이 잘 생겼다고 한다.)[68]

眼須要含藏不露 黑白分明 瞳子端正 光彩射人(안수요함장불노 흑백분명 동자단정 광채사인)

(눈은 눈동자가 밖으로 드러나지 않고 잘 감추어져 있으며 흑백이 분명하고 동자가 단정하고 광채가 사람을 쏘는 듯해 야한다.)

或細長極寸 乃爲監察官成(혹세장극촌 내위감찰관성)

(혹은 가늘고 길어서 일촌에 이르면 감찰관이 잘 생겼다고 한다.)[69]

---

66) 명문(命門); 귀 앞부분으로 맑고 깨끗해야 지혜롭다.
67) 눈썹은 맑고 수려하며 길어 天倉에 이르러야 한다. 살쩍머리는 이마 양쪽의 머리카락이 난 부분을 의미하며, 빈발이라 한다.
68) 미두(眉頭)는 단정하고, 미미(眉尾)는 가지런해야 한다. 눈썹은 높으면 높을수록 이상(理想)과 의지(意志)가 높고 강하다.

鼻須要樑柱端正 印堂平闊 山根連印 年壽高隆 準圓庫起 形如懸膽齊 如截筒色鮮
黃明 乃爲審辨官成(비수요량주단정 인당평활 산근연인 연수고륭 준원고기 형여현담재 여절통색선황명
내위심변관성)

(코는 콧대가 단정하고 반듯해야 한다. 인당이 평평하고 넓으며 산근이 움푹 꺼지지 않고 인당으로
이어져 있으며 연상과 수상이 높고 준두가 둥글어야 한다. 코의 모양이 쓸개를 매어 단 듯하거나 대나무를
쪼개 놓은 듯하며 색이 선명하고 밝은 황색을 띠었다면 심변관이 잘 생겼다고 한다.)70)

口須方大 唇紅端厚 角弓開大合小 乃爲出納官成(구수방대 순홍단후 각궁개대합소 내위출납
관성)

(입은 모나고 크며 입술이 붉고 단정하고 두툼하며 입의 끝이 살짝 올라가야 하며, 입을 벌릴 때는
크고, 다물면 작아야 하는데 이와 같다면 출납관이 잘 생겼다고 한다.)71)

8. 인면총론(人面總論)

天庭欲起司空平 中正廣潤印堂淸(천정욕기사공평 중정광윤인당청)
(천정은 높고, 사공은 평평하며, 중정은 넓고 윤택하며 인당은 맑아야 한다.)

山根不斷年壽闊 準頭齊圓人中正(산근불단생수활 준두제원인중정)
(산근은 끊어지지 않으며, 년상과 수상은 넓고, 준두는 가지런하고 둥글고 인중은 바르게 되어야 한다.)

口如四字承漿闊 地閣朝歸倉庫應(구여사자승장활 지각조귀창고응)
(입은 넉 사자와 같고, 승장은 넓어야 하며, 지각은 일월각과 조응을 해야 한다.)

山林圓滿驛馬豐 日月高兮邊地靜(산림원만역마풍 일월고혜변지정)

---

69) 눈은 細가늘고 길어야 하며, 안정(眼精)은 맑고, 안신(眼神)은 밝아야 한다. 눈이 돌출되거나 짧으면
안 된다.

70) 인당·산근·년상·수상·준두로 이어진 등선이 곧고 둥글어야 한다. 현담비(懸膽鼻)는 부자의 코이며,
절통비(截筒鼻)는 귀인의 코이다.

71) 상순(上脣)보다 하순(下脣)이 두터워야 하며, 구각(口角)이 앙월(仰月)되어야 좋다. 입이 유기(有氣)하
여 수기(收氣)가 되어야 한다.

(산림은 둥글게 가득 차야 하며, 역마는 풍요로워야 하고, 일각과 월각은 높이 솟고 변지는 맑아야 한다.)

陰陽肉多魚尾長 正面顴骨有神光(음양육외어미장 정면관골유신광)

(음양의 주위에 살이 많고, 어미는 길어야 하며, 양 관골은 빛이 밝고 기색이 좋아야 한다.)

蘭臺平滿法令正 金匱海角生微黃(난대평만법령정 금궤해각생미황)

(난대는 평만하고, 법령이 바르게 내려가야 하며, 금궤와 구각은 옅은 황색을 띠는 것이 좋다.)

三陰三陽不枯焦 龍藏虎伏仍相當(삼음삼양불고초 용장호복잉상당)

(삼음과 삼양은 불에 타서 마른 듯하지 않아야 하며, 용이 숨겨져 있는 듯, 호랑이가 엎드려 있는 듯한 형상을 품고 있는 모습이 적합하다.)

五嶽四瀆無剋破 便是人間可相郎(오악사독무극파 편시인간가상랑)

(오악과 사독은 서로 극하고 파해서는 안 된다. 이러한 사람(파극이 없는)이라면 관직에 나갈 수 있다 하겠다.)

* 天庭: 이마 가장 높은 부위
* 印堂: 눈썹의 사이
* 年上: 산근 아랫부분
* 準頭: 코의 끝부분
* 산림: 이마 가장자리
* 일각: 이마의 돌출 부위
* 음양: 두 눈
* 관골: 얼굴의 돌출 부위
* 법령: 팔자 주름
* 삼음·삼양: 와잠
* 오악: 이마·코·턱·양 관골

* 中正: 인당의 윗부분
* 山根: 두 눈의 사이
* 壽上: 준두의 윗부분
* 人中: 코와 입 사이
* 역마: 이마 모서리
* 변지: 역마의 윗부분
* 어미: 눈의 꼬리
* 난대: 콧망울
* 금궤: 왼쪽 콧망울
* 용호: 눈동자의 빛
* 사독: 귀·눈·입·코

제 **3** 부

十三部位와
십 삼 부 위

耳·鼻·目·口
이   비   목   구

1 │ 13부위(十三部位)

얼굴의 정중앙을 13개 부위로 나눈 것으로 관상학에서는 가장 중요시 되는 곳이다.

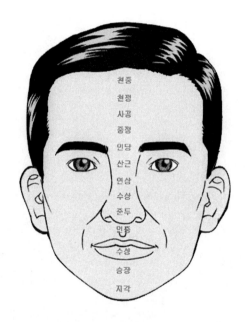

1) 천중(天中)

(1) 작용

16세의 길흉을 관찰하는 자리로서 인생에서 고등학교에 입학하는 때이고 일각 및 월각이 풍만하여야 한다.

(2) 판별 방법

- 男: 부모 중에서 아버지를 보는 자리이다.
- 女: 남편을 주로 보는 자리이다.
- 깨끗하고 색깔이 좋으면: 명예도 좋고 관록을 보는 자리이다
- 결함이나 흠이 있으면: 부모와 인연이 없고 사업을 하기 어렵고 사장이나 장(長)이

되기 힘들다.

(3) 기색

- 황색: 윤이 나면 벼슬을 얻고 관직이 있다.
- 청색: 재물의 탕진한다, 관재(官災)가 발생한다.
- 흑색: 명예의 실추 및 재물의 탕진한다.

2) 천정(天庭)

(1) 작용

- 19세의 길흉을 보는 자리이고 좌우의 일, 월각과 눈썹 및 코끝인 준두에서 받쳐 주는 것이 가장 좋다. 또한 눈썹과 준두 및 눈의 기세가 부족하고 일월각이 움푹 패이면 운이 크게 피지 못한다. 천복(天福)을 보는 자리 중의 한 곳이다.

(2) 판별 방법

뼈가 풍만하면서 평평하면 관록을 얻을 수 있고 출세한다.

(3) 기색

결함이 없이 색이 밝고 윤기가 나면 관직이 극귀(極貴)하다.

3) 사공(司空)

(1) 작용

22세의 길흉을 관찰하는 자리이고 관록의 고저(高低)를 보는 위치이다.

(2) 판별 방법

- 뼈가 풍만하고 윤택하면 삼공(三公)의 벼슬에 오른다.

- 옥추골이 일어나면 2품에서 하품이 된다.
- 무늬나 점 또는 사마귀가 있으면 귀하지 못하다.

(3) 기색

- 검은색은 갑자기 놀라는 일이 많이 생긴다.
- 붉은색은 사공에서 인당까지 적색이면 100일 내에 죽는다.

4) 중정(中正)

(1) 작용

25세의 길흉을 판단한다. 인생에서 가장 중요한 시기이다. 두뇌의 본부, 30세 전의 명당 자리이며 명예나 자손의 번창을 관찰한다. 이때는 천운으로 본다.

(2) 판별 방법

- 뼈가 풍만하며 귀인이며 색과 윤기가 나면 높은 관직을 얻는다.
- 뼈가 죽고 움푹 패이면 평생 직업으로 고난이며 큰 재난을 만난다.
- 중정의 좌우 눈썹과 눈 및 산근을 대비하여 관찰한다.

(3) 기색

빛이 나고 윤택하면 부귀와 관록이 있다.

5) 인당(印堂)

(1) 작용

28세의 길흉을 본다. 선천적으로 부모의 덕, 후천적으로는 내가 가는 길의 길흉과 평생 부귀·빈천·성패의 여부를 본다. 또한 인당은 아홉 가지 기가 모이고 흩어지는 중요한 곳으로 일생의 화복을 주관하므로 28세 운만을 지배하는 것이 아니다.

(2) 판별 방법

- 평평하고 빛이 나면 큰 부자이며, 고요하면 삼품(三品)의 벼슬이다.
- 우글부글하면 재산과 관록이 없다.
- 점·사마귀가 있고 들어간 듯하면 재산과 관록이 없다.
- 내 천(川)자나 무늬가 있어 난잡하면 흉하게 되고 처를 극한다.

(3) 기색

빛이 나고 색이 윤택하면 관록이 좋다.

6) 산근(山根)

(1) 작용

41세의 길흉을 본다. 재앙의 총본부이며, 재물의 뿌리이다. 육친의 덕에 관한 유무·형제·가정·질병 등을 보는 위치이다.

(2) 판별 방법

- 야산처럼 넓고 편안한 것을 제일 좋게 본다.
- 산근이 풍만하여 중정까지 이어져 있으면 복이 많다.
- 좁으면 부부간 불화이고, 육친의 덕이 없고 재앙이 많다.
- 낮으면 남자는 단명이며 육친의 덕이 없다.
- 여자는 자식의 인연이 없고 재혼하기 쉽다.
- 좁고 낮으면 독하고 가난하다.
- 두 줄이 있으면 고질병이 있거나 한 번은 풍파를 당한다.
- 끊어지면 액운이 많고 형제가 없다.
- 요철이나 점·사마귀·무늬가 있으면 재물로 실패하고 재앙이 많다.

(3) 기색

결함이 없이 색이 밝고 윤기가 나면 재물이 풍요하다.

7) 연상(年上)

(1) 작용

44세 때의 길흉을 본다. 그해의 건강 및 발병 여부를 본다.

(2) 판별 방법

- 오른쪽 눈이 보충 역할을 하며, 두 귀가 이곳을 비치고 수주가 있으며 인당에 흠이 없으면 44세 및 45세에 운이 좋다.
- 높은 사람은 성격이 강하다.
- 낮고 움푹하면 처를 방비한다.
- 뼈가 튀어나오고 눈이 함몰되고, 귀가 보기에 좋지 않고 눈썹이 눈을 압박하면 해당 년도에 큰 재난을 당한다.

(3) 기색

- 청색은 질병이 있다.
- 적색은 천중까지 있으면 시비 송사이다.
- 백색은 양 눈에 백색이 가득하면 1년 내에 흉사(凶事)로 운다.
- 흑색은 길게 생기고 찬 기운이 있으면 죽게 된다.
- 황색의 반달 모양은 길하다.

8) 수상(壽上)

(1) 작용

수명과 장수를 보고 체질의 강약을 본다. 45세 때의 운을 본다.

(2) 판별 방법

- 오른쪽 귀에서 기를 제공하므로 오른쪽 귀가 밝고 수주가 있어야 운이 열리게 된다.
- 높게 일어나면 장수한다.

- 낮고 움푹하면 명이 짧다.

(3) 기색

- 청색은 죽게 된다.
- 백색은 부모에게 병이 있다.
- 황색은 기쁜 경사가 있다.
- 청·적·흑색이 혼잡하게 있으면 집안에 괴상한 일이 생긴다.

9) 준두(準頭)

(1) 작용

부귀·명예를 보고 욕심의 과다 및 재물의 유무를 보며 48세 때 운을 본다.

(2) 판별 방법

- 좋은 준두는 양 눈에 신기가 있고, 코와 대비하여 적당히 나오고 입과 조화를 이루면 좋다. 48세 때 큰 재산을 모은다.
- 나쁜 준두는 양 눈이 함몰하고 관골이 죽고 코만 돌출하고 입을 압박하면 48세에 큰 재난을 당한다.
- 준두는 눈에서 기를 받아 관골로 회귀하며 입으로 기를 의탁 받는다.
- 준두에 살이 없으면 욕심이 없다.
- 준두에 살이 많으면 욕심이 많다.
- 준두가 둥글고 풍부하고 바르면 벼슬을 한다.
- 준두가 풍부하고 크면 매사가 원만한 성품으로 타인에게 잘하며 손해를 끼치지 않는다.
- 준두가 작고 약하면 빈천한 상이다.
- 준두가 너무 뾰족하면 경박하고 냉정하며 박복하고 성품이 독하다. 또한 처를 극하게 된다.
- 준두에서 이마 끝까지 깨끗하면 관록으로 출세하고 심성이 바르다.
- 살이 늘어져 매부리코의 형상이면 여자나 재물로 재앙이 있고 성품이 독하며 간사하다.

- 들창코의 모양이면 돈이 들어왔다가 금방 나가므로 재물을 모으기 어렵다.

(3) 기색

- 황색이 입가의 법령까지 있으면 부모·처·자식의 경사가 있다.
- 흑색은 되는 일이 없다. 날벼락이 떨어지려는 것과 같다.
- 준두는 기색의 발현처(發顯處)로 아침에 준두 색이 깨끗하면 좋은 일진의 날이다.

10) 인중(人中)

(1) 작용

중년의 돈을 말년까지 끌고 가려는 통로이며, 인덕의 유무, 자녀 복의 유무를 보고 51세의 길흉을 본다. 또한 인중의 밝고 흐름으로 운의 여부를 보며 사람의 심성(心性)과 수명 등을 본다.

(2) 판별 방법

- 이마의 기를 받아 몸 전체에 퍼지게 하며 법령이 좌우로 보호하며 수주와 배합되고 입이 적당히 크며 좋은 모양의 것이 가장 좋다. 또한 뚜렷한 것이 좋다
- 인중이 길면 장수하나 고독하다.
- 인중이 짧으면 단명한다.
- 인중이 뚜렷하면 자식을 많이 낳는다.
- 인중이 깨끗하면 자식이 없으면 인덕은 있다.
- 인중이 바르면 심성이 올바르고 수명이 길다.
- 인중이 구부러지면 심성이 삐뚤어진다. (좌측은 아버지를 극하고, 우측은 어머니를 극한다.)
- 인중이 넓고 펑퍼짐하면 성격이 급하다.
- 위가 넓고 아래가 좁으면 이리 같은 간사함이 있다.
- 인중에 주름이 있으면 자식을 극한다.
- 인중에 점·사마귀가 있으면 자식을 극하여 자식 복이 없고, 양자를 두기 쉽다.

- 인중이 깊고 곧으면 충성스럽고 곧은 심성을 갖고 있다.
- 인중의 선이 희미하면 재산을 날리고 탕진한다.

(3) 기색

- 청색은 1달 후 실직이나 수액이 있다.
- 황색은 몇 년간 멀리 나가기 쉽다.
- 흑색은 횡사하기 쉽다.
- 백색은 중금속이나 독살 등에 중독되기 쉽다.

11) 수성(水星)

(1) 작용

말년의 명당 자리이고 부부의 관계를 보며 신의 및 빈부를 본다. 60세의 운세를 본다.

(2) 판별 방법

- 좋은 수성은 이마가 좋고 귀가 입을 비치며, 준두 및 인중이 바르고 깨끗하며 입의 크기 및 두께가 조화를 이루고 있는 것이 좋다. 또한 입의 포인트는 입 가장자리이다. (위·아래 입술의 크기 및 두께를 잘 보는 것이 중요하다.)
- 아래 입술이 큰 여자는 남자를 극하므로 과부가 많다.
- 윗입술이 큰 여자는 아들을 낳기가 어렵고 남편이 잘 안된다.
  (윗입술은 아버지·남자·陽을 뜻하고, 아랫입술은 어머니·여자·陰을 뜻한다. 또한 남자는 윗입술이 재물과 자식의 운을 나타낸다.)
- 입술의 두께가 얇으면 정이 없고 재물과 거리가 멀다. 시비가 많고 지혜가 없다.
- 입술의 두께가 두꺼우면 정과 복이 많다.
- 입술이 까지면 정이 없다.
- 입술이 위, 아래가 맞닿아 있으면(입이 평평하고 바르면) 신의 및 믿음이 있다.
- 입이 크면 남자는 박력과 의지, 담과 스케일이 크고 출세 및 진급이 잘되며 식복이 있다. 여자는 고독하고 본인이 가정의 살림을 책임지게 된다, 공망살이 있다.
- 사람은 크나 입이 작으면 빈천하지 않으나 명이 짧다.

- 사람은 작으나 입이 크면 잘 살지는 않으나 귀하다.
- 입이 뾰족하고 얇으면 말을 함부로 하고 말로 구설이 많으며 사기성이 있다.
- 구각(口角: 입의 가장자리)이 올라가면 마치 배(水星)가 물 위에서 순항하는 모습으로 식복이 있다. 그래서 사람은 웃으면 복이 온다고 하던가?
- 구각이 처지면 마치 배가 거꾸로 물에 빠지는 모습으로 복록이 없어 빈천하다.

(3) 기색

- 청색의 환자는 죽게 된다.
- 입 주변에 적색이 돌면 입은 식복을 뜻하여 먹을 것이 없어지는 상이고 적색의 점이나 사마귀는 주작(朱雀)으로 말로 인한 구설 및 시비가 생긴다.
- 입 주위가 흑색이면 횡사한다.

12) 승장(承漿)

(1) 작용

- 가정의 편안함과 61세의 길흉을 보고, 장(漿)은 음료로 술에 관한 사항으로도 본다.

(2) 판별 방법

- 승장은 법령으로 보호를 받고 인당의 기운과 양쪽 귀의 흐름을 받는다.
- 승장이 깨끗하면 식복이 있다.
- 승장에 주름이 많으면 늙을 때까지 본인이 움직여 벌어먹어야 한다.
- 말년의 명당 자리이고 부부의 관계를 보며 신의 및 빈부를 본다. 60세의 운세를 본다. 살이 두툼하고 양쪽에 골이 일어나면 관록이 있다.
- 뾰족하거나 움푹하면 술로 인하여 병을 얻고, 기색이 어두우면 더욱 심하며 약이 없다.
- 점·사마귀가 있으면 술로 인한 병이나 수액이 있다.(水에 해당하는 년도에 액이 있다.)

(3) 기색

- 청색은 술로 인한 병과 재산의 손실이 생긴다.
- 흑색은 술로 인하여 사망한다.

13) 지각(地閣)

(1) 작용

말년의 화복 및 말년의 결과를 보고 그 사람의 지위의 고하를 본다. 말년의 전택(田宅)과 하체(下體)의 건강 여부를 보고, 또한 71세의 길흉을 본다.

(2) 판별 방법

- 지각은 준두보다 높지 않고 지각의 모양이 어떠한가를 잘 보아야 한다.
- 지각이 둥글면 제일 좋다.
- 지각이 뾰족하고 살이 없으면, 자식 복이 없고 자식 복 받기가 힘들며 재물이 없고 성패가 다단(多端)하다.
- 지각이 평평하고 두툼하며 단정하면, 말년에 부귀가 있고 자식복 및 전택(田宅)이 있다.
- 지각(턱)이 길고 살이 두툼하면 좋은 처와 자식이 있고 재물이 있다.
- 지각에 흠이나 움푹 패이면 자식복과 재물 등이 없다.
- 지각에 무늬가 있으면, 말년에 재물을 탕진하고 시비 및 송사가 있다.
- 지각이 얇으면, 자식 복이 없어 자식과 떨어져 살아야 한다.
- 지각이 뒤로 넘어가 있으면 남편과 자식, 돈 등 아무것도 없다.
    * 지각이 좋으면 북쪽과 인연이 있다.
    * 이마가 좋으면 남쪽과 인연이 있다.
    * 지각은 말년으로 자식과 연관되므로 자식 복을 같이 보아야 한다.
    * 자식 복을 보는 자리이다.
- 와잠(臥蠶)은 자식의 본주(本主)로 도톰해야 한다.
- 인중(人中)은 뚜렷하게 골이 있어야 자식이 있다.
- 지각(地閣)은 너무 넓거나 너무 뾰족하면 자식을 보기가 힘들다.

(3) 기색

- 청색은 말년에 큰 걱정이 있다.
- 적색은 수하인의 걱정 및 우마가 죽는다.
- 황색은 전택(田宅)의 기쁨이 있다.

- 흑색은 수하인의 걱정 및 질환이 있다.

10 │ 귀(耳)

1) 귀 부위의 특성

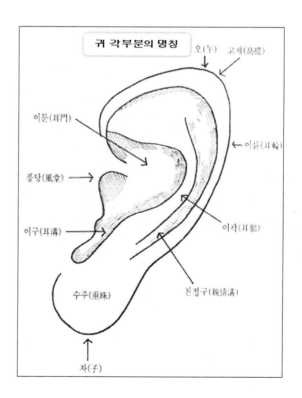

귀는 뇌(腦)와 심장(心腸)과 가슴[胸]을 통하여 마음을 사령(司令)하는 곳인데, 신장(腎臟)과 기가 통하였다. 그러므로 신기(腎氣)가 왕성하면 귀가 맑아 밝게 들리고, 신기가 허약하면 귀가 어둡고 흐리다. 귀는 두텁고 단단하고 위에 붙어 길어야 장수하는 상이다. 윤곽(輪郭)이 분명하면 총명하고, 귀밑살이 늘어지고 입과 조응하면 부(富)의 수(壽)를 누린다.

귓밥이 두터우면 재물이 풍족하고 귓속에 털이 나면 장수하고, 귀에 사마귀가 있으면 귀자를 낳고 총명하며, 귓문[耳門]이 넓으면 지혜가 있고 포부가 원대(遠大)하다. 귀가 붉고 윤택하면 주로 관직이고, 희면 명망(名望)이 높으며, 검붉은 빛을 띠면 빈천하고, 귀가 얇고 앞으로 향하면 전답을 다 팔아 없애고, 뒤로 젖혀지거나 비뚤어지면 거처할 집이 없고, 좌우의 크기가 다르면(짝귀) 매사에 막히고 방해된다.

귀가 밝고 맑아서 살결이 윤택하면 이름을 널리 떨치고, 더럽고 지저분하고 검으면 가난하고 박복하며 어리석다. 귀가 얼음같이 단단하면 늙도록 집안에 곡성이 나는 것은 보지 않게 되고, 길고 높이 솟으면 벼슬과 녹봉을 얻고, 두텁고 둥글면 의식이 풍족하다. 대체로 귀인의 상은, 귀는 비록 귀하지 않더라도 눈은 귀격을 갖추어야 하고, 천한 사람의 상은, 귀격의 귀는 있을 망정 눈이 귀격한 이치는 없으므로 상을 잘 보는 자는 먼저 그 기색(氣色)을 살피고 난 후에 그 형상을 살펴야 하는 것이다.

비결에 말하기를 귀가 크고 높이 붙은 자는 이름을 사방에 떨치고, 두 귀가 어깨까지 늘어지면 말로 형언 할 수 없는 귀함을 누리고, 귀가 얼굴빛보다 희면 이름이 천하에 가득하다.

기자(棋子)귀는 자수성가(自手成家)하고, 귀가 검고 꽃잎같이 생긴 귀는 가산을 파하고 고향을 떠나며, 귀가 종잇장처럼 얇으면 소년에 사망하고, 윤곽이 봉숭아 빛처럼 붉으면 성품이 영리하다. 토끼귀를 닮으면 빈궁함을 하소연 할 곳이 없고, 쥐귀[鼠耳]처럼 생기면 빈천·단명(貧賤·短命)하고 귀가 뒤집히거나 윤곽이 흐릿하면 조상의 업을 다 없애고, 귀밑살이 늘어지면 의식이 넉넉하다.

귀가 얇고 뿌리가 없으면 반드시 일찍 죽고, 귓문이 널찍하면 총명·활달하고 귀에 골(骨)이 솟으면 수명이 길지 못하고, 귀밑의 뼈가 둥글게 생기면 남는 돈이 없이 빈궁하다. 귀가 눈보다 높이 붙으면 훈장(訓長)으로 출세하고, 눈썹보다 두치[二寸]가 높으면 일생 빈곤을 모르고, 귀가 높고 윤곽이 분명하면 일생 안락하게 산다.

귀에 칼고리[刀環] 같은 것이 있으면 오품(五品)의 관직이요, 귓밥이 두텁고 늘어지면 부귀장수하고, 귓문이 매우 좁으면 빈궁하고 고독하며, 귀에 털이 생기면 장수부귀하는데 혹 재앙에 빠지는 경우가 있다. 귀가 짐승의 귀와 같으면 흉액이 많고, 귓문이 넓고 크면 총명하고 재물이 족하며, 귓문이 작고 얇으면 명이 짧고 의식이 궁핍하다.

시(詩)에 말하기를 "윤곽이 분명하고 귓밥이 늘어지면 일생 인의(仁義)로 생애하고, 두 귀가 격을 갖추면 학문이 밝아 그 이름을 궁궐에 떨친다. 뒤집힌 귀는 골육의 정이 없고, 가장 좋지 못한 상이요, 또 귓문이 좁고 화살깃[箭羽]같으면 재물과 식량이 없다. 명문(命門)이 작으면 명이 짧고, 귀에 청흑빛(靑黑色)이 있거나 거칠면 타향에 나가 고생한다. 귀에 도두룩한 살집이 붙고 윤곽이 뚜렷하며 붉은빛이 있으면 부귀영화는 누린다. 사람이 빈곤함이 많은 까닭을 모른다면 먼저 귀를 살펴라. 귀에 지저분한 티가 있으면 밝게 듣지 못하는 자이다. 귀밑에 늘어진 살이 있고, 살지고 빛깔이 밝으며 다시 입과 서로 조응(朝應)하면 부귀영화가 일생 따른다. 귀 위가 뾰족하면 이는 이리의 귀[狼耳]니 사람을 해치고자 하는 마음이 있고, 반대로 아래가 뾰족하고 빛깔이 곱지 못한 것도 좋지 않은 상이다. 귓바퀴가 분명하고 빛깔이 윤택하면 재명(財名)이 함께 이르고, 귀안에 터럭이 있으면 수명이 길며, 귀가 솟고 입과 조응하면 부귀·장수(富貴·長壽)할 상이요, 귀에 검은 사마귀가 있으면 재앙이 많다."고 하였다.

2) 귀의 각 모양(耳形)

① 금이(金耳) - 노형처자(老刑妻子)

눈썹 위에 한치[一寸]나 높이 솟고 천륜(天輪)은 작으며, 귀가 얼굴빛 보다 희고 구슬[珠]을 드리운 것을 금이(金耳)라 하는데, 부귀공명을 누리는 상이다. 다만 꺼리는 바는 말년에 처자를 형극(刑剋)하고 고독해진다.

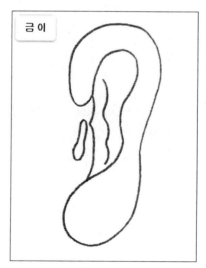

금 이

② 목이(木耳) - 무격숙수(無隔宿需)

귀의 윤곽(輪郭)이 뒤로 뒤집히고 좁으며 길다. 육친과 정이 멀고 재물이 부족한데, 만일 얼굴의 부위가 좋으면 평탄하게 살아가지만 그렇지 못하면 빈곤하고 자식운도 나쁘다.

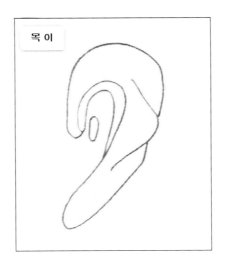

목이

③ 수이(水耳) – 명치해우(名馳海宇)

수이(水耳)는 두텁고 둥글며, 눈썹 위에 높이 붙고 또 도두룩한 살집이 붙고, 구슬을 드리운 형이다. 귀가 굳고 단단하며, 붉고 윤택하여 높이 세워서 붙어있으면 부귀를 누리는 상이므로, 조정에서 벼슬을 하고 이름을 해외까지 떨친다.

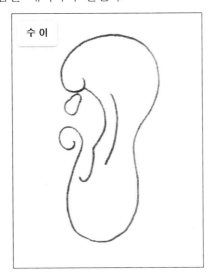

수이

④ 화이(火耳) – 노무안일(老無安逸)

눈썹 위에 높이 솟고, 윤곽이 단단하고도 뒤로 젖혀진 것이므로, 비록 구슬은 드리웠다 해도 부족한 상이다. 산근(山根)과 와잠(臥蠶)이 만일 서로 응하면 말년에 자식이 없어 고독하나, 명은 길어 오래 산다.

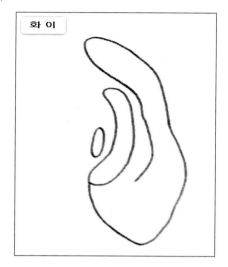

⑤ 토이(土耳) - 서열조반(序列朝班)

토이는 단단하고 두텁고 크고, 또 살진 것이므로, 빛이 붉고 윤택하고 모양이 바르면 부귀가 면면(綿綿)하고, 육친의 덕이 있으며 늙도록 건강하고 관록도 높아 좌우에 시립(侍立)하는 영화를 누리게 된다.

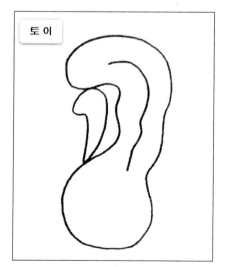

⑥ 저이(猪耳) - 빈천흉망(貧賤凶亡)

돼지귀는 윤곽이 분명치 않고, 비록 두터우나 혹 뒤로 젖혀지고 혹 앞으로 오그라지고,

혹은 구슬을 드리운 상인데, 비록 부귀는 일시 누린들 무엇에 쓰리오. 만년에 흉액이 많고 고빈(孤貧)함을 면치 못한다.

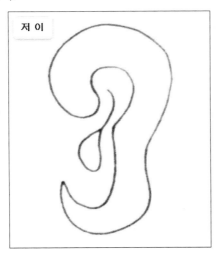

⑦ 경전이(傾前耳) – 모산산명(耗散山冥)

귀가 낮게 붙고 뒤집히거나 젖혀진 것이므로, 단명하고 고독하며 또는 손재(損財)가 많다. 재산이 비록 생긴다 해도 곧 사라지며 소년에 죽음이 있을까 두렵다. 저반이(低反耳)라고도 한다

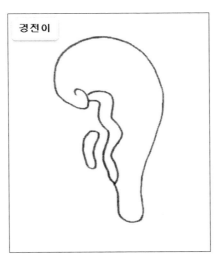

⑧ 수견이(垂肩耳) – 천하일인(天下一人)

귀 뒤가 풍만하고, 구슬은 어깨에 닿을 만큼 길게 늘어지며, 눈썹 위에 높이 붙어 살결이

윤택하고 빛깔이 선명한 상으로, 머리가 둥글고 이마는 넓으며 형용이 기이(奇異)하면 천하의 일인격(一人格)이니 귀함이 제왕에 오를 상이다. 부귀는 물론, 이름을 날려 뭇사람으로부터 추앙을 받게 된다.

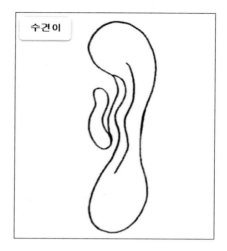

⑨ 첩뇌이(貼腦耳) — 복록병진(福祿竝臻)

두 귀에 뇌골(腦骨)이 붙고 윤곽이 단단하며 눈과 눈썹을 누르는 듯한 것으로 고귀현명(高貴賢明)한 상이다. 부모·형제·처자가 모두 부귀·영화하며 복록이 진진하여 백세에 이르도록 안락하게 지낸다.

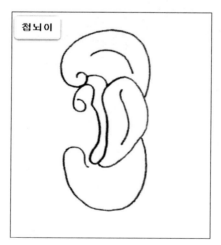

⑩ 개화이(開花耳) — 매진전원(賣盡田園)

귓바퀴가 꽃잎처럼 뒤집히고 엷으며, 비록 뼈가 단단할지라도 좋지 못한 상이다. 거만(巨萬)

의 재산을 물려받을지라도 모두 없애고 말년에는 빈곤함을 면치 못한다.

개화이

⑪ 기자이(棋子耳) - 흥창유원(興創流遠)

귀가 둥글고 윤곽이 뚜렷하며 두 귀의 모양이 같으면 자수성가하여 부귀를 누리게 된다. 조업(祖業)이 많지 않더라도 자신이 업을 이루어 중년의 부귀가 옛날 도주(陶朱)[72]와 비교할 만하다.

기자이

⑫ 호이(虎耳) - 위엄막범(威嚴莫犯)

귀가 작고 윤곽이 기울어진 것이니, 얼굴을 대함에 기이함이 보이지 않는 상이다. 이러한

---

72) 중국의 거대한 부자.

귀를 가진 사람은 성질이 간험(奸險)한데, 귀하게 되고 위엄(威嚴)은 있다.

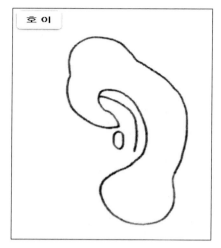

호 이

⑬ 전우이(箭羽耳) – 선영후군(先盈後窘)

위는 한치나 높이 눈썹 위에 붙었으나 아래는 화살깃과 같아 드리운 구슬이 없다. 초년은 길하고 말년은 흉한 상이므로, 부모·조상에게 많은 토지와 재산을 물려받게 되나 차츰 실패하여 결국은 전답을 다 없애고 동서분주하게 된다.

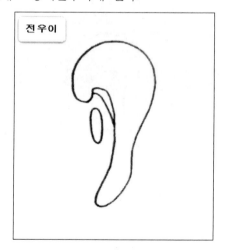

전 우 이

⑭ 선풍이(扇風耳) – 패진객사(敗盡客死)

두 귀가 앞으로 향하여 바람에 움직이는 모자와 같으므로, 조종(祖宗)의 유산을 모두 탕진하는 상이다. 소년에는 부조(父祖)의 음덕으로 행복을 누리나 중년에 들면서 실패하기 시작하여 말년에는 빈곤하고 또 고독하며 심지어는 객사(客死)할 염려도 있다.

⑮ 서이(鼠耳) – 빈한흉패(貧寒凶敗)

쥐귀(鼠耳)는 위가 쫑긋하며 엷고 귀뿌리가 뾰족하고도 뒤로 젖혀진 형상으로 비록 눈보다 높이 솟을지라도 현명치 못한 상이다. 쥐와 같이 도벽성(盜僻性)이 있고, 개와 같이 싸움을 좋아하는 습성을 고치지 못하므로 말년에 가산을 탕진하고 또 감옥살이를 면치 못한다.

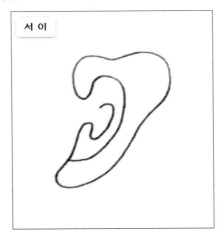

⑯ 여이(驢耳) – 분치도일(奔馳度日)

윤곽이 있고 귀가 두터우며 구슬이 있으나, 연약하고 당나귀 귀와 같이 쫑긋하면 반드시 빈곤한 상이니, 말년에 흉액이 따르고 일에 막힘이 많다.

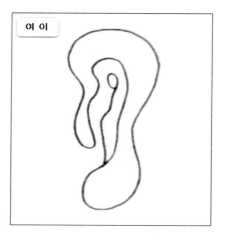

여 이

3 | 코(鼻)

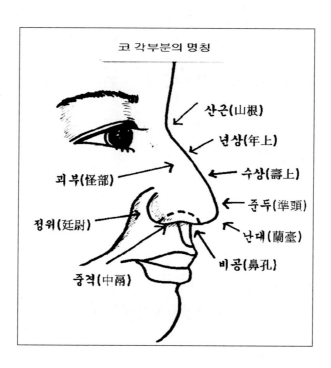

코 각부분의 명칭

산근(山根)

년상(年上)

괴부(怪部)

수상(壽上)

준두(準頭)

정위(廷尉)

난대(蘭臺)

비공(鼻孔)

중격(中扇)

1) 코 부위의 특성

"옳고 그름을 보려면 눈과 코를 보고, 참과 거짓을 보려면 입과 입술을 보며, 공명함은 기개를 보고, 부귀함은 정신을 보고, 수명은 손톱과 발톱을 보며, 풍파가 있는가는 발과 발꿈치를 보고, 조리가 있는가는 언변을 보라."는 말이 있다. 이처럼 코를 통해 사람의 심성을 살필 수 있다.

또한 코를 통해 건강도 알 수 있다. 코는 작은 기관이지만 의외로 뇌 및 오장육부의 모든 기관과 밀접한 관계를 가지고 있다. 건강하고 장수하는 사람은 반드시 좋은 코를 가지고 있으나, 건강이 좋지 않고 요절한 사람은 반드시 코의 기개가 부족하고 심한 결함이 있다.

상법에서는 코끝을 재성(財星)이라고 하며, 콧망울의 난대(蘭臺)와 정위(廷尉)의 두 부분을 합쳐 재고(財庫)라고 한다. 대체로 횡재한 사람은 재산을 지키는 방법에 능숙한데, 이런 사람은 난대와 정위가 반드시 둥글고 두터우며 잘 거두어져 있다.

"재물을 보려면 눈을 보고, 부(富)를 보려면 코를 본다."는 말도 마찬가지로 코와 부의 관계를 나타내고 있다. 여기서 재물이란 금전운을 말하는 것으로 이는 눈의 좋고 나쁨에 따라 운세가 결정된다는 것이다. 부(富)란 재물이 모이는 것을 가리키는 것으로, 부(富)의 많고 적음을 보려면 코의 상리(相理)의 우열을 보아야 한다.

눈의 상리가 좋지 않은 사람은 금전운이 좋지 않고 큰 돈을 벌 수 있는 기회도 적게 온다. 그래서 아무리 돈 관리를 잘해도 많은 재산을 모으기가 어렵다. 반면에 코의 상리가 좋지 않은 사람은 비록 많은 돈을 벌기는 하지만 관리를 잘 못하기 때문에 재산을 지키고 모으기가 어렵다.

한편, 이마와 눈의 상리가 좋은 사람이 갖게 되는 관직의 지위를 볼 때도 코의 상리를 본다. 코는 사람의 의지력과 행동력을 나타내기 때문이다. 의지력과 행동력이 부족한 사람은 비록 지혜가 발달하고 안목이 높다 해도 인생이라는 전쟁에서 궁극적인 힘을 발휘하지 못하게 된다. 그래서 "귀함은 이마를 보고, 관직은 눈을 보며, 직업은 코를 보고, 권력은 광대뼈를 본다."고 한다.

코는 또한 부성(夫星)과 처성(妻星)의 상징이다. 코에 상리적인 결함이 없다면, 남성의 경우 어질고 지혜로우며 용모가 빼어난 아내를 맞이하고, 여성의 경우 성공하는 훌륭한 남편을 만난다. 그러므로 높은 관직에 오르고 부유한 사람의 부인이 코가 오목하게 내려앉거나 구부러진 경우는 거의 찾아볼 수 없다. 설사 여성이 아름다운 미모를 가졌다 하더라도 코의 모양이 좋지 않다면 본래의 품격과 운세를 잃어버리게 된다.

건강면에서 보면 코는 폐의 짝이라고 할 수 있다. 코가 통하고 막히는 것으로 폐의 허와 실을 알 수 있다. 그래서 오관의 심변관(審辨官)이라고 한다. 또 코의 준두는 비장과 상당한 관계가 있다. 비장은 오행 가운데 土에 속한다. 그래서 코를 토성이라고 부르는 것이다.

또한 준두와 비익은 소화기 계통과 상당한 연관관계가 있으며 신수(腎水)와 생식기 계통과도 관련되어 있다. 그래서 준두가 평만한 사람은 비장이나 생식기 계통의 선천적인 발육상태가 양호하지 않다. 이것을 오행에 근거하여 풀이하면 토극수(土剋水)가 되는데, 이런 사람은 재산을 모으기 어렵고 재정을 관리하는 방법도 미숙하다.

비익이 너무 작거나 사마귀가 있고 콧구멍이 드러나 있는 사람은 장과 위의 계통 및 남성의 고환, 여성의 난소와 방관 등의 선천적 발육이 양호하지 않다. 또는 후천적으로 내장에 병리적인 변화가 있다. 이런 사람은 토갈(土渴)이 되어 성격이 즉흥적으로 변하고, 그것이 금전적인 투자와 금전의 사용방법에 영향을 미친다. 따라서 평생 사업에 실패가 많고 성공이 적어 큰 부(富)를 모으지 못한다.

한편, 코와 광대뼈는 임금과 신하의 관계와 같다. 코가 혼자 너무 솟아도 좋지 않고, 광대뼈가 코보다 높아도 좋지 않다. 코는 자신이고 광대뼈는 형제와 가족이며, 친구와 타인과 사회라고 할 수 있다. 철관도(鐵關刀)는 "코의 氣는 광대뼈에서 비롯된다. 광대뼈의 氣는 구렛나루에서 나오고, 구렛나루의 氣는 명문에서 나오며, 명문의 氣는 귀에서 나온다."고 했다. 즉 코의 상이 좋아야 하는 것 외에도 광대뼈가 잘 어울려야 하며 구레나룻이 명문을 막으면 안 된다.

코의 종류는 대단히 많은데, 상학에서는 보통 다음의 여섯 가지로 나눈다.

첫 번째는 착한 코[善鼻]로, 외형이 단정하고 깨끗하다. 이런 사람은 학식과 품덕이 모두 우수하며 도량이 넓고 관대하다. 세상을 구하고 백성을 살리려는 마음을 가지고 있다.

두 번째는 귀한 코[貴鼻]로, 매우 크고 형세가 있다. 이런 사람은 벼슬길에 올라 보통 이상의 성취를 이루어 높은 지위에 오른다.

세 번째는 부자 코[富鼻]로, 외형이 풍만하고 콧구멍이 감춰져 있다. 평생 사업이 발전하며 돈이 따른다.

네 번째는 악한 코[惡鼻]로, 외형이 매와 같고 마디가 있다. 이런 사람은 심성이 간사하고 악독해서 천수를 다 누리지 못하며 비명횡사(非命橫死)할 수 있다.

다섯 번째는 천한 코[賤鼻]로, 얼굴은 큰데 코가 작은 것이다. 이런 사람은 출세하기가 어렵고 건강이 좋지 않으며 고독하다.

여섯 번째는 가난한 코[貧鼻]로, 외형이 요(凹)자 처럼 패여 있고 콧구멍이 드러나 있다. 이런 사람은 성격이 불량하고 재난이 많으며 평생 가난을 면치 못한다.

이러한 여섯 가지 코의 형태가 다른 오관 상리의 우열과 크기를 겸비하는지 보아야 한다. 예를 들어 대선겸대귀(大善兼大貴), 대부겸소선(大富兼小善), 대악겸소부(大惡兼小富), 대빈겸대천(大貧兼大賤) 등이다. 또 부형(富型)과 선형(善型)의 코는 남녀에게 똑같이 적용되지 않는다. 예를 들어 귀형(貴型)의 코는 남자에게는 길하나 여자에게는 꼭 길하다고 할 수 없다.

또한 부(富)·귀(貴)·선(善) 3형의 코에 광대뼈가 잘 어울리면 길상이 더 길해지며, 악(惡)·빈(貧)·천(賤) 3형의 코에 광대뼈가 어울리지 않으면 흉이 더 흉해진다.

2) 코의 각 모양(鼻形)

① 용비(龍鼻)

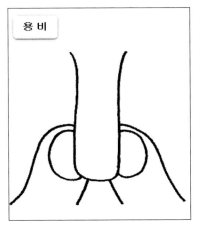

남성에게 가장 좋은 코이다. 산근이 풍만하고 넓으며 인당과 천정까지 관통해서 통천비(通天鼻)라고도 한다. 게다가 준두가 풍만하고 둥글며 난대와 정위가 서로 보좌하여 상응하는 모양이 담낭과 같아 현담비(懸膽鼻)라고도 한다. 용비를 가진 사람은 선천적으로 명성과 명예가 높아 사람들을 잘 이끌고 대귀한다. 복(福)·녹(祿)·수(壽)의 운을 다 겸비한다.

② 절통비(截筒鼻)

코가 곧고 가지런한 것이 마치 대나무의 원통 같아 붙은 이름이다. 산근이 조금 낮고 연수의 살이 많으며 준두가 두툼하다. 콧구멍은 둥글고 두터우며 거두어져 있다. 코를 측면에서 보면 대나무를 잘라놓은 것처럼 정연하다. 이런 사람은 성세에는 투자를 잘하여 벼락부자가 될 수 있고, 난세에는 등용되어 뛰어난 전략으로 공을 세워 귀하게 된다.

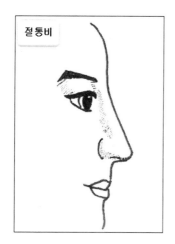

절통비

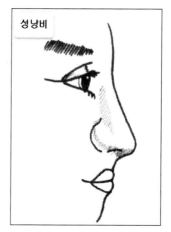

성낭비

③ 성낭비(盛囊鼻)

산근의 기세가 용비보다 못하나 코가 길고 형세가 있으며, 난대와 정위가 분명하고, 정조가 드러나지 않았다. 수본비(守本鼻)라고도 한다. 이런 사람은 성격이 선량하고 청렴하다. 전화위복이 많고 부귀하며, 부인이 어질고 아름답다.

④ 호양비(胡羊鼻)

코가 특별히 크며 준두가 풍만하고, 둥글지만 처져 있으며 날카롭다. 또한 연수골이 둥글고 드러나지 않았으며, 산근이 낮고 기세가 있다. 이러한 사람은 귀하지는 않아도 대부를 이룬다. 만약 준두가 크고 사각형이면 재물은 없어도 귀한 신분이 된다.

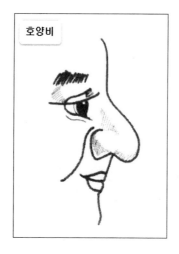

호양비

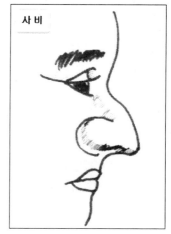

사 비

⑤ 사비(獅鼻)

준두와 난대·정위가 특별히 크고 정조가 드러나지 않았으며, 산근이 아주 작고 평탄하다. 만약 연수뼈가 활같이 솟아 있고 코가 짧은 사람이라면 군직에 있으면 성공한다. 그러나 천수는 다하지 못한다. 만약 연수가 평탄하고 코가 길면 행정직에 있어야 성공한다. 체형이 사자형인 사람과 결혼하면 출세할 수 있지만, 그렇지 않으면 성공하기 어렵다.

⑥ 녹비(鹿鼻)

준두 및 난대와 정위가 특별히 풍만하고 둥글며, 산근과 연수가 평평하다. 이런 사람은 자신보다는 대중의 이익을 위해 열성을 다한다. 심성이 인자하고 정을 중시하며 강하고 우월함을 과시하지 않는다. 부와 귀를 겸하며 반드시 아름다운 부인을 맞이한다. 또한 장수하며 전화위복이 많다.

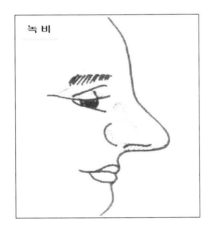
녹비

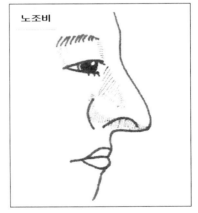
노조비

⑦ 노조비(露竈鼻)

콧대가 곧고 산근이 낮지 않으며, 준두와 난대·정위가 풍만하며, 콧구멍이 크고 거두어져 있지 않으며, 콧털이 밖으로 드러나 있다. 노공비(露孔鼻) 또는 개풍비(開風鼻)라고도 한다. 성격은 급진적이어서 과감하게 행동하고 용감하게 돌진한다. 그러나 성공은 적고 실패가 많다. 늙을 때까지 이루어지는 일이 없으며 육친의 연 또한 적다.

⑧ 삼만비(三彎鼻)

코가 내려앉아 약하며 구불구불하고 기세가 없다. 산근은 낮고 평탄하며, 연수가 철(凸)자처럼 돌출되어 있고, 준두가 날카롭다. 정면에서 보나 측면에서 보나 구부러진 모양이다. 이런 사람은 일생동안 재난이 끊이지 않고 육친을 형한다. 성격이 괴팍하고 대인관계가 좋지 않아 뜻을 이루기 어렵다.

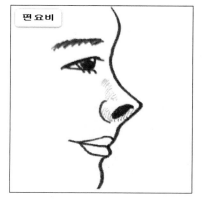

⑨ 편요비(扁凹鼻)

산근이 낮고 평탄하며, 연수가 요(凹)자처럼 오목하게 내려앉았다. 준두는 납작하며 콧방울은 구멍이 드러나 있고, 코가 짧고 약하며 기세가 없다. 탑약비(塌弱鼻) 또는 무능비(無能鼻)라고도 하는데, 겁이 많고 소심하며 무능하다. 일생동안 사업의 성공이 없고 중년에 병재를 피하기 어렵다.

⑩ 응취비(鷹嘴鼻)

연수뼈가 활 같으며, 준두가 날카롭고 갈고리 모양이다. 난대와 정위는 작고 살이 거두어진 모양이다. 이런 사람은 뱀처럼 마음이 독하여 친구가 없고, 사업에 성공하기가 어렵다. 설사 가끔 수확이 있더라도 나중에 반드시 파산한다.

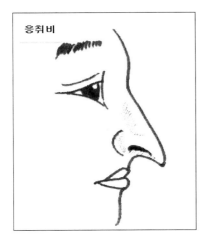

응취비

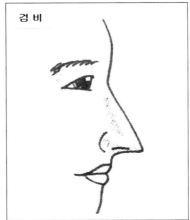

검 비

⑪ 검비(劍鼻)

콧대가 칼등과 같고 연수가 곧지만 살이 없어 뼈가 드러나 있다. 준두가 높고 살이 없으면 난대와 정위가 둥글지 않다. 검척비(劍脊鼻) 또는 검봉비(劍峰鼻)라고도 하는데, 성격이 냉혹하고 정이 없으며 사람을 대할 때 각박하고 박정하다. 이런 사람은 평생 바쁘게 뛰어다니며 고생하지만 성공이 적다. 또 부인을 극하고 자식을 형하며 고독하고 빈곤한 노년을 보낸다.

⑫ 고봉비(孤峰鼻)

연수가 낮고, 준두가 특별히 날카로운데다 철(凸)자 처럼 돌출되어 있다. 또한 난대와 정위가 작고 안으로 거두어져 있으며, 광대뼈가 낮아 평평하다. 이런 사람은 대단히 거만하며 탐욕스럽다. 육친간의 도움이 적고, 학식이 많아도 성공이 적으며, 음란한 경향이 있다.

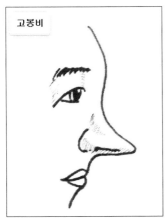

고봉비

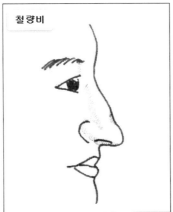

철량비

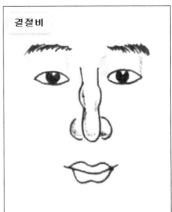

결절비

⑬ 철량비(凸樑鼻)

연수뼈가 철(凸)자 처럼 돌출되어 있고, 코는 크지만 살이 풍만하지 않다. 성격은 이기적이고 고집이 세어서 남에게 지기 싫어하며 사람들과 어울리지 못한다. 목형인을 제외한 다른 형의 사람과 결혼하면 중년에 큰 실패가 있다.

⑭ 결절비(結節鼻)

연수뼈가 좌우로 돌출되어 코가 철(凸)자 모양을 하고 있어 정면에서 보면 매듭을 지은 듯 보인다. 고집이 강하여 남에게 지기 싫어하고, 과감한 성격으로 법을 무시한 행동을 하기도 한다. 일생동안 고생하나 성공이 적으며, 중년에 병재가 있지 않으면 사업에 실패하거나 감옥에 간다. 또한 육친을 형극하고 결혼생활이 원만하지 않다. 여성은 더욱 흉하다.

4 | 눈(目) · 눈썹(眉)

1) 눈(目)

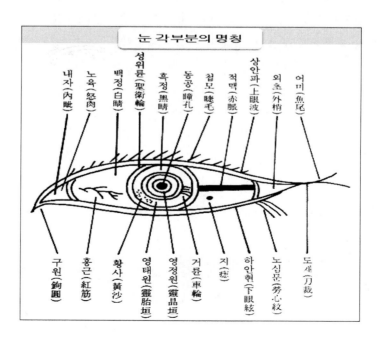

(1) 눈 부위의 특성

인당(印堂)은 사유 계통인 뇌조직의 중심이고, 산근(山根)은 내부기관인 오장육부의 접점이다. 그리고 눈은 사유 및 운동계통의 합류점이다. 우리의 심성과 지혜, 정신과 체력, 능력은 모두 눈에 집중되어 표현되므로 눈은 사람의 건강과 지혜, 성격을 알 수 있는 축소판이라고 할 수 있다. 그래서 '눈은 영혼의 창'이라고 하는 것이다. 사람의 눈에는 선과 악이 존재하는데, 이것은 조상 및 부모의 유전관계와 밀접한 관계가 있다. 눈이 선한 사람은 자신은 물론 부모의 몸도 건강하며, 지혜롭고 착한 성격을 가지고 있다.

반면에 눈이 악한 사람은 자신은 물론 부모의 몸도 건강하지 않고, 지혜 및 성격에도 결함이 있다. 눈이 바르면 마음도 바르고, 눈이 선하면 마음도 선하며, 눈이 악하면 마음도 악하다. 눈이 비뚤어져 있으면 마음도 비뚤어져 있다. 그래서 맹자는 "사람의 눈에서 선함을 본다. 마음이 바르면 눈이 맑고 밝으며, 마음이 바르지 못하면 눈이 어둡고 흐리다." 고 말했던 것이다.

달마상법에서는 얼굴은 10점, 눈은 5점, 이마·코·광대뼈·턱은 각각 1점, 눈썹·귀·입·이를 합쳐서 1점이라고 했다. 여기서도 관상에서 눈의 모양이 얼마나 중요하게 여기는지 알 수 있다.

또한 달마는 "눈은 수려하고 반듯해야 한다. 눈은 가늘고 길어야 한다. 눈은 안정되고 신(神)이 나타나야 한다. 눈은 아래위가 희지 않아야 한다. 눈은 오래 보아도 피곤하지 않아야 한다. 눈은 변화가 있어도 흐릿하지 않아야 한다." 등 좋은 상을 가진 눈의 일곱 가지 모양을 이야기 했다. "안에 있는 것은 반드시 밖으로 드러난다."는 원리에 근거하여 이러한 일곱 가지 표준에 부합하는 사람은 사유 계통 및 신진대사 계통, 성기능 등이 다른 사람보다 우수할 것이다. 그런 까닭에 "귀함은 눈에 있다."라고 하였다.

귀인은 좋은 눈을 가지고 있다. 좋은 눈을 가지고 있는 사람은 반드시 이름을 널리 알리고 뜻을 펼치며, 관직에 오르지 못할지라도 부귀를 얻을 수 있다.

사람의 오장육부는 기계에 비유할 수 있다. 각 부위의 구조와 기능은 같더라도 사용된 재질은 각각 다를 수 있다. 그래서 어떤 사람은 오장육부가 견고하고 실하며 아주 뛰어나서 사용한 지 50년이 지나도 괜찮지만, 어떤 사람은 사용한 지 20~30년만 지나도 한 부분이나 전부가 상하는 것이다. 또 어떤 사람은 신체가 튼튼하고 정력이 충만하며 정신도 맑지만, 어떤 사람은 신체가 허약하고 정력도 부족하며 정신도 맑지 않은 것이다.

눈은 이 모든 기관의 성능을 표시해 주는 계기판 또는 전구와 같다고 할 수 있다. 만약 이들 기관의 선천적인 재질과 구조가 우량하다면 그 기능 역시 뛰어나고 에너지도 충만할 것이다.

그래서 그것이 눈을 통해 밖으로 드러나는 사람은 달마관안칠법(達磨觀眼七法)의 표준에 적합하여 눈의 광채가 아주 맑고 우아한 것이 별과 달의 빛과 같을 것이다. 그리고 그런 사람의 성취는 반드시 다른 사람보다 클 것이다.

"신(神)은 눈에 있다."고 하지만 감추어져 있어야 하며, 드러나지 않는 것이 길하다. 만약 신(神)이 밖으로 노출되어 흉광(凶光)으로 변하면 사람들이 두려움을 느끼게 되고, 그 사람의 운명 또한 재난이 많고 육친을 형극하며 늙을 때까지 고생하게 된다.

또 "눈에 병이 있으면 마음에도 병이 있다."거나, "눈에 병이 있으면 명(命)에도 불행이 있다."는 말이 있다. 눈의 상이 달마관안칠법의 표준에 적합하지 않으면 눈에 병이 있다고 말할 수 있다. 눈의 병은 반드시 운명에 영향을 미친다. 예를 들어 고생은 많이 하나 수확이 적고, 사업이 좌절되고 성격이 불량하며, 지혜도 낮고 육친을 형극한다. 결혼생활이 원만하지 못하고 물이나 불에 재난을 입을 수 있으며, 질병으로 고생하거나 단명하는 등 셀 수도 없이 많다.

또한 "흉은 눈에 나타난다."고 했다. 눈에 흉광이 드러나면 반드시 비명횡사하며, 적맥이 동공을 관통하면 갑자기 죽을 수 있다.

눈과 인당, 눈썹은 인상학에서 면상의 3대 주체이다. 그중 눈은 주체 중의 주체로서, 사람의 운세와 가장 밀접한 관계가 있다. 좋은 눈을 가지고 있으면 반드시 빛을 보게 되는 날이 있다. 절대로 평생 재능을 발휘하지 못하는 일은 일어나지 않는다. 반대로 눈이 좋지 않으면 부귀가 따르지 않는다.

특히 눈은 결혼 및 자녀 관계와 밀접한 관계가 있다. 간문을 혼인궁(婚姻宮)이라고 하고, 인중과 누당을 자녀궁(子女宮)이라고 한다. 부부의 정연(情緣)은 눈에서, 부부의 정분(情分)은 눈썹에서 알 수 있다. 부부의 애정은 입술을 보고, 부부의 정은(情恩)은 귀를 보며, 부부의 정욕은 코끝과 수염(여성은 수염이 아니고 겨드랑이 털을 본다)을 본다. 그래서 다시 반복하자면 눈은 정연궁, 눈썹은 정분궁, 입은 정애궁, 귀는 정은궁, 코끝과 수염은 정욕궁이라고 한다.

자녀의 많고 적음과 자녀의 건강 정도는 인중과 누당을 보고 알 수 있고, 자녀의 지혜와 성격은 눈을 보고 알 수 있다.

(2) 눈의 각 모양(目形)

● 용안(龍眼)

남성에게 가장 좋은 눈의 형태이다. 흑백이 분명하고 원기왕성하며 눈에 진광이 있다. 눈꺼풀이 하나이지만 길며, 하현이 풍부하고 테두리가 있다. 재능이 탁월하고 영명하여 부귀를 누린다.

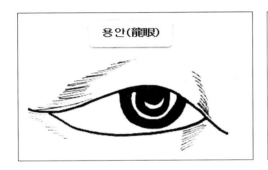
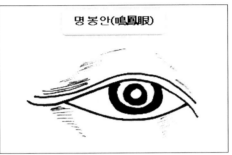

● 명봉안(鳴鳳眼)

검은 자위가 칠흑같이 검고 흑백이 분명하며, 안신이 숨어 드러나지 않는다. 속쌍꺼풀이며 눈구석은 갈고리처럼 둥글고 눈초리는 칼을 잘라놓은 듯하다. 남성이면 대귀하고 여성이면 고관의 부인이 된다. 여성에게 좋은 눈의 형태이다.

● 복서안(伏犀岸)

눈이 크고 길며 둥글다. 눈동자는 크고 검으며 속쌍꺼풀이 있고 神이 강하게 숨어 있다. 이런 사람은 심성이 어질고 지혜가 많으며 도량이 넓다. 또한 탁월한 지도력을 갖추고 있으며 복(福)·록(祿)·수(壽)를 다 누린다.

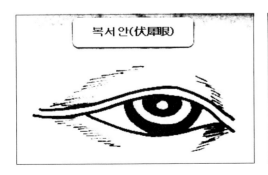

● 단봉안(丹鳳眼)

눈이 가늘고 길며, 천창으로 비스듬히 기울어져 있고 속쌍꺼풀이 있으며, 검은자위가 숨어 있으나 눈빛으로 사람을 위압한다. 충성스럽고 정의로우며 대귀한다.

● 서봉안(瑞鳳眼)

눈초리가 단정하고 흑백이 분명하다. 검은 눈동자에 신(神)이 숨겨져 있고 눈꺼풀이 두 개다. 성격은 얌전하고 고상하며 조용하다. 남성은 문장으로 귀하게 되고, 여성은 제후의 아내가 된다.

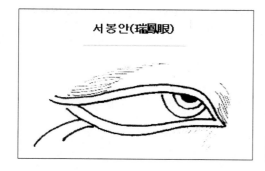

서봉안(瑞鳳眼)

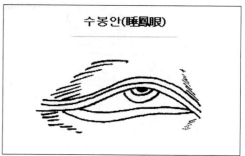

수봉안(睡鳳眼)

● 수봉안(睡鳳眼)

눈이 가늘고 길며 위엄이 있다. 신(神)을 감추고 있고, 쌍꺼풀이 있다. 기개가 화려하고 진귀하다. 천성이 정직하여 남성은 부귀를 겸비하고, 여성은 제후의 아내가 된다.

● 호안(虎眼)

눈이 크고 홑꺼풀이다. 눈동자는 금황색을 띠고 안신에 위엄이 있다. 동공이 길어졌다 짧아졌다 하며, 이마 끝이 좁고 험준하다. 의지가 굳고 결단성이 있으나 말년에 자식을 극하기가 쉽다. 무관이면 반드시 대귀한다.

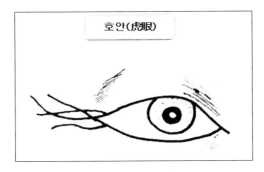
호안(虎眼)

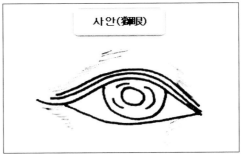
사안(獅眼)

● 사안(獅眼)

눈이 크고 위엄이 드러나며 흑백이 분명하다. 눈의 상하에 쌍꺼풀이 있다. 용맹스러우나 심지가 깊고 어질며, 재산에 욕심이 없다. 호미(虎眉)와 결혼하면 대부대귀 한다.

● 후안(猴眼)

검은자위가 위쪽으로 쏠려있다. 상안파(上眼波)가 우뚝 솟아 있고 하안파(下眼波)가 두 개이며 늘 눈을 깜박거린다. 이런 사람은 생각이 깊어 의심이 많고 거짓말을 한다. 후상(猴相)과 결혼하면 대귀하나 그렇지 않으면 고생이 많다.

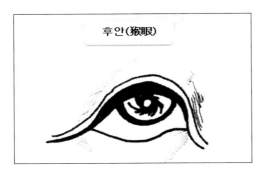
후안(猴眼)

녹안(鹿眼)

● 녹안(鹿眼)

눈동자가 맑아서 밑바닥이 보일 정도이다. 눈꺼풀이 겹쳐 있으며 길고 안신이 강하지만 드러나지 않는다. 성격이 급하고 강하며 정의를 중히 여긴다. 대부대귀하는 상이다.

● 우안(牛眼)

눈이 크고 눈동자가 둥글며 속쌍꺼풀이 있다. 이런 사람은 부는 있으나 귀하지는 않다.

그러나 평생 사업이 순탄하고 늙을 때까지 행복하며 장수를 누린다.

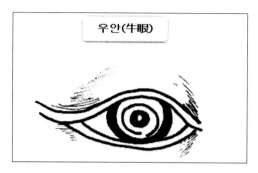

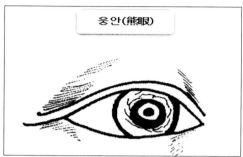

● 웅안(熊眼)

눈이 크고 둥글며 쌍꺼풀이 있고 저안(猪眼)과 비슷하다. 이런 사람은 용감하나 우둔하며 성질이 편협하고 지기 싫어한다. 욕심이 많고 과격하며 천수를 다하기 어렵다.

● 마안(馬眼)

눈꺼풀이 풀려 있고 눈동자가 작으며 조금 드러나 있고 눈언저리가 촉촉하게 젖어 있다. 이런 사람은 충직하고 거짓이 없다. 평생 바쁘게 뛰어다니며 고생하지만 성공은 적고 처자를 극한다.

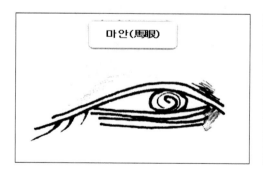

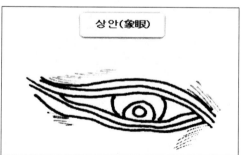

● 상안(象眼)

눈이 가늘고 길며 아래를 보고 있다. 신(神)이 혼탁하고 상하안파가 많다. 성격은 온순하고 피동적이며, 행동이 느리다. 장수하지만 사업운은 보통이다.

● 낭안(狼眼)

눈의 아래쪽에 흰자위가 많이 드러나 하백안이라고도 한다. 검은자위가 황색을 띠며, 바라볼 때 눈살을 찌푸린다. 욕심이 많고 외설적이며 천수를 다하지 못한다. 남성은 바쁘게 뛰어다니지만 성과가 없고, 여성에게는 산액이 있다.

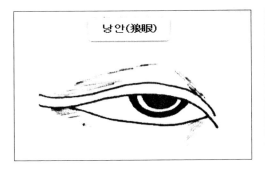
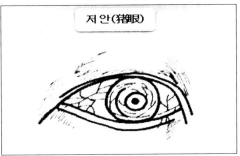

● 저안(猪眼)

검은자위가 황색이고 눈이 혼탁하여 흑백이 분명하지 않다. 눈꺼풀이 아주 두텁고 눈 안에 붉은 핏줄이 가득하다. 이런 사람은 어리석고 흉악하며 심보가 나쁘다. 사업도 실패가 많고 비명횡사 할 수 있다.

● 양안(羊眼)

눈언저리가 짧고 작다. 눈에 사백이 드러나 사백안이라고도 한다. 검은 자위가 담황색을 띠며 동공이 가는 실로 짠 천 같다. 시선이 위로 향하며 흰자위가 드러나 있다. 성격이 음란하고 악독하여 비록 부귀할지라도 천수는 다하지 못한다.

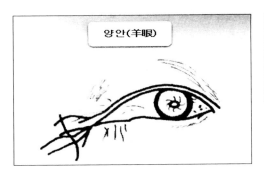
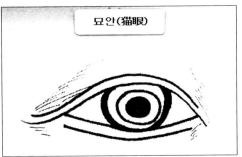

● 묘안(猫眼)

눈이 크고 둥글며 검은자위가 황색을 띠고 흰자위는 푸른색을 띠고 있다. 이런 사람은 부드러운 듯 보여도 성질이 급하다. 달콤한 말을 잘하고 겉과 속이 달라 비록 부를 얻을지라도 귀하지는 않다.

● 사안(蛇眼)

검은자위가 둥글고 작으며 황색을 띤다. 흰자위는 붉은 핏발이 가득 퍼져 있으며 검은자위의 움직임이 적다. 삼백안이라고도 한다. 이런 사람은 독하여 온갖 나쁜 짓은 다 저지르며, 처자를 극하고 천수를 다하기 어렵다.

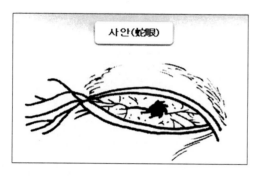

사안(蛇眼)

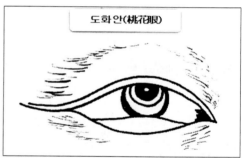

도화안(桃花眼)

● 도화안(桃花眼)

쌍꺼풀이 있고 하현이 풍만하다. 눈에 물끼가 있고, 약간의 사시가 있다. 사람을 만날 때마다 말없이 먼저 웃어서 소안(笑眼)이라고도 한다. 매우 총명하며 대인관계가 좋지만 남녀를 막론하고 음탕한 경향이 있다.

● 취안(醉眼)

검은자위가 작고 황색을 띠며 神이 혼미하다. 상백안과 비슷하지만 흰자위에 붉은 핏발이 퍼져 있고 흐리다. 이런 사람은 무능하고 주색에 빠져 성공하기 어렵다.

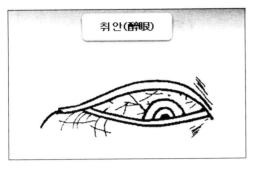

취안(醉眼)

화륜안(火輪眼)

● 화륜안(火輪眼)

쌍꺼풀이 있고 눈이 크며 안신이 흐리다. 검은자위 주변에 붉은 핏대가 퍼져 있어 마치 화륜같다. 이런 사람은 성격이 포악하고 독하며 부모를 범상(犯上)할 마음을 가지고 있다. 말년에 비명횡사한다.

● 공작안(孔雀眼)

쌍꺼풀이 있고 속눈썹이 위로 비스듬히 나 있다. 검은자위가 산근 쪽으로 치우쳐 있고 투명하고 환하며, 흰자위는 청색을 띤다. 정직하고 청렴하며 일생 재난이 적고 부귀를 누리며 부부간에 서로 사랑한다.

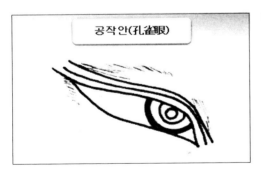

공작안(孔雀眼)

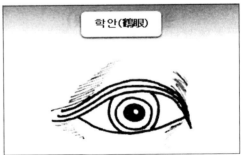

학안(鶴眼)

● 학안(鶴眼)

상현은 쌍꺼풀, 하현은 홑꺼풀이다. 눈구석은 갈고리처럼 둥글고 눈초리는 칼로 자른 것 같다. 수려하고 안신이 숨어 있으며 흑백이 분명하다. 성격이 부드럽고 도량이 넓으며 고상한 것을 지향한다. 학형인 사람과 결혼하면 대귀하고 장수한다.

● 작안(鵲眼)

 쌍꺼풀이 있고 눈이 가늘고 길며 속눈썹이 위로 들려 있다. 흑백이 분명하고 안신이 있다. 이런 사람은 품격이 있고 성실하여 일찍 출세한다. 늙을 때까지 사업이 순탄하고 부귀를 누린다.

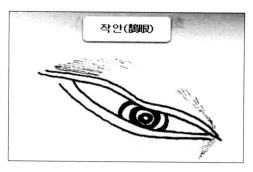

작안(鵲眼)

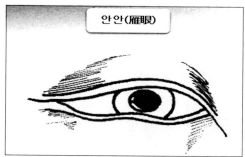

안안(雁眼)

● 안안(雁眼)

 검은자위가 황금색을 띠고 있으며 상하현에 쌍꺼풀이 있다. 얌전한 성격으로 일을 조리 있게 처리하며 사업에도 어느 정도의 성취가 있다.

● 원앙안(鴛鴦眼)

 눈이 둥글고 크며 쌍꺼풀이 있다. 검은자위가 조금 드러나 있고, 작고 붉은 점 즉 적사(赤砂)들이 있으며, 흰자위에는 붉은 핏대가 있다. 부부가 서로 사랑하고 부귀하나 색을 밝히는 경향이 있다.

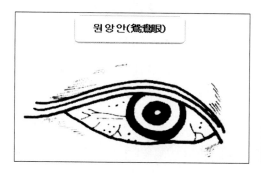

원앙안(鴛鴦眼)

노사안(鷺鷥眼)

● 노사안(鷺鷥眼)

눈이 작고 쌍꺼풀이며 검은자위가 반은 보이고 반은 보이지 않는다. 성격은 선량하고 순진하지만 잔머리를 잘 굴리며 남을 잘 속인다. 설사 부귀할지라도 얼마 지나지 않아 빈곤해진다. 평생 성공하기 어렵고 늙어서 고독하다.

● 연안(燕眼)

눈이 작고 산근에 가까이 있으며 당당하다. 쌍꺼풀이 있고 흑백이 분명하며 검은자위에 적사가 있다. 이런 사람은 눈치가 빠르고 신용을 잘 지키며 명예와 약속을 중시한다. 일찍 출세하고 복록을 누린다.

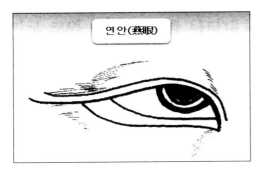
연안(燕眼)

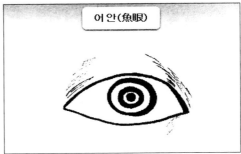
어안(魚眼)

● 어안(魚眼)

눈이 둥글고 작다. 눈초리는 부드럽고 완만하다. 검은자위가 밖으로 많이 노출되어 있고 눈언저리가 촉촉하다. 병치레가 잦고 요절한다.

● 해안(蟹眼)

상안현(上眼弦)이 밑으로 늘어지고 눈이 둥글다. 대부분 난시와 사시가 있고 시력에 문제가 많다. 심성이 우매하여 성공하기 어렵다. 금어안(金魚眼)이라고도 한다.

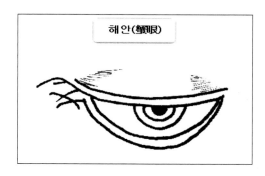 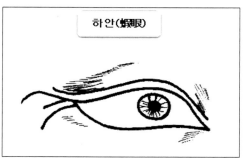

● 하안(蝦眼)

검은자위가 작고 주변에 흰자위가 드러난 것이 사백안과 매우 비슷하며 속쌍꺼풀이 있다. 근면하고 급한 성격으로 만년에 번영하나 단명한다.

2) 눈썹(眉)

(1) 눈썹 부위의 특성

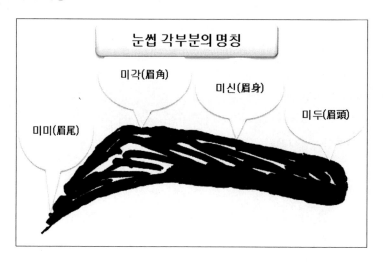

눈썹은 풍채의 대변자로 사람의 정(精)에는 "정(精:정신, 원기)은 뼈에 숨어 있고, 눈썹에 나타난다."라는 말이 있다. 정(精)은 정화(精華)가 골수(骨隨)에 숨어 있다는 사실을 이해한 것이다. 게다가 그것은 눈썹에 나타난다고 보았다. 일반적으로 남성의 눈썹이 짙고 미릉골[73]

---

73) 눈썹뼈

이 솟아 있으며 골수에 정화가 많고 우량하다고 본다. 여성은 혈(血)을 중요시하고 정(精)은 중요시하지 않는다.

관상학에서는 눈썹을 많은 종류로 나누고 있는데, 이것은 골수와 정화의 구체적인 특징을 세밀히 구분하여 나타내는 것이라고 할 수 있다.

예를 들어 눈썹이 긴 것이 마치 풀이 엎드려 나고 바람을 타는 것 같다거나, 눈썹이 짧고 빛나는 것이 마치 숲이 우거진 산과 같다거나, 눈썹이 짙고 부드러운 것이 마치 담비털로 만든 붓 같다거나, 눈썹이 옅고 색이 마치 양털처럼 윤택하다는 등의 묘사가 눈썹의 종류를 묘사하고 있는 문장이다.

"눈썹을 보면 성격을 알 수 있고, 코를 보면 건강을 알 수 있다."는 서양 속담이 있다. 서양 사람들도 눈썹이 내포하고 있는 관상학적인 의미를 어느 정도 간파하였음이 분명하다.

또한 눈썹은 사람에게만 있고 동물에게는 없는 매우 인간적인 부위이다. 대개 눈썹이 좋으면 좋을수록 개성과 재질이 우량하고, 눈썹이 좋지 않으면 잡다한 생각과 야비한 욕망이 많다.

살다보면 어떤 사람에게는 행운만 오고, 어떤 사람에게는 재난만 계속되며, 또 어떤 사람은 어찌해야 좋을지 모르는 상황을 만나고, 어떤 사람은 가족이 사방으로 흩어지며, 어떤 사람은 좋은 일도 나쁘게 변하지만 어떤 사람은 나쁜 일도 좋게 변한다. 이처럼 사람마다 운이 다른 것은 눈썹의 상리가 다르기 때문이다.

눈썹은 31~34세에 이르는 운수를 관할한다. 이 시기는 우리가 진정으로 인생을 시작하는 시기이기도 한데, 이는 관상학에서 말하는 '인생은 30세에 시작한다.'라는 설과도 부합된다.

또한 눈썹꼬리는 처자(妻子)와 재산을 보는 궁이다. 눈썹은 간 및 소뇌와 밀접한 관련이 있다. 간이 좋은 사람은 눈썹꼬리가 모여 있고 반드시 아래쪽으로 굽어 있으며, 눈을 지난다. 이런 사람은 대개 성격이 좋아 사업에서 성공할 가능성이 높으며, 따라서 재산을 모을 수 있다.

같은 논리로 소뇌가 발달한 사람은 내분비가 정상이다. 내분비가 정상이면 부부생활이 원만하여 자녀가 많고 우수하다.

눈썹은 또 보수궁(保壽宮)이라고 한다. 미릉골과 골수는 서로 관련되어 있기 때문에 골수 안에 정화가 많은 사람은 눈썹이 반드시 짙고 수려하며 뼈대를 따라 난다. 이것은 곧 장수할 징조이다. 이런 이유로 '수명을 알려면 눈썹을 보라.'고 하는 것이다.

눈썹은 또한 형제자매나 교우관계에도 영향이 있다고 하는데, 실제로는 한 사람에 대한 운명적인 영향이 더 크다. 그래서 "소년의 일주는 눈썹이요, 노년의 일주는 수염이다."라는 말이 있는 것이다.

눈썹은 다음의 일곱 가지를 갖추어야 한다.
① 퇴인(退印): 인당(印堂)에서 멀어야 한다. 눈썹 사이는 손가락 두 개가 들어갈 정도면
　　　　좋다.
② 거액(居額): 이마에 위치해야 하며, 미릉골 위까지 나야 한다.
③ 모순(毛順): 털이 조밀하고 짙으면서도 가늘게 배열되어야 하며, 바르게 나야 한다.
④ 과목(過目): 눈썹은 눈의 끝을 넘어야 한다.
⑤ 유채(有彩): 눈썹이 빛나고, 청록색이나 백색을 띠어야 한다.
⑥ 유양(有揚): 눈썹머리는 눈썹 중간의 3분의 2에서 약간 뒤로 향하고 다시 아래로 굽어야
　　　　한다.
⑦ 근근견육(根根見肉): 눈썹은 진해도 살이 보여야 한다.

이 같은 일곱 가지 요건에 부합 하면 상학상 용미(龍眉)라고 한다. 이것이 면상 및 기타
다른 부위와 잘 상응하면 큰 성취가 있고 부귀를 누리게 된다.

(2) 눈썹의 각 모양(眉形)

● 용미(龍眉)

남성의 가장 표준적인 눈썹으로 눈썹머리가 둥근 것이 특징이다. 전체적으로 굽은 형상이고
눈썹꼬리는 눈을 지난다. 이런 사람은 뛰어난 능력을 가지고 있으며 크게 성공한다. 눈썹꼬리
가 서면 귀하지만 마음이 독하다.

용미(龍眉)

신월미(新月眉)

● 신월미(新月眉)

초승달처럼 생긴 것이 특징이다. 눈썹이 가늘게 굽어 있고 길며, 이마에 자리잡아 눈을 지난다. 여성에게 가장 표준적인 눈썹이다. 평생 운이 좋고 가정이 행복하며 원만하다. 남편이 매우 아껴준다.

● 와잠미(臥蠶眉)

눈썹머리가 둥글어 굽은 모양이 마치 누에의 머리가 움직이는 것 같은 점이 특징이다. 눈썹꼬리가 들려서 모여 있다. 생각과 뜻이 머리에 가득 차 있고 상당히 일찍 이름을 날린다.

와잠미(臥蠶眉)

검미(劍眉)

● 검미(劍眉)

눈썹의 털이 길고 짙은 것이 특징으로, 꼬리 부분이 위를 향해 들려 있다. 자제력과 담력, 식견이 있다. 군인이 되면 성공하고 명성과 위엄이 널리 퍼진다.

● 호미(虎眉)

눈썹머리는 좁고 눈썹꼬리가 특히 넓은 것이 특징이다. 눈썹이 모여 있고 모양이 있다. 대담하고 식견도 있어 권력을 얻어 귀하게 되며 장수를 누린다.

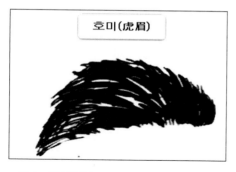
호미(虎眉)

청수미(清秀眉)

● 청수미(清秀眉)

눈썹이 인당과는 떨어져 있으며 눈을 지나치는 것이 특징이다. 눈썹 중간은 넓지도 짙지도 않으며 성기지도 않다. 총명하고 유능하며 상당히 일찍 성공을 거두며, 관운도 좋다.

● 사자미(獅子眉)

눈썹이 굵고 길며 텁수룩하다. 언뜻 탁해 보이지만 위엄이 있는 것이 특징이다. 비교적 늦게 성공하고 나이가 들면 들수록 영화를 누린다.

사자미(獅子眉)

유엽미(柳葉眉)

● 유엽미(柳葉眉)

눈썹이 굵고 중간이 넓으며 털이 바르고 눈썹 끝이 모여 있는 것이 특징이다. 믿음직하고 충성스러우며 정의로운 성격으로 말년에 반드시 출세하여 이름을 날린다.

● 경청미(輕淸眉)

눈썹이 수려하고 굽은 것이 특징이다. 단 눈썹꼬리가 성기다. 이성과 지성이 감정을 억제하며 중년에 사업적 성취가 있다.

경청미(輕淸眉)

단촉수미(短促秀眉)

● 단촉수미(短促秀眉)

눈썹털이 인당에서 멀리 떨어져 있어 넓게 보이는 것이 특징이다. 비록 눈썹이 짧더라도 눈썹꼬리는 눈을 지나친다. 성격은 충직하고 효성스러우며, 사업의 성취가 있고 장수한다.

● 유조미(柳條眉)

눈썹 중간이 넓고 털이 굵은 유엽(柳葉)눈썹의 다른 종류로 눈썹중간이 더욱 좁고 털이 가늘다. 이런 사람은 남녀를 막론하고 총명하지만 풍류가 있으며 음란하다. 일명 춘심미(春心眉)라고도 한다.

유조미(柳條眉)

일자미(一字眉)

● 일자미(一字眉)

눈썹머리와 눈썹꼬리가 가지런하고 평평하며, 털이 아름다운 것이 특징이다. 이런 사람은 성격이 솔직담백하며 과단성이 있다. 부부가 화목하며 성공도 비교적 일찍 거둔다.

● 소추미(掃箒眉)

눈썹형이 크고 짙은 것이 특징으로 앞은 진하나 끝은 희미하다. 이런 사람은 형제를 극하며, 작은 성공만을 거둔다.

소추미(掃箒眉)

나한미(羅漢眉)

● 나한미(羅漢眉)

눈썹 중간이 넓고 짧은 것이 특징이며 눈썹꼬리가 아래로 늘어져 있다. 이런 사람은 젊어서 어려움을 겪고, 늦게 결혼하여 늦게 자녀를 가진다. 형제들에게 좋지 않은 일이 있을 수 있고 만년에는 고독하다.

● 선라미(旋螺眉)

눈썹 끝이 나사 모양인 것이 특징이다. 육친과의 정이 없으며, 성격은 강하고 급하다. 또 도량이 좁지만 장수한다.

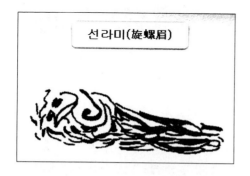

선라미(旋螺眉)

파사미(婆娑眉)

● 파사미(婆娑眉)

눈썹 중간이 밑으로 처진 것이 특징이다. 생활에 근심은 없으나 무능력해서 아내에게 매여

살기 쉽다. 욕심이 많고 색을 밝히는 경향이 있다.

● 귀미(鬼眉)

눈썹이 굵고 눈을 누르는 것이 특징이다. 눈썹이 짧아 눈에 미치지 못하고 눈썹꼬리는 흩어져 있다. 심성이 어둡고 위선적이며 간사하다.

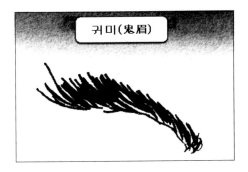

● 첨도미(尖刀眉)

눈썹이 굵고 눈썹 중간이 긴 것이 특징이다. 눈썹꼬리는 위로 들려 있고 꼬리 끝의 털이 성기다. 성격이 간사하고 흉악하여 못된 짓을 많이 한다. 형제를 극하고 천수를 다하지 못한다.

● 교가미(交加眉)

눈썹의 위아래가 겹쳐 층을 이룬 것이 특징이다. 불길한 상으로 육친을 형극하고 가산을 탕진하며 사업에 실패한다. 중년과 말년에 형액을 면하기 어렵다.

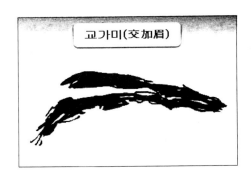

● 팔자미(八字眉)

눈썹머리가 드물고 눈썹꼬리가 팔자형으로 나뉜 것이 특징이다. 용기가 있고 도량이 넓으며 이지적(理智的)이다. 재산은 충분하나 부인을 극하고 양자를 들이는 등 일생이 편하지 않다.

● 소산미(疏散眉)

눈썹이 성기고 산만하며 눈썹꼬리가 눈에 미치지 못하는 것이 특징이다. 이런 사람은 별다른 포부가 없으며 일생을 평범하게 산다.

소산미(疎散眉)

간단미(間斷眉)

● 간단미(間斷眉)

눈썹털의 색이 황색이고, 중간은 넓지만 눈썹꼬리의 사이가 끊어지며 길이가 눈에 미치지 못하는 것이 특징이다. 부모 형제를 극한다.

5 | 입(口)·입술(脣)·혀(舌)·이(齒)

1) 입 부위의 특성

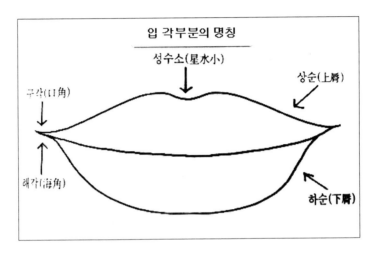

입 각부분의 명칭

성수소(星水小)

상순(上脣)

구각(口角)

해각(海角)

하순(下脣)

　오관은 각각 관장하는 부분이 따로 있는데, 특히 입은 밖으로 표현되는 감정을 알려주는 부위이다. 입의 모양이 바르지 못하고 왼쪽으로 비뚤어졌거나 오른쪽이 패였거나 입술이 너무 두껍거나 얇으면 남녀를 막론하고 연애 또는 결혼생활이 원만하지 않다.

　상학에서는 입을 출납궁(出納宮)이라 하고, 옛말로는 사의(思義)라고 한다. 입은 말이 나오는 문이자 음식을 받아들이는 곳이기 때문이다. 입은 바다가 수많은 강물을 수용하듯 외부로부터 음식을 받아들여 오장에 도움을 준다. 또한 입은 언어의 문이기 때문에 복과 화를 쥐고 있는 칼자루와도 같고 시비의 근원지이기도 하다.

　건강 면에서 입은 심장과 밀접한 관계가 있다. 그 외에도 윗입술은 대장과 생식기. 비뇨기 계통. 아랫입술은 위와 소화기 계통, 입술의 안쪽은 간·쓸개와 깊은 관계가 있다. 입 주위의 능선은 비장과 관계가 있고, 혀는 심장, 이는 골격과 관련이 있으며, 잇몸은 신장 및 내분비 계통과 밀접한 관계가 있다. 또한 입술의 두껍고 얇고 크고 작고 날카롭고 처지고 들리고 수축하고 납작하고 평탄하고 비뚤어지고 패인 모양 및 색과 미추(美醜) 등은 각 계통 기관의 선천적인 구조 및 후천적인 기능과 상관이 있다. 나아가 심리 상태에도 영향을 미친다.

　입의 모양은 넉 사(四)자처럼 생겨야 하며, 입의 상은 광대뼈·눈썹·수염의 상과 조화를 잘 이루어야 한다. 『마의상법』에서는 '입은 10점이고, 수염과 눈썹은 7점'이라고 했다. 만약 수염과 눈썹의 상은 좋지 않으나 입의 상은 적합한 표준이라면 흥이 반감되는 것이다. 이밖에도 입은 준두와 이마·법령·화창·귀·승장·지각 등의 상과 조화를 이루어야 한다. 이중 어느 한 부위라도 결함이 있으면 입의 길흉에 영향을 미치게 된다.

입은 56~65세에 이르는 10년의 운세를 나타내므로, 행운이 입에 이르렀을 때는 이미 중년이 지나가고 노년이 시작된다. 이때는 생명의 빛과 열이 이미 최고봉에 이른 시기이다. 이 시기에 이르면 지난 세월 동안 일이 뜻대로 이루어지는 것과 그렇지 않은 것을 무수히 경험했을 것이다. 인간의 냉정함·따뜻함·고통·비통함 모두를 체험했을 것이며, 노년기를 앞에 둔 시점에서 마음속으로 수많은 기억과 감상이 스쳐 지나갈 것이다.

이때 부유하고 훌륭한 자식이 있는 사람은 퇴직 후의 노년 생활에 대해 여유 있게 구상하겠지만, 가난하고 자식이 없는 사람은 처량한 노년을 보낼 걱정에 인생의 무상함을 한층 깊이 느낄 것이다. 가난과 병에 시달리는 사람은 더욱더 참혹함과 상심을 느낄 것이며 단지 남은 여생에서 조속히 벗어나기를 바랄 것이다. 숙명론을 지지하는 사람이라면 이것을 운명이라고 말할 것이다.

2) 입술[脣]

입은 성곽(城郭)이 되고, 혀[舌]는 문호(門戶)가 되는데 한번 벌리고 한번 다묾에 있어 영예와 치욕의 관계가 되는 것이 입술이다. 그러므로 입술은 두툼해야 하고 엷지 않아야 하며, 모가 나야 하고 오그라지지 않아야 하므로 입술 빛깔의 붉기가 단사(丹砂)와 같은 자는 귀(貴)와 부(富)를 누리고, 푸르기가 남전(藍靛: 남빛의 옥)과 같은 자는 재앙이 많고 요절(夭折)하며, 빛이 어둡고 검은자는 질병으로 악사(惡死)한다.

입술이 자색(紫色)을 띠어 빛이 나는 자는 쾌락하게 의식하며, 희고 모양이 예쁜 자는 귀여운 아내를 불러오고, 빛깔이 누르고 붉은 자는 귀자(貴子)를 불러온다. 입술이 볼품없이 오그라진 자는 소년에 사망하고, 박약한 자는 빈천하며 윗입술이 긴 자는 아버지를 먼저 잃고 아랫입술이 길면 어머니를 먼저 잃는다. 윗입술이 엷은 자는 말솜씨가 교사(狡詐)하고, 아랫입술이 엷은 자는 빈한하고 일이 뜻과 같이 되지 않으며, 위와 아래가 모두 두툼한 자는 충성되고 신의가 있는 사람이고, 위아래가 모두 얇은 자는 망령되게 말하고 사람됨이 변변치 못하다.

입술의 위아래가 서로 다물어지지 않는 자는 빈한하며 도둑질하고, 위아래가 야무지게 다물어진 자는 말과 행동이 정직하다. 용(龍)의 입술을 한 사람은 부귀하고, 양(羊)의 입술을 한 사람은 빈천하며, 입술이 뾰족하게 오므라진 사람은 굶어 죽고 입술이 아래로 늘어진 사람은 고한(孤寒)하다. 입술에 주름이 있으면 자손이 많은 상이요, 주름이 없으면 고독하다. 입술빛이 닭의 간[鷄肝]처럼 생기면 늙도록 빈한하고, 입술이 검푸르면 거리에서 굶어 죽고, 입술이 붉고 빛나면 구하지 않아도 자연 풍족하고, 입술빛이 담흑색(淡黑色: 灰色)이면 독살(毒殺)을 당하고, 입술이 평평하고 도두룩74)하지 않으면 굶음에 전례가 없으며, 입술이 이그러지거나 함몰하면 하천함을 속이지 못하며, 입술이 길고 이[齒]가 짧으면 명이 길고, 입술이 바르지 못하고 비뚤어지면 말이 안정되기 어려운 사람이다.

3) 혀[舌]

혀[舌]는 안으로 단원(丹元: 뱃속)으로부터 나온 말을 혀를 통하여 호령하고 밖으로는 입술[重機]과 더불어 소리를 울리게 한다. 그러므로 입안에서 영액(靈液: 진물·말을 부드럽게 만드는 액체, 즉 침)이 잘 나오면 신(神)과 조화를 이루어 마음속에 감춘 뜻을 밖으로 전하게 되는 것인데, 혀는 즉 마음을 외면적으로 작용시키는 기틀이 되는 것이다. 그러므로 혀는 성명(性命)의 추기(樞機: 기틀)요, 한 몸의 득실(得失)을 판가름하는 곳이다.

옛 사람은 혀가 단정하고 추한 것을 평하고 그 사람의 망동(妄動)된 것을 경계하였다. 혀의 모양이 단정하고 날카롭고 길고 크면 가장 좋은 상이요, 만약 혀가 좁고 긴 사람은 간사하고 도둑질하며, 추잡하고 짧은 사람은 일에 진취(進就)가 없고, 크고 엷은 자는 망령된 말을 많이 하고, 혀끝이 뾰족하고도 작은 자는 탐욕이 많은 사람이다.

혀가 길어서 코에 닿는 자는 지위가 왕후(王侯)에 이르고, 튼튼하기가 손바닥 같은 자는 벼슬이 공경(公卿)에 이른다. 혀의 빛깔이 주사(朱砂)와 같이 붉은 자는 귀하고, 혀의 빛깔이 검기가 간장 같은 자는 천하다. 빛깔이 붉기가 핏빛[血色] 같은 자는 녹(祿)을 얻고 빛깔이 잿빛처럼 생긴 자는 가난하다. 혀 위에 곧은 무늬[直理]가 있는 자는 벼슬이 경감(卿監)에 이르고, 세로 주름이 있는 자는 벼슬이 관전(館殿)에 임명되고, 혀에 무늬가 둘러싸여 있는 자는 지극히 귀하게 되고, 혀가 풍염(豊艶)하여 입안에 가득 찬 자는 지극히 부(富)하고, 혀 위에 아롱진 무늬가 있는 자는 조정에 출입하는 벼슬아치이다.

혀 위에 검은 사마귀가 있는 자는 거짓말을 하고, 혀가 뱀처럼 날름거리는 자는 사람을 해치는 독종이고, 혀가 끊어진 듯 암굴 같은 자는 일에 막힘이 있고, 말하기도 전에 혀부터

---

74) 무엇이 돋아난 것처럼 가운데 부분이 볼록하다.

내미는 자는 망령된 말을 잘하고, 말하기 전에 먼저 혀를 놀려 입술에 침을 바르는 자는 음란하다. 그러므로 혀는 크고 입이 작으면 말끝을 맺지 못하고, 혀는 작고 입이 크면 말솜씨가 경쾌하며, 혀가 작고 짧으면 빈한한 사람이요, 혀가 작고 길면 벼슬 운이 좋다.

혀에 엇갈린 무늬가 있으면 귀기(貴氣)가 매우 높고, 혀에 무늬가 없으면 보통사람이므로 대체로 혀는 첫째 붉어야 하고, 검은빛이 돌지 말아야 하며, 적색을 띠고 희지 않아야 하며, 혀의 형세는 방정(方正) 하고 깊어야 한다.

4) 이[齒]

이[齒]는 일신의 백골(百骨)이 얽힌 뼈의 정화(精華)이며 입의 창날[鋒刃]이므로 만물을 운화(運化)하는 기관으로 턱[頤]의 육부(六府) 가운데 그 하나가 이에 속한다. 이는 크고 빽빽해야 하고, 길고도 곧아야 하며 개수는 많고 희어야 아름답다. 이가 단단히 박혀 튼튼하고 틈이 없이 빽빽하면 장수(長壽)하고 이가 고르지 못하고 이리저리 겹쳐 나온 사람은 교활하고 횡포하다. 이틀이 솟아 이가 튕겨 나온 사람은 갑자기 패망하고, 잇새가 뜨고 성기면 빈천 박복하며 짧거나 무지러지면 어리석고 윤기가 없이 어두우면 명대로 살지 못하고, 말할 때 이가 보이지 않는 자는 부귀하고 늙기도 전에 이가 빠지면 수명을 재촉한다.

위아래를 합한 이의 수가 38개이면 왕후(王侯)의 상, 36개는 대신(大臣)이 아니면 거부(巨富)의 상, 32개는 中品의 복록을 누리고, 30개는 보통 사람의 상, 28개는 하천하고 빈궁한 사람이다. 이가 밝고 희면 모든 일이 순조롭고, 누른 이를 가진 자는 천 번 구하나 천 번 얻지 못하고, 백옥처럼 깨끗하면 고귀하고, 은빛이 도는 이는 청직(淸職: 고상한 직업)에 종사하고, 석류씨(石榴子) 같으면 복록이 따르고, 칼·창과 같이 날카로우면 장수하고, 쌀알(粳米) 같이 생긴 자도 장수한다.

이가 오디[椹: 뽕열매]와 같으면 단명하고, 위는 넓고 아래는 뾰족해서 마치 톱니처럼 생기면 성질이 거칠고 육식을 좋아하며, 위는 뾰족하고 아래는 넓어 뿔[排角]처럼 생기면 성품이 비루하고 수유[菜]를 좋아한다. 용치(龍齒)는 자손이 현달하고, 우치(牛齒)는 자신이 영귀하고, 쥐이[鼠齒]는 빈천 단명하고, 개이[犬齒]는 성질이 독하다. 그러므로 이는 옥(玉)을 머금은 것 같으면 하늘이 주는 복록을 누리고, 이가 찬란한 은빛 같으면 부귀를 누리고, 희고 빽빽하고 길면 벼슬을 얻고 또 재앙이 없으며, 검고 듬성듬성하면 일생 재앙이 많고, 곧게 길어 한치[一寸] 가량 되면 극품(極品)의 귀(貴)를 얻고, 이가 가지런하지 못하면 마음으로 간사와 거짓을 행한다.

시(詩)에 말하기를 "이가 **빽빽**하고 방정(方正)하면 군자(君子)나 선비가 되니, 분명 소인의 무리는 치아가 성기리라. 이의 빛이 백옥같이 희고 크기가 고르면 소년에 등과하여 황성(皇城)에 이름을 날린다. 입술이 붉고 이가 희면 이는 문장재사(文章才士)요, 눈이 수려하고 눈썹이 높으면 바로 귀인의 상이다. 가늘고 작고 짧고 성기면 빈천하고 단명하나니, 등불 밑에 앉아 십 년을 공부해도 벼슬을 얻지 못하고 한낱 노력만 낭비할 뿐이다."

5) 입의 각 모양(口形)

● 용구(龍口)

남성에게 가장 좋은 입의 형태이다. 입술이 두툼하고 정연하며, 입가가 수려하고 위로 들려 있다. 지도자 격으로 대귀할 상이다.

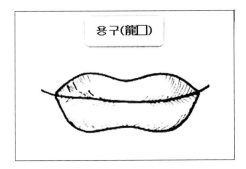
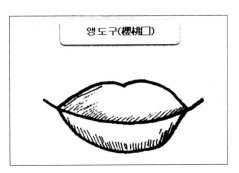

● 앵도구(櫻桃口)

입이 둥글며, 입술이 두터우며 작고 단정하다. 입가는 위로 향하고 색은 선홍색이다. 치아는 마치 유자 같고 웃을 때는 연꽃이 피는 듯하다. 이런 사람은 총명하고 지혜로우며, 온화하고 정과 의리가 많다. 여성은 반드시 부귀한 남편을 맞는다.

● 사자구(四字口)

방구(方口)라고도 한다. 위아래가 네모지며 모서리가 있다. 입가는 고르고 입술은 붉으며 웃을 때 이가 드러나지 않는다. 이런 사람은 복(福)과 수(壽)를 모두 다 겸비하고 대귀할 상이다.

사자구(四字口)

앙월구(仰月口)

● 앙월구(仰月口)

입이 마치 달을 우러러보는 것같이 위로 굽었으며, 이가 희고 입술이 붉다. 책임감이 강하며 학문을 귀하게 여기고 일찍 출세한다. 만년에도 영화롭다.

● 만궁구(彎弓口)

입의 형태가 활을 구부려 놓은 듯 위를 향하고 있고, 입술은 두툼하고 붉고 선명하다. 이런 사람은 성격이 상쾌하고 품격이 고상하다. 부귀하고 행복하며 장수를 누린다.

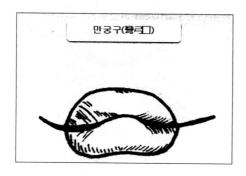

만궁구(彎弓口)

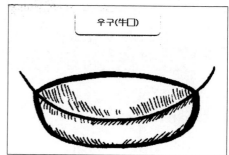

우구(牛口)

● 우구(牛口)

입이 크고, 입술도 크고 특별히 두터우며, 혀가 길고 이가 하얗다. 이런 사람은 재주가 많고 정의감이 강하다. 부귀를 얻고 행복한 삶을 누린다.

● 호구(虎口)

입이 주먹이 들어갈 정도로 크고 입가는 위로 들려져 있다. 귀하지 않더라도 큰 부를 이룰 수 있다.

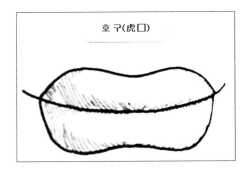
호 구(虎口)

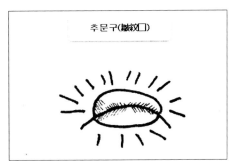
추문구(皺紋口)

● 추문구(皺紋口)

입술이 팽팽하고 입아귀가 오므린듯 밑으로 처져 있으며 주름이 많다. 얼굴은 마치 우는 듯하다. 포대구(布袋口)라고도 한다. 결혼이 늦고 소년 시절에 고생한다. 노년에는 고독하고 빈곤하다.

● 복선구(覆船口)

입아귀가 밑으로 처진 것이 배가 뒤집힌 것 같은 모양이며, 입술색이 선명하지 않다. 소년기에 정처 없이 떠돌아다닐 수 있으며 평생토록 빈곤하고 고독하다.

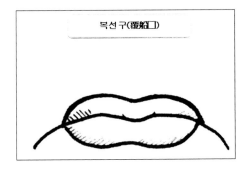
복선 구(覆船口)

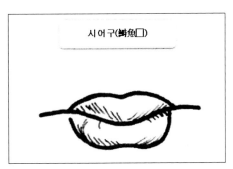
시어구(鰣魚口)

● 시어구(鰣魚口)

입이 작고 입술이 두텁다. 입아귀는 날카롭고 아래로 처져 있고, 입술색이 탁하고 선명하지 않으며, 이의 크기가 들쭉날쭉 고르지 않다. 거처를 자주 옮기며 의식(衣食)을 걱정할 정도로 빈곤하다.

● 양구(羊口)

입이 길고 날카로우며, 입술이 얇고 수염이 없다. 다른 사람과 친화력이 부족하여 미움을
받는다. 평생토록 사업에 성공이 없고 세월을 헛되이 보낸다.

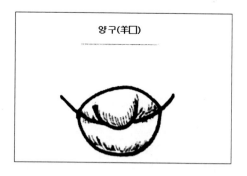

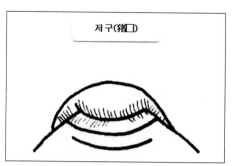

● 저구(猪口)

윗입술이 비대하고 두터우며 앞으로 돌출되어 있고 아랫입술을 덮는다. 아랫입술은 날카롭
고 작으며 안으로 오므리는 듯하고, 입아귀가 밑으로 처져 있다. 어리석고 흉악하며 천수를
누리지 못한다.

● 취화구(吹火口)

입이 날카롭고 벌여져 있다. 잇몸이 드러나고, 입아귀가 처져 있다. 입은 불을 끄려고 부는
듯한 모양이고 윗입술이 아랫입술을 덮는다. 뇌공취(雷公嘴)라고도 한다. 마음이 어질지 못해
평생 혼자 외롭고 빈곤하게 산다. 여성이면 더욱 그렇다.

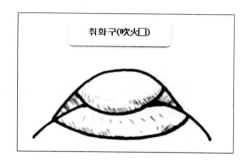

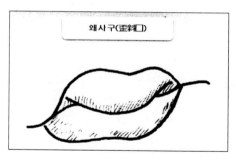

● 왜사구(歪斜口)

입의 형태가 바르지 않고, 입술이 고르지 않다. 윗입술이 크고 주름이 적으며 잘 다물어지지 않는다. 모친을 극하고 부인은 어질지 못하며 자녀는 불효하고 단명할 상이다.

6) 이의 각 모양(齒形)

● 용치(龍齒)

앞니가 특별히 크고 희며 이가 32개 이상이다. 용형(龍形)의 체격을 가진 사람이라면 대길하다. 남성에게 가장 좋다.

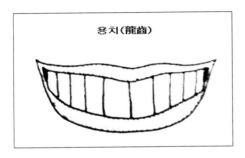

용치(龍齒)

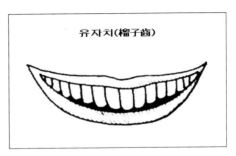

유자치(榴子齒)

● 유자치(榴子齒)

이가 마치 석류같이 짧고 네모지며, 조밀하며 견고하고 희다. 이런 사람은 총명하고 어질다. 남성은 부귀를 겸하고 여성은 반드시 귀한 남편을 맞는다. 여성에게 가장 좋다.

● 우치(牛齒)

앞니가 휘고 투명하며 크고 정연하다. 이의 개수도 32개 이상이다. 귀하지 않아도 부를 이루며, 자손이 번영하고 우수하다.

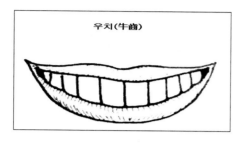
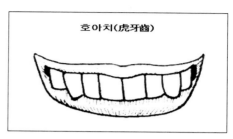

● 호아치(虎牙齒)

윗니 옆에 난 덧니가 앞으로 돌출된 것으로 호아(虎牙)라고도 한다. 입술형이 좋으며, 입술 색도 선명하고, 덧니가 길고 크며 빛이 나면 어려서 출세한다. 특히 연예계로 진출하면 좋다.

● 구치(狗齒)

앞니의 크기와 길이가 일정하지 않고 들쭉날쭉하며 송곳니가 길고 날카롭다. 이런 사람은 성미가 괴팍하고 간교하며 황당무계한 말을 많이 하므로 믿을 수가 없다. 사업에도 성공이 없다.

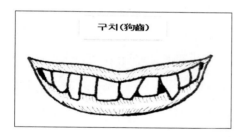
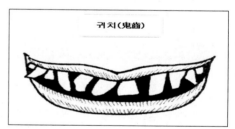

● 귀치(鬼齒)

앞니와 송곳니의 길이가 일정하지 않고 들쭉날쭉하며 날카롭다. 또 입술이 들려 상한 이가 드러난다. 성격은 거만하고 위선적이며 언행에도 신중함이 부족하다.

● 폭치(暴齒)

윗니의 배열과 크기가 무질서하고 밖으로 돌출되어 있거나 또는 앞니가 중복되어 난데다 밖으로 돌출되어 있다. 초년에 재산이 탕진되고 육친을 형극한다. 설사 부귀하더라도 성공하기까지 고생이 막심하다.

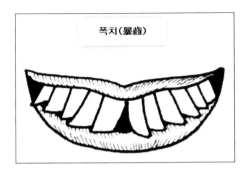 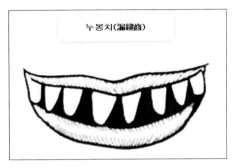

● 누봉치(漏縫齒)

이가 위는 넓고 아래는 좁다. 크기도 다르며 이와 이 사이에 틈이 있다. 이런 사람은 거짓되며 말이 많아 시비가 잦다. 재물을 모으기 어렵고, 부모를 형극하며 불효한다.

제 **4** 부

古典에 나타난 觀相
고 전   관 상

1 | 頭·頭骨
두 두골

1) 頭
두

　머리는 한 몸의 으뜸이며 모든 뼈의 어른이다. 또한, 모든 양기가 모인 곳으로서 오행의
조종이며 신체 위에 높이 거하여, 그 모양이 둥근 것은 하늘의 높은 덕을 상징한다. 그 골은
풍부하게 솟아 높고 두둑하며 피부는 두껍고 이마는 넓어야 하며, 머릿골이 짧으면 두터워야
하고 머리통이 길면 네모가 반듯해야 한다. 정수리가 솟으면 고귀하게 되고 오목하면 단명하
며 피부가 엷으면 빈천해진다. 머리에 살이 뭉쳐 뿔처럼 솟은 사람은 매우 귀하게 될 상이며
뒤통수가 산자(山字) 같은 골이 솟으면 부귀를 누리는 상이다. 머리의 좌우가 기울어진 사람은
부모를 보전하기 어렵고, 관직에 나가거나 수명을 누리는 데 지장이 있다. 머리의 가운데
상부가 발달한 사람은 고상하며 도덕심이 강하다. 머리의 가운데 보다 좌우가 특별히 발달한
사람은 허영과 위선이 많고, 임기응변과 술수에 능하다. 걸을 때는 머리를 흔들지 말고 앉을
때는 머리가 숙여지지 않아야 한다. 이런 자는 빈천해지는 자이다.

> 頭爲一身之尊. 所以象天. 故頭要圓. 男子頭圓, 必得富壽. 女子頭圓, 必
> 두위일신지존　소이상천　고두요원　남자두원　필득부수　여자두원　필
> 得好子. 頭要方, 頭方頂高, 尊爲天子, 頂若高凸, 貴極人臣(但頂凸不可
> 득호자　두요방　두방정고　존위천자　정약고철　귀극인신　단정철불가
> 露骨,則爲孤貧之相). 頭不可尖, 終無成器.
> 노골　칙위고빈지상　두불가첨　종무성기

머리는 일신의 존귀한 존재인 까닭으로 하늘을 상징한다. 그러므로 머리는 둥글어야 한다. 남자의 머리가
둥글면 반드시 부와 수를 누리며, 여자의 머리가 둥글면 훌륭한 아들을 두게 된다. 머리는 가득해야
한다. 머리가 가득하고 정수리가 높으면 존귀해서 천자가 되며, 정수리가 높아 불룩하게 솟았으면 극귀한
사람의 신하이다. (그러나 정수리가 불룩해도 뼈가 드러나서는 안 되며, 이와 같으면 고독하고 가난한
상이다). 머리는 뾰족하면 안 되므로 끝내 큰 인물이 되지 못한다.

相法云, 朝廷無尖頭之官, 則尖頭不貴. 又云, 尖頭財主, 世所罕聞, 則尖
상법운　조정무첨두지관　칙첨두불귀　우운　첨두재주　세소한문　칙첨

頭不富. 又云, 男子頭尖, 福祿不全. 又云, 頭尖無角, 少年貧薄. 蓋頭爲
두불부　우운　남자두첨　복록부전　우운　두첨무각　소년빈박　개두위

天, 天不圓, 不能列萬象也.
천　천불원　불능열만상야

상법에 이르기를 "조정에는 머리가 뾰족한 관리가 없다. 즉, 머리가 뾰족하면 귀할 수 없다."고 하였고, 또한 이르기를 "뾰족한 머리가 재물을 얻었다는 말을 세간에서 들어보기 드물다."라고 하였다. 즉, 머리가 뾰족하면 부할 수 없다. 또한, 이르기를 "남자의 머리가 뾰족하면 복록이 온전치 못하다."고 하였다. 또한, 이르기를 "머리가 뾰족하고 각이 없으면 어려서부터 가난하고 복이 얇다."고 하였다. 무릇 머리는 하늘이므로 하늘이 둥글지 않다면 삼라만상을 거느릴 수 없다.

頭不可小, 頭小頸長, 不貧則夭. 頭不可垂, 一爲天柱傾頹. 少年垂首, 享
두불가소　두소경장　부빈칙요　두불가수　일위천주경퇴　소년수수　향

壽不長. 一爲頭先過步, 雖富不久. 行路頭先過步, 必初富而終窮.
수부장　일위두선과보　수부불구　행로두선과보　필초부이종궁

머리는 작으면 안 된다. 머리가 작고 목이 길면 가난하지 않으면 요절한다. 머리를 늘어뜨리면 안 된다. 그와 같다면 하늘을 받치고 있는 기둥이 기울고 무너진 것이다. 소년이 머리를 늘어뜨리면 수를 누리는 것이 길지 않다. 머리가 걸음보다 앞서 나아가면 비록 부유해도 오래 갈 수 없다. 길을 가는데 머리가 걸음보다 앞서 나가면 초년에 부유해도 끝내는 곤궁해진다.

若男子頭常垂者性酷毒, 行路頭常低者曰狼行, 皆不可交. 皮寬則福壽,
약남자두상수자성혹독　행로두상저자왈랑행　개불가교　피관칙복수

薄者貧賤夭. 頂陷則促年. 貧者頭無天倉, 天倉主貧富, 陷則多刦財. 賤者
박자빈천요　정함칙촉년　빈자두무천창　천창주빈부　함칙다겁재　천자

頭無輔弼, 骨暴露者, 操勞先而刑尅早. 骨缺陷者, 壽命夭而富貴難.
두무보필　골폭로자　조로선이형극조　골결함자　수명요이부귀난

만약 남자가 머리를 항상 늘어뜨리고 있는 사람은 성격이 잔혹하고 독하며, 길을 가는데 언제나 머리를 늘어뜨리고 걷는 것을 랑행(이리 걸음)이라고 하는데, 이들 모두 교류해선 안 된다. 피부가 관대한즉 복과 수를 누리며, 얇은 사람은 빈천하고 요절한다. 정수리가 꺼졌으면 수명이 짧다. 가난한 사람은 천창이 없으니, 천창은 빈부를 주관하는 부위로 꺼져있으면 재복이 없다. 천한 사람의 머리는 보골이 없으므로, 뼈가 흉폭하게 드러난 사람은 일찍 고생을 하고 형극을 당하며, 뼈 결핍자는 수명은 요절하고 부귀는 어렵다.

若大而無角亦賤, 相法云頭大無角, 腹大無托, 不是農夫, 必是屠剝.
약 대 이 무 각 역 천   상 법 운 두 대 무 각   복 대 무 탁   불 시 농 부   필 시 도 박

大而無肩必孤, 大而頸小又夭. 惟頭有肉角者大貴. 骨則欲豊而起, 欲峻
대 이 무 견 필 고   대 이 경 소 우 요   유 두 유 육 각 자 대 귀   골 칙 욕 풍 이 기   욕 준

而凸.
이 철

머리가 크지만, 각이 없으면 천한데, 상법에 이르기를 "머리가 크고 각이 없으며, 배가 크지만 허리가 없으면, 농부가 아니라 반드시 짐승을 잡고 가죽을 벗긴다."라고 하였다. 머리가 크지만, 어깨가 없으면 반드시 고독하며, 머리가 크지만, 목이 가늘면 또한 요절한다. 오직 머리는 살과 각이 있어야 대귀하며, 뼈는 풍부하게 일어서고 높고도 볼록해야 한다.

婦人頭有穢氣者貧賤, 尖者不旺夫, 且主貧賤. 頭骨大者, 又主刑剋.
부 인 두 유 예 기 자 빈 천   첨 자 불 왕 부   차 주 빈 천   두 골 대 자   우 주 형 극

부인의 머리는 거친 기가 있으면 빈천하며, 뾰족하면 남편을 왕성케 못하고 또한 빈천하다. 머리뼈가 큰 여인은 또한 형극이 있다.

2) 頭骨
두 골

(1) 中正二三品之職
중 정 이 삼 품 지 직

中正二三品之職 福堂四五品之官(福堂在兩眉之上, 豊厚有官. 又爲陰騭
중 정 이 삼 품 지 직 복 당 사 오 품 지 관 복 당 재 양 미 지 상   풍 후 유 관   우 위 음 즐

出入處. 色紅潤者多吉慶). 印堂有金城骨(骨隆起如分五指, 直上發際者
출 입 처   색 홍 윤 자 다 길 경   인 당 유 금 성 골 골 융 기 여 분 오 지   직 상 발 제 자

是, 亦名玉柱骨, 大貴). 有天柱骨(骨至天庭者是, 二三品職), 金城尤貴.
시   역 명 옥 주 골   대 귀   유 천 주 골 골 지 천 정 자 시   이 삼 품 직   금 성 우 귀

중정은 2~3품의 직이며, 복당은 5품의 관직에 관계된다. 복당은 양 눈썹의 위에 있고, 풍후하면 관직에 나아가게 된다. 또한 음즐(음덕)의 출입처이기도 한데, 색이 붉고 윤택하면 길한 경사가 많다. 인당에는 금성골이 있고 (뼈가 두툼하고 높이 솟아 다섯 가닥으로 나뉘었으며 곧게 위로 발제까지 이어진 것이다. 또한 옥주골이라고도 하고 대귀하다) 천주골이 있는데(뼈가 천정까지 이어진 것) 금성골이 더욱 귀하다.

耳上有玉枕骨, 耳後有壽骨. 骨多則孤, 玉枕爲榮. 鼻有伏犀, 從鼻梁貫印
이 상 유 옥 침 골   이 후 유 수 골   골 다 칙 고   옥 침 위 영   비 유 복 서   종 비 량 관 인

堂. 有單犀, 從準至頂. 單較伏貴. 額插天倉, 又插天庭, 庭比倉尊.
당   유 단 서   종 준 지 정   단 교 복 귀   관 삽 천 창   우 삽 천 정   정 비 창 존

귀 위에 옥침골이 있고, 귀 뒤에 수골이 있다. 뼈가 많으면 고독하고, 옥침골은 영화가 있다. 코에 복서골이 있는데, 비량을 따라 인당으로 이어진 것이다. 한 줄기 복서골이 준두로부터 정수리에 이르면 귀함을 감추고 있는 것이다. 관골이 천창으로 이어지거나 또는 천정으로 이어지면, 천정으로 이어진 것이 천창보다 존귀하다.

又有骨起五柱, 終身榮顯(額骨高起, 鼻骨連眉, 顴骨插天者是), 骨起三
우 유 골 기 오 주   종 신 영 현 액 골 고 기   비 골 연 미   관 골 삽 천 자 시   골 기 삼

山, 位至三公(鼻骨直入天中, 顴骨直通天倉者是) 諒哉骨之無惡也.
산   위 지 삼 공 비 골 직 입 천 중   관 골 직 통 천 창 자 시   량 재 골 지 무 악 야

또한 뼈가 다섯 기둥 일어났으면 종신토록 영화가 있고 현달한다. (이마의 뼈가 높이 일어나고 코뼈가 눈썹으로 이어졌으며 관골이 천창으로 이어진 것을 말한다). 뼈 3개가 山자처럼 일어났으면 지위가 삼공에 이른다. (코뼈가 천중으로 곧게 들어가고 관골이 천창으로 곧게 이어진 것이다). 진실로 뼈에는 나쁜 것이 없다.

(2) 頭有惡骨 - 머리에는 나쁜 뼈가 있다.
두 유 악 골

頂骨尖起者貧, 前篇則頂凸貴極人臣. 額如鷄子者孤. 前篇則額骨主貴,
정 골 첨 기 자 빈   전 편 즉 정 철 귀 극 인 신   액 여 계 자 자 고   전 편 즉 액 골 주 귀

天庭骨聳出者尅. 前篇則天庭骨起者貴, 日月角陷露者刑. 前篇則
천 정 골 용 출 자 극   전 편 즉 천 정 골 기 자 귀   일 월 각 함 로 자 형   전 편 즉

정수리가 뾰족하게 일어난 사람은 가난한데, 전편에서는 정수리가 볼록하면 극귀한 사람의 신하가 된다고 했다. 이마가 계란 같으면 고독한데 전편에서는 이마뼈는 귀하다 했다. 천정골이 높이 솟은 사람은 극을 당하는데, 전편에서는 천정골이 일어나면 귀하다 했다. 일월각이 함몰되거나 드러나면 형을 당한다.

日月角骨應天庭者大貴, 奸門骨凸者淫. 男不可凹, 主尅妻. 女不可凸, 主
일 월 각 골 응 천 정 자 대 귀   간 문 골 철 자 음   남 부 가 요   주 극 처   여 불 가 철   주

淫. 鼻骨橫出者敗, 倉骨陷則窮. 眉骨露則凶, 誰謂頭無惡骨哉.
음   비 골 횡 출 자 패   창 골 함 즉 궁   미 골 로 즉 흉   수 위 두 무 악 골 재

전편에는 일월각 뼈가 천정과 응하면 대귀하다고 했다. 간문골이 볼록하면 음란하다. 남자는 오목하면 안 되니, 처를 극한다. 여자는 볼록하면 안 되니, 음란하다. 비골이 가로로 드러난 사람은 실패하고, 천창뼈가 함몰되면 가난하다. 눈썹 뼈가 드러나면 흉한데, 누가 머리에 악골이 없다고 했는가.

又有額顴頦四部骨起, 而鼻楊者, 此四岳無主, 多凶多剋. 頤骨豊起, 而鬚
우유액관해사부골기 이비탑자 차사악무주 다흉다극 이골풍기 이수

髮如草者, 頭有奇骨, 而目泛泛無神者, 夭亡破敗. 或龍角起, 而黑氣旋
발여초자 두유기골 이목범범무신자 요망파패 혹용각기 이흑기선

繞, 或腦後玉枕骨高而潰亂, 或左凸而右凹, 或下空而上聳, 是皆損陰騭
요 혹뇌후옥침골고이궤란 혹좌철이우요 혹하공이상용 시개손음즐

遂變相, 破敗凶災. 咄咄而來, 誰謂骨皆可恃哉.
수변상 파패흉재 돌돌이래 수위골개가시재

鬼谷子云, 頭骨前五峰高, 則腦後不可陷, 腦後橫山高骨, 則前五岳不可
귀곡자운 두골전오봉고 즉뇌후불가함 뇌후횡산고골 즉전오악불가

倒, 否則是爲不稱之骨, 似貴非貴, 似富非富. 由此觀之, 誰謂有骨卽貴
도 부즉시위불칭지골 사귀비귀 사부비부 유차관지 수위유골즉귀

哉.
재

또한 이마와 관골 아래턱 네 부위에 뼈가 일어났지만 코가 낮으면 이는 4악의 주인이 없는 것으로 흉함과 극이 많다. 턱뼈가 풍성하게 일어나도 수염과 머리털이 풀과 같은 사람, 머리에 기이한 뼈가 있어도 눈이 들뜬 듯하고 신기가 없다면 요절하고 파패한다. 혹, 용각이 일어나도 흑기가 둘러쌌거나, 뒷머리에 옥침골이 높아도 지나치게 어지럽거나, 좌측은 볼록하고 우측은 오목하거나, 아래는 없고 위로만 솟았다면 이는 모두 음즐을 손상하고 변상이 된 것으로 파패하고 흉재가 많고 괴이한 것들인데 누가 뼈는 모두 믿을 수 있다고 했는가.

귀곡자[75]가 이르기를 "머리뼈가 앞에 다섯 봉우리로 높아도 뒷머리가 함몰되면 안 되고, 뒷머리에 횡으로 솟은 뼈가 높아도 앞의 오악이 넘어지면 안 되니, 그렇지 않으면 이는 좋은 뼈가 아닌 것으로, 귀한 듯 해도 귀하지 않고, 부한듯 해도 부하지 않은 것이다."고했다. 이로 미루어 보건데 누가 뼈가 있으면 곧 귀하다고 했는가.

---

75) 鬼谷子: 戰國時期 楚의 思想家로 潁川·陽城의 鬼谷地方에 隱遁하였기 때문에 鬼谷子라고 하였으며, 蘇秦·張儀가 그의 제자였다고 한다.

(3) 頭無惡骨 (附面部骨) – 머리에는 나쁜 뼈가 없다.
두무악골 　부면부골

大貴在乎頭骨, 有奇骨者, 五官不正亦貴. 有神骨者, 形體柔弱亦壽, 以是
대귀재호두골　유기골자　오관불정역귀　유신골자　형체유약역수　이시

知富貴根器, 不徒在五官, 而竝重頭骨也. 故內府骨起者, 鎭邊塞. 內府平
지부귀근기　부도재오관　이병중두골야　고내부골기자　진변새　내부평

滿大富. 高聳大貴, 輔角骨起者任撫藩. 輔骨無角不可求官, 骨大官大.
만대부　고용대귀　보각골기자임무번　보골무각불가구관　골대관대

대귀한 것은 머리뼈에 있으니, 기특한 뼈가 있으면 오관이 바르지 않아도 또한 귀하다. 신골이 있으면 형체가 유약해도 또한 장수한다. 이로써 부귀와 조상의 근본, 그릇의 크기를 아는 데는 오관을 제외할 수는 없지만 머리뼈도 중시하는 것이다. 그러므로 내부의 뼈가 일어난 사람이 변방의 요새를 진압하고 내부가 평만한 사람이 대부한 것이다. 높이 솟으면 대귀하고, 보각뼈가 일어난 사람이 번진을 맡아 다스리는 것이다(절도사). 보골에 각이 없으면 관직을 구할 수 없고 뼈가 크면 관직도 큰 것이다.

邊地骨稜起者, 有護御之貴. 邊地又主遠行吉凶, 出行必須光明方利. 又
변지골릉기자　유호어지귀　변지우주원행길흉　출행필수광명방리　우

病人邊地明, 有救. 日月角骨應天庭者, 得宰相之權. 司空有骨則公卿, 輔
병인변지명　유구　일월각골응천정자　득재상지권　사공유골칙공경　보

角有骨則王候. 骨大官大, 無骨無官.
각유골칙왕후　골대관대　무골무관

변지골이 일어난 사람은 임금을 어거하는 귀인이 된다. 변지는 또한 원행의 길흉을 주관하니, 출행할 때 빛이 밝다면 반드시 이로움이 있다. 또한 아픈자의 변지가 밝으면 병이 낫는다. 일월각의 뼈가 천정과 응하면 재상의 권한을 얻는다. 사공에 뼈가 있으면 공경이 되고, 보각에 골이 있으면 왕후이다. 뼈가 크면 관직도 크고 뼈가 없으면 관직도 없다.

2 | 耳_이 · 目_목

1) 耳_이

귀는 신장과 바로 연결되어 있는데 신장은 정력과 관계가 있는 곳이다. 정력이 왕성하면 귀가 맑고 밝으며, 기운이 없고 허하면 귓바퀴가 마르며 검어진다. 귀는 주로 금전 운을 나타내는 곳으로 그 사람의 경제력을 판단하는 중요한 사항이다. 왼쪽 귀가 1~7세, 오른쪽 귀가 8~14세, 남자는 왼쪽 여자는 오른쪽을 주로 본다. 예로부터 귀인의 상이란"귀한 눈은 있으나 귀한 귀는 없다."했는데, 귀보다 눈이 훨씬 더 중요하다는 것을 강조한 말이다. 귀의 색을 먼저 살피고 다음에 모양으로 귀천을 판단한다. 귀가 두껍고 튼튼하며 높이 솟아 긴 사람은 장수하며 재물도 따른다. 윤곽이 분명하면 재치가 있다. 아래가 입 부위까지 길게 늘어지면 크게 귀하게 되고, 눈썹보다 한 치가 더 높으면 재물이 풍부하다. 귀에 살이 도톰하면 부유하게 살아가고, 귓속에 솜털이 생기면 장수한다. 귀에 검은 사마귀가 있으면 총명한 자식을 낳고, 귓문이 넓으면 지혜가 많으며 포부가 원대하다. 귀가 붉고 윤기가 있으면 관직에 오르고, 귀의 색깔이 희면 명망이 높으며, 귀가 검붉으면 가난하다. 양쪽 귀의 크기가 다르면 운이 안 풀려 되는 일이 없다. 귀에 털이 있으면 장수 부귀하고 재앙이 없다. 털이 길어 밖으로 나오면 장수하고 앞에서 보아 귀가 보이지 않으면 영달하여 귀하게 되는 상이다. 귀가 높이 붙고 윤곽이 뚜렷하면 인생이 안락하며, 귀가 늘어지면 의식주가 넉넉하다.

> 一歲至十四行耳運(男先左女先右, 各七年), 論者每曰貴不在耳, 孩運無
> 일세지십사행이운 남선좌여선우 각칠년   논자매왈귀부재이 해운무
> 憑, 不知貴不在耳, 乃由目有眞光, 豈知目有眞光. 鼻仰口掀, 諸部不稱,
> 빙 부지귀부재이 내유목유진광 개지목유진광 비앙구흔   제부불칭
> 皆在不忌. 竝不獨不忌耳反缺也.
> 개재불기 병불독불기이반결야

한 살부터 열네 살까지는 귀의 운에 해당된다.(남자는 좌측이 먼저, 여자는 우측이 먼저 각각 7년씩 해당된다). 사람들이 매번 "귀함은 귀에 있는 것이 아니고 어릴 적의 운은 논할 바가 없다."고 한다. 이는 귀함이 귀에 있지 않고 눈의 진기에서 비롯된다고 하는 것인데, 어찌 눈의 진광을 알겠는가? 코가 들리고 윗입술이 들려 여러 부위의 균형이 맞지 않아도 모두 꺼리지 않고, 특히 귀가 뒤집히고 결함이

있어도 꺼리지 않는다고 한다.

況耳本祿星, 是金馬玉堂之位. 論其勢則高於眉者少顯. 然兩顴者壯達,
황이본록성　시금마옥당지위　논기세칙고어미자소현　연양권자장달

珠朝口者老榮. 論其色, 則老枯必死. 少枯大敗, 壯枯無運. 且面明耳暗,
주조구자노영　논기색　칙노고필사　소고대패　장고무운　차면명이암

是爲散色, 誰謂無足憑哉. 白必享名, 紅必發官, 少紅發達早. 老白子孫
시위산색　수위무족빙재　백필향명　홍필발관　소홍발달조　노백자손

貴.
귀

그러나 귀는 본시 녹성으로 금마옥당[76]에 해당한다. 그 기세에 대해 말하면 눈썹보다 높으면 조금
현달한다. 그런데 양쪽 관골이 크고 귓불이 입을 향하면 노년이 되면 영화롭다. 색에 대해 말하자면
늙어서 까칠하면 반드시 죽는다. 어려서 까칠하게 마른 듯하면 크게 실패하고 장년이 되어 마른 듯하면
운이 없다. 또 얼굴은 밝은데 귀가 어두우면 색이 흩어지고 있는 것인데 누가 근거할 바가 없다고 하였는
가? 희면 반드시 이름을 날리고 붉은색이면 관직을 얻게 되는데 어려서 붉다면 일찍 발달하게 되고,
늙어서 희다면 자손이 귀하다.

郭林宗曰皮粗, 皮乾色靑色黑, 則一生飄蓬無定基. 柳莊云, 命門不開, 終
곽림종왈피조　피건색청색흑　칙일생표봉무정기　유장운　명문불개　종

身貧寒. 又云, 爲官但得印堂, 驛馬, 耳門明, 便可高遷 (命門潤量大聰明,
신빈한　우운　위관단득인당　역마　이문명　편가고천　명문활량대총명

窄量小器狹, 且愚而多夭, 否亦家貧). 誰謂耳無足憑哉.
착량소기협　차우이다요　부역가빈　수위이무족빙재

곽림종은 피부가 거친 것에 대하여 말했는데, 피부가 거칠면서 청색이나 흑색이면 평생 근거지가
없이 떠돌게 된다고 하였고, 유장은 명문의 색이 열리지 않으면 종신토록 가난하다고 하였다. 또 관리로서
인당·역마·이문이 밝으면 영전하게 된다고 하였다 (명문이 넓으면 총명하고, 좁으면 그릇이 작고 어리석
으며 요절하는 경우가 많다. 그렇지 않으면 가난하다). 그런데 누가 귀는 신경 쓸 바가 없다고 하였는가?

---

76) 金馬玉堂: 중국 한나라 때 황궁에 있던 금마문(金馬門)과 옥당전(玉堂殿)의 통칭으로 주로 문필에
　　관계되는 일을 맡은 이들이 대기하던 곳이다.

2) 目
목

(1) 目之關係 - 눈의 관계
목 지 관 계

눈은 몸의 일월(日月)로서 왼편 눈은 해가 되어 아버지를 상징하고, 오른쪽 눈은 달이 되어 어머니를 상징한다. 눈은 곧 빛이다. 눈이란 그 사람의 주장이기도 하므로 마치 많은 별들이 그 앞에서 복종하고, 그것들을 비춰주는 해와 달이 거하는 곳과 같다. 눈이 길고 깊으며 빛나고 윤택하면 매우 귀하게 되고, 검은자위가 마치 칠을 바른 것 같이 반짝이면 총명과 문장이 뛰어나고, 눈이 앞으로 튀어나오지 않고 자연스럽게 광채를 발하면 부귀를 누리고, 가늘고 깊으면 장수한다. 얼굴에 불안정하게 붙은 듯 눈망울이 툭 튀어나온 사람은 일찍 사망하고, 크고 둥글며 동자가 솟아 성난 것 같이 보이는 사람은 수명을 재촉한다. 붉은 힘줄이 동자까지 침입한 자는 뜻밖의 죽음을 당한다. 눈의 검은자위가 너무 커서 눈속을 꽉 채운 여자는 음란하고, 두 눈이 반듯하면 장수한다. 왼쪽 눈이 작은 남자는 아내의 덕을 보지 못하며 물고기의 눈을 닮으면 일찍 사망한다. 좌우 눈의 크기가 서로 같지 않으면 형제간에 배다른 동기가 있거나 의붓아버지를 섬기게 된다. 흑백이 분명한 사람은 신의를 지키는 사람이고, 닭의 눈동자 혹은 쥐의 눈을 닮은 것 등은 도둑의 상이다.

> 三十五至四十歲行眼運. 眼爲官星. 未有貴人而賤目者. 眼爲財星. 未有
> 삼 십 오 지 사 십 세 행 안 운 안 위 관 성 미 유 귀 인 이 천 목 자 안 위 재 성 미 유
> 富人而凹凸者. 况人以精神爲富貴. 昏如塵鏡. 未有不敗者. 壽以精神爲
> 부 인 이 요 철 자 황 인 이 정 신 위 부 귀 혼 여 진 경 미 유 불 패 자 수 이 정 신 위
> 轉移, 神露與脫, 未有不死者(神寄於眼). 蓋目者 一身之根本也. 以眉爲
> 전 이 신 로 여 탈 미 유 불 사 자 신 기 어 안 개 목 자 일 신 지 근 본 야 이 미 위
> 佐, 以倉爲輔(天倉). 眉連運蹇, 倉陷劫財, 是亦不可不辨也.
> 좌 이 창 위 보 천 창 미 연 운 건 창 함 겁 재 시 역 불 가 불 변 야

35세에서 40세까지는 눈의 운으로 흐른다. 눈은 관성이므로 귀인인데 천한 눈을 가진 사람이 아직 없었다. 또한 눈은 재성이므로, 부한 사람의 눈이 오목하거나 튀어나온 사람은 아직 없었다. 더구나 사람은 정신이 부귀가 되니 어둡기가 먼지 낀 거울 같으면 실패하지 않은 사람이 아직 없었다. 수명은 정신이 변화된 것이니 신이 드러나거나 빠져나갔는데 죽지 않은 사람이 아직 없었다(신은 눈에 기탁한다). 무릇 눈은 일신의 근본이기 때문이다. 눈썹이 좌(佐)가 되고 천창이 보(輔)가 된다.(輔佐) 눈썹이 이어졌으면 운이 막히고 천창에 결함이 있으면 재물을 빼앗기므로 이 또한 분별하지 않을 수 없다.

(2) 目眞 – 눈에 있는 眞

目有眞者尚矣. 相法, 一云有眞者, 徹骨之貧, 無意中得大富貴, 再曰有眞者父子皆貴. 三曰眞燄官發, 眞脫失志. 所謂眞者何, 曰光蘊於內, 彩燄於外也. 希夷及老祖云, 瞳神形如滿月徹亮光明者謂之眞. 可知眞由神來, 證以神燄發貴之說(此達摩秘訣.), 必恍然眞卽神足之謂也.

눈에서는 진(眞)이 있는 것을 중요시한다. 상법에서는 첫째, 眞이 있으면 뼈에 사무치게 가난해도 뜻밖에 크게 부귀함을 얻게 된다. 둘째, 眞이 있으면 부자(父子) 모두가 귀하다. 셋째, 眞이 불꽃 같으면 관운이 발한다. 그러나 진이 벗어나면 뜻을 잃게 된다. 이른바 眞이란 어떤 것인가. 안으로는 빛을 감추고 밖으로는 아름다운 기상이 있는 것이다. 희이[77]와 노조[78](마의)가 이르기를 "눈동자의 신기가 보름달같이 분명하고 밝고 빛난 것을 眞이라 하며, 眞으로 인하여 神이 옴을 알 수 있다."고 하였는데, 신염발귀지설을 말한 것으로(이는 달마비결[79]이다) 홀연히 眞이 있으며, 즉, 신이 족한 것을 이른 것이다.

---

77) 希夷: 本名은 陳摶 字圖南 毫州 眞源人. 唐末 출생하여 宋太宗 端拱 2년(989) 80세 이상의 나이로 사망하였다. 어려서부터 총명하여 經書와 史書, 百家書를 읽었으며 後唐 明宗(930~934)시기에 進士에 천거되었으나 사양하고 山水를 즐겨 武當山 九室巖에 은거하여 곡식을 끊고 氣를 마시며 20여 년간 수도하였다. 그러나 술은 매일 여러 잔씩 마셨다. 후에 華山으로 옮겼는데, 한 번 누우면 1백여 일 동안 일어나지 않았다. 宋太宗이 불러 希夷先生이라는 호를 하사하였다. 周易을 즐겨 읽고 스스로 扶搖子라는 호를 지어 불렀으며 자신이 예언한 날짜에 사망하였다. 華山 石室에서 麻衣禪師로부터 易과 相術 등을 전수받고 이를 후세에 전함으로써 송대의 理學이 탄생되었다. 또한 희이의 제자 邵雍(1011~1077)의 '四元論'이 독일의 라이프니츠(Gottfried Wilhelm vonLeibniz, 1646~1716)에게 전해져 思辨哲學의 근거가 되었다. 『麻衣相法』·『安節坐功法』·『河洛眞訣』 등을 후세에 전하였다.

78) 老祖: 麻衣禪師. 출생과 국적이 확실치 않으나 華山 石室에 살며 陳摶에게 주역과 상술, 각종 비술을 전했다. 그의 易은 儒·道·佛사상이 합쳐져 '麻衣易'으로 칭해지며 후대에 큰 영향을 미쳐 동양사상의 개조가 되었다.

79) 達磨秘訣: 禪宗의 창시자인 達磨(?~528)가 전한 상법으로 『麻衣相法』 가운데 함께 전한다.

(3) 目之格局 - 눈의 격국
목 지 격 국

① 形 : 형태
형

> 形宜細長, 長細則貴(長過一寸大貴). 細而不長小巧, 長而不細則惡.細則
> 형 의 세 장 장 세 칙 귀 장 과 일 촌 대 귀   세 이 부 장 소 교 장 이 불 세 칙 오 세 칙
>
> 秀(有神乃秀, 無神則花). 短小則賤, 圓大則夭. 何以知劫財重, 曰眼凹,
> 수 유 신 내 수 무 신 칙 화   단 소 칙 천 원 대 칙 요 하 이 지 겁 재 중 왈 안 요
>
> 凹烏者無嗣. 何以知破財多, 曰眼凸, 凸惡者犯刑. 尾宜朝天(方享福祿).
> 요 오 자 무 사 하 이 지 파 재 다 왈 안 철 철 오 자 범 형 미 의 조 천 방 향 복 록
>
> 若下垂, 男妨妻, 女克夫. 幷主產難.
> 약 하 수 남 방 처 여 극 부 병 주 산 난

눈의 형태는 가늘고 길어야 하니, 길고 가늘면 귀하다(길이가 1촌을 넘으면 대귀하다). 가늘고 길지 않으면 잔 재주꾼에 불과하고, 길고 가늘지 않으면 좋지 않다. 가늘면 빼어나다(신기가 있으면 빼어나고, 신기가 없으면 헛꽃이다). 짧고 작으면 천하고 둥글고 크면 요절한다. 어떻게 겁재가 중함을 아는가. 눈이 오목한 것이다. 눈이 오목하고 눈동자가 검으면 후사가 없게 된다. 어떻게 파재가 많은 것을 아는가. 눈이 볼록한 것이다. 볼록하고 선하지 않으면 형벌을 범한다. 눈꼬리가 천창을 향해야 좋다(복록을 누린다). 만약 눈 꼬리가 아래로 늘어지면 남자는 처에게 해롭고 여자는 남편을 극한다. 또한 난산이 있다.

② 瞳 : 눈동자
동

> 瞳以黑白分明, 睛如點漆爲貴. 黑不可少(聰明富貴權勢, 皆在於黑). 白
> 동 이 흑 백 분 명 정 여 점 칠 위 귀 흑 불 가 소 총 명 부 귀 권 세 개 재 어 흑 백
>
> 不可多(一主奔波, 一主劫財, 上白多奸, 下白多刑). 不可赤縷(官非破財
> 불 가 다 일 주 분 파 일 주 겁 재 상 백 다 간 하 백 다 형 불 가 적 루 관 비 파 재
>
> 火災). 不可黃瞳(瞳黃性燥急, 少六親, 黃而又露犯刑, 眼有筋而瞳黃, 更
> 화 재 불 가 황 동 동 황 성 조 급 소 육 친 황 이 우 로 범 형 안 유 근 이 동 황 갱
>
> 凶男剋妻, 女克夫).
> 흉 남 극 처 여 극 부

눈동자는 흑백이 분명하며, 옻으로 점을 찍은 듯하면 귀하다. 검은색이 적으면 좋지 않다(총명·부귀·권세 모두가 검은색에 달려있다). 흰색이 많으면 좋지 않다(바쁘게 뛰어다니고, 재물을 잃으며, 위가 희면 간사하고 아래가 희면 형살이 많다). 붉은 실핏줄이 있으면 좋지 않다(관재가 아니면 파재나 화재가 있다). 눈동자가 황색이면 좋지 않다(동자가 황색이면 성격이 조급하고 육친이 적다. 황색이며 드러났다면 형벌을 범한다. 눈에 힘줄이 있고 동자가 황색이면 더욱 흉해서 남자는 처를 극하고 여자는 남편을 극한다).

③ 神 : 神氣
신　신기

目正以神爲貴. 神愈全, 貴愈大. 神又以含藏爲貴. 神愈藏, 福愈久, 露則
목 정 이 신 위 귀　신 유 전　귀 유 대　신 우 이 함 장 위 귀　신 유 장　복 유 구　노 즉

夭(黃而又露犯刑). 昏則敗, 癡則死. 流則淫. 浮泛則災. 急則易發易喪
요　황 이 우 로 범 형　혼 즉 패　치 즉 사　유 즉 음　부 범 즉 재　급 즉 이 발 이 상

(神氣急, 言語急, 行步急, 飮食急, 喜怒急, 雖形體淸越, 亦早發而易喪
　신 기 급　언 어 급　행 보 급　음 식 급　희 노 급　수 형 체 청 월　역 조 발 이 역 상

也). 驚則半途而休, 此神之取藏也.
야　경 즉 반 도 이 휴　차 신 지 취 장 야

눈이 바르고 신이 있으면 귀하다. 신이 온전할수록 귀함도 더욱 커진다. 신은 또한 잘 감춰지고 밖으로 드러나지 않아야 귀하다. 신이 감추어질수록 복도 길어지며, 드러나면 요절한다(황색이며 드러나면 형벌을 범한다). 어두우면 실패하고 넋이 나가면 죽는다. 눈빛이 흐르면 음란하고 들뜨면 재액이 있다. 급하면 쉽게 발하고 쉽게 잃는다(신기가 급한 것, 말이 급한 것, 보행이 급한 것, 먹고 마심이 급한 것, 희노애락의 감정 기복이 급하면 비록 체형이 빼어나 일찍 발복하더라도 쉽게 잃게 된다). 눈동자가 놀란 듯하면 반생에 그친다. 이는 신은 잘 감추어져야 하는 것을 이른 것이다.

仰有辨者, 神威主權, 威幷非兇(紅日麗天, 光芒不動, 使人不敢仰視, 此
앙 유 변 자　신 위 주 권　위 병 비 흉　홍 일 려 천　광 망 부 동　사 인 불 감 앙 시　차

謂之威. 然最忌神露, 露則招凶, 若凸暴眼紅, 則更凶矣). 神秀主貴, 秀
위 지 위　연 최 기 신 로　노 즉 초 흉　약 철 폭 안 홍　즉 갱 흉 의　신 수 주 귀　수

幷非花(可愛曰秀, 可侮曰花). 神藏主富貴悠久, 藏幷非定(內有蘊光爲
병 비 화　가 애 왈 수　가 모 왈 화　신 장 주 부 귀 유 구　장 병 비 정　내 유 온 광 위

藏, 目無守睛爲定). 神淸主富貴安逸, 淸幷非枯(淸最怕無神, 無神則枯).
장　목 무 수 정 위 정　신 청 주 부 귀 안 일　청 병 비 고　청 최 파 무 신　무 신 즉 고

女人以眼分貴賤, 秀者子貴夫旺. 有媚有威, 則更大貴. 花則賤, 流則淫,
여 인 이 안 분 귀 천　수 자 자 귀 부 왕　유 미 유 위　즉 갱 대 귀　화 즉 천　유 즉 음

潤則夭. 睛凸, 睛黃, 眼反, 眼圓, 眼深, 目露四白, 目露三角者, 兇惡孤
활 즉 요　정 철　정 황　안 반　안 원　안 심　목 로 사 백　목 로 삼 각 자　흉 악 고

寡. 眼小, 盤圓, 眼赤, 神露, 神急, 白多, 尾垂者, 産厄. 眼惡嫁卽刑夫(如
과　안 소　반 원　안 적　신 로　신 급　백 다　미 수 자　산 액　안 악 가 즉 형 부　여

圓大凸露而惡, 嫁卽刑夫, 凸露者卽惡也).
원 대 철 로 이 오　가 즉 형 부　철 로 자 즉 오 야

우러러보는 것은 신에 위엄과 권위가 있는 것이니, 권위는 흉하지 않다. (붉은 해가 하늘에 붙어 빛나고 함부로 움직이지 않으므로 사람들이 감히 우러러 볼 수 없으니, 이를 권위라고 한다. 가장 꺼리는 것이 신기가 드러난 것이다. 드러나면 흉함을 부르는데, 눈이 튀어나온 것이 심하고 눈이 붉으면 더욱 흉하다). 신기가 빼어나면 주로 귀하고, 신기의 빼어남이 겹치면(빼어남이 강하면) 교활한 마음으로 남을 낮추어 보거나 하찮게 여기지 않는다.(훌륭한 것이 수이고 업신여기는 것이 화이다). 신기가 감추어졌으

면 부귀가 유구하며, 감추어진 것은 정이 아니다(안으로 광채를 쌓은 것이 장이며, 눈에서 동자를 지키지 못하는 것이 정이다). 신기가 맑으면 부귀하고 편안한데, 맑은 것은 마른 것이 아니다. (맑으면 가장 두려운 것이 신기가 없는 것이며, 신기가 없는 것이 고이다).

여인은 눈으로 귀천을 구분하므로, 빼어나면 자식이 귀(貴)하고 남편을 왕성케 한다. 아름답고 위엄이 있으면 대귀하다. 도화가 있으면 천하고, 흐르면 음란하며, 넓으면 요절한다. 눈이 볼록하거나 동자가 노랗거나, 눈이 뒤집혔거나, 둥글거나 깊거나 사백안이거나, 삼각이면 흉악하고 고독하며 과부가 된다. 눈이 작거나 동자가 모두 보이거나, 눈이 붉거나 신기가 드러나거나, 신기가 급하거나, 흰색이 많거나 눈꼬리가 늘어지면 산액이 있다. 눈이 악하면 시집가면 곧 남편을 형상 한다(둥글고 크며 볼록하고 들어나면 좋지 않아서 시집가면 남편을 형상하는데, 볼록하게 드러난 것이 惡이다).

3 │ 鼻

코는 일명 재백궁이라 하여 주로 재산과 깊은 관계가 있다. 얼굴 가운데 위치하여 중악이므로 오행상 토(土)에 속한다. 폐의 영묘(靈苗)가 되는 곳이다. 폐가 청하면 코가 통하고 폐가 열하면 코가 막힌다. 코가 통하고 막히는 것을 보아 폐의 허실을 알 수 있다. 코의 안으로는 폐경에 속하고 밖으로는 비위에 속하므로 산근을 질액궁이라 한다. 산근·연상·수상이 깨끗하면 건강하다. 이곳이 어두우면 질병이 있는 징후이다. 검은 점이 있거나 마디가 생기고 박약한 사람은 빈천하거나 단명한다. 가로 주름이 많으면 교통사고를 당하기 쉽고, 세로 주름이 있으면 남의 양자로 들어갈 상이다. 매부리 모양으로 굽은 상은 가장 멀리하라, 평생 사기꾼이다. 코가 왼편으로 기운 사람은 아버지를 먼저 잃을 것이고 오른쪽으로 기운다면 어머니를 먼저 잃을 상이다. 콧구멍이 너무 크면 재물이 모이지 않는다. 사악(四嶽:이마·좌우 관골·턱)이 낮고 평평한데 오직 코만 높이 솟은 사람은 빈천한 상으로 재물이 흩어지고 재앙을 불러들인다.

1) 鼻之關係 : 코의 관계
비 지 관 계

四十一至五十歲, 行鼻運. 鼻爲五岳之主, 陷則四岳無主, 雖別有好處, 亦
사 십 일 지 오 십 세   행 비 운   비 위 오 악 지 주   함 칙 사 악 무 주   수 별 유 호 처   역

不大貴, 是鼻爲一面之尊也. 相法云, 鼻小無官. 又云, 問財祿準頭爲主.
불 대 귀   시 비 위 일 면 지 존 야   상 법 운   비 소 무 관   우 운   문 재 록 준 두 위 주

是鼻爲富貴之根也.
시 비 위 부 귀 지 근 야

41세에서 50세까지는 코의 운으로 운행된다. 코는 4악의 주인이 되므로 낮으면 4악의 주인이 없는 것이므로 비록 다른 곳이 좋다 해도 역시 대귀할 수 없으니, 코는 얼굴의 지존이 되는 것이다. 상법에 이르기를 "코가 작으면 관운이 없다."하고, 또한 이르기를 "재와 록을 물으려거든 준두를 위주로 하라."고 하였으니 코는 부귀의 근본이 되는 것이다.

況上爲山根, 可覘根基, 未有山根塌折, 而不敗祖業者. 中爲年壽, 可定壽
황 상 위 산 근   가 첨 근 기   미 유 산 근 탑 절   이 불 패 조 업 자   중 위 연 수   가 정 수

夭. 未有鼻梁無骨, 鼻梁太塌, 而尚享長壽者. 下爲準頭, 乃土之主, 正萬
요   미 유 비 량 무 골   비 량 태 탑   이 상 향 장 수 자   하 위 준 두   내 토 지 주   정 만

物生成之地. 未有準頭圓肥, 而無財祿者.
물 생 성 지 지   미 유 준 두 원 비   이 무 재 록 자

또한 위는 산근으로 근기를 엿볼 수 있으니, 산근이 끊기고도 조업을 파패하지 않은 사람이 없었다. 중간은 연상과 수상으로 수요를 정할 수 있다. 비량에 뼈가 없거나 비량이 너무 낮고도 장수를 누린 사람이 없었다. 아래는 준두로 토성의 주인이므로 만물 생성의 땅이 된다. 준두가 둥글고 살집이 있으면서 도 재록이 없는 사람이 없었다.

但來龍是山根, 折低則來龍弱. 補佐是兩顴, 流陷則發難大. 鼻短氣亦薄,
단 래 용 시 산 근   절 저 칙 래 용 약   보 좌 시 양 권   유 함 칙 발 난 대   비 단 기 역 박

孔露氣亦瀉. 達摩云, 三品斷無鼻上失氣. 小貴間有上塌下圓. 蓋鼻有輔
공 로 기 역 사   달 마 운   삼 품 단 무 비 상 실 기   소 귀 간 유 상 탑 하 원   개 비 유 보

乃貴. 無輔不榮, 有氣乃發, 無氣多敗也.
내 귀   무 보 불 영   유 기 내 발   무 기 다 패 야

무릇 용이 내려오는 곳이 산근이니, 끊기거나 낮으면 내룡이 약하므로 양쪽 관골이 보좌해야 한다. 코가 흘러나간 듯하거나 함몰되었으면 큰 어려움이 생긴다. 코가 짧으면 기(氣) 또한 얇고, 콧구멍이 드러나면 기(氣)가 새어 나간다.

달마가 이르기를 "삼품은 코에 기가 잃지 않았는가로 판단하고, 소귀는 위가 낮고 아래가 둥근 사이에 있다."고 하였으니 무릇 코는 보좌가 있으면 귀하고 보좌가 없으면 영화가 없으며, 기가 있으면 발하고

기가 없으면 실패한다.

☞ 來龍: 감여학(堪輿學)에서 산이 내려오는 것을 뜻하며, 이와 관련된 용어들은 다음과 같다.

① 龍(용): 산맥으로 풍수지리학에서는 생기가 따라 내려오는 산맥으로 용과 같이 구불구불하고 기복이 있다 해서 붙여진 이름이다. 흔히 내룡(來龍)이라고 한다.

② 穴(혈): 생기가 용을 따라 내려와 맺힌 곳으로 음양택의 핵심을 이루는 지점이다. 고대로부터 지대가 높은 곳은 음택으로 활용하고 지대가 낮은 곳은 양택지로 쓰였다.

③ 砂(사): 혈의 전후좌우 언덕이나 산맥을 말한다. 고대에는 종이가 없었으므로 모래(砂)로 형상을 만들어 가르쳤다 해서 붙여진 이름이다.

④ 水(수): 혈 주위에 있는 물을 말하며 실제로 물이 흐르지 않더라도 비가 왔을 때 흘러내려갈 수 있는 도랑 형태의 낮은 지형을 이르기도 한다.

⑤ 祖山(조산): 내룡이 발원한 혈의 뒷산이다. 혈 바로 뒤의 조산을 近祖山 (근조산)이라고 하고 근조산의 뿌리가 되는 더 큰 뒷산을 太祖山(태조산)이라고 한다. 사신(四神)은 玄武(현무)라고도 한다.

⑥ 案山(안산): 혈의 정면 앞산이며 사신으로는 주작(朱雀)에 해당된다.

⑦ 靑龍(청룡): 혈의 좌측 언덕 또는 산맥으로 좌측에 있다하여 左靑龍(좌청룡)으로 부르며, 혈 가까운 곳에 있는 것은 內靑龍(내청룡), 내청룡의 바깥쪽에 있는 것을 外靑龍(외청룡)이라고 한다.

⑧ 白虎(백호): 혈 우측 언덕 또는 산맥으로 우측에 있다하여 右白虎(우백호)라 부르며, 혈 가까운 곳에 있는 것은 內白虎(내백호), 바깥에 있는 것을 外白虎(외백호)라고 한다.

⑨ 入首(입수): 내룡이 달려와 결혈되는 곳 바로 뒤쪽으로 마치 머리를 들이민 듯 하다고 하여 붙여진 이름이다.

⑩ 坐向(좌향): 음택에서는 시신의 머리가 위치한 묘의 뒷자리를 좌, 시신의 발끝 방향을 향이라고 한다. 양택에서는 건물의 출입구가 있는 방향 또는 벽 전체가 유리창으로 되어있는 방향이 향이 되고 그 반대 방향은 좌가 된다.

2) 鼻之單犀骨及伏犀骨 : 코의 단서골과 복서골
비지단서골급복서골

鼻有單伏犀骨尚矣. 準至頂曰單犀, 梁至印曰伏犀, 故單犀更貴. 但眼爲
비유단복서골상의 준지정왈단서 양지인왈복서 고단서갱귀 단안위

官星, 眼若昏濁, 必成孤窮, 是單犀以目爲貴也. 問壽在梁, 梁柱不全, 必
관성 안약혼탁 필성고궁 시단서이목위귀야 문수재량 양주부전 필

愈促壽, 是單伏犀以梁爲壽也.
유촉수 시단복서이양위수야

況鼻有單犀, 是來龍氣旺, 又要準頭圓滿, 蘭廷高隆, 方配載氣. 若兩孔仰
황비유단서 시래용기왕 우요준두원만 난정고륭 방배재기 약양공앙

露, 譬如長江大河, 上流滔滔而來, 至此灘缺之地. 無不崩潰之理, 可見有
로 비여장강대하 상류도도이래 지차탄결지지 무불붕궤지리 가견유

單伏犀而無準頭蘭廷, 中年卽見大敗. 甚矣相之不易言也.
단복서이무준두난정 중년즉견대패 심의상지불이언야

코에서는 단서골과 복서골을 중요시한다. 준두에서 정수리에 이른 것을 단서라고 하고, 비량에서 인당에 이르는 것을 복서라고 하는데, 단서골이 더 귀하다. 눈이 관성이지만 눈이 혼탁하면 반드시 고독하고 궁핍하게 되므로 이러한 까닭으로 단서보다 눈이 귀한 것이다. 수명을 묻는 것은 비량에 있으므로, 비량이 온전치 않으면 반드시 수가 짧다. 이러한 까닭으로 단서 복서가 수명이 되는 것이다.

또한 코에 있는 단서는 내룡의 왕성한 기운인데, 또한 준두가 둥글고 가득하며 난대와 정위가 높이 솟아야 바야흐로 균형을 이뤄 기를 실을 수 있는 것과 같다. 만약 두 콧구멍이 들려 드러났다면 비유컨대 장강대하가 위에서는 도도히 흘러와서 물결이 이지러지는 곳에 이른 것과 같이 붕괴되지 않는 이치가 없는 것이므로 단서와 복서가 있어도 준두와 난대 정위가 없다면 중년에 대패함을 보게 된다. 고로, 상을 본다는 것이 아주 비슷해서 말하기가 쉽지 않다.

3) 鼻之格局 : 코의 격국
비지격국

高隆主大富貴, 圓滿主多財祿. 梁有骨則春, 準頭潤則發. 問何以鼻高不
고륭주대부귀 원만주다재록 양유골즉춘 준두윤즉발 문하이비고불

貴, 曰必是孤峰(顴不高鼻獨聳). 此主孤貧, 豈但不貴. 故高而不稱者凶.
귀 왈필시고봉 관불고비독용 차주고빈 개단불귀 고고이불칭자흉

問何以梁全不壽, 曰必是露梁(鼻無肉梁骨橫者是), 此主破敗, 豈但不壽
문하이량전불수 왈필시로량 비무육량골횡자시 차주파패 개단불수

(又多客死).
우다객사

코가 높이 솟으면 크게 부귀하며 둥글고 가득하면 재록이 많다. 비량에 뼈가 있은즉 봄이며, 준두가

윤택한즉 운이 발한다. 어째서 높은 코를 지니고도 귀하지 않은가를 묻는다면, 이르기를 이는 필시 외로운 봉우리이기 때문이므로 (관골이 높지 않고 코만 높은 것이다), 이는 고독하고 빈천한 것이며 귀하지 않은 것이다. 그러므로 높지만 균형을 못 이루면 흉한 것이다. 어째서 비량이 온전한데도 장수하지 못하는가를 묻는다면, 반드시 비량이 드러났기 때문이라고 대답할 것이다(코에 살이 없고 비량골이 옆으로 있는 것이다). 이는 파패하고 장수할 수 없는 것이다(또는 객사하는 수가 많다).

故骨以隱隱爲榮. 問何準以肥而貧, 曰是葫蘆鼻(山根折塌到準兩邊而大),
勞碌下賤. 蓋鼻爲五岳之主, 通三才之要路. 司中年之窮通.
山根要聳, 不可折陷.

그러므로 뼈가 은은히 숨겨 있어야 영화가 있다. 어째서 준두에 살이 있는데 가난한가 묻는다면, 그것은 호리병코(산근이 끊기고 낮으며 준두에 이르러 양쪽 변이 큰 것)라고 이를 것이므로, 힘들게 일하고 하천한 것이다. 무릇 코는 오악의 주인이며 삼재가 통하는 요로이며 중년의 궁핍과 운이 트임을 맡는다. 산근은 높이 솟아야 하고, 꺾이거나 함몰되면 안 된다.

年壽要隆, 不可起節. 準頭要肥, 不可勾曲. 蘭廷要開, 不可掀仰. 黑子多
迍邅, 斑點主血痔, 破缺主孤貧, 肉垂多淫欲. 鼻上部位多而關係大.

연상과 수상은 풍성해야 하고, 마디가 있어서는 안 된다. 준두는 살이 넉넉해야 하고, 굽거나 구부러져서는 안 된다. 난대와 정위는 열려야 하고, 치켜 올라가서는 안 된다. 검은 점이 있으면 막히는 일이 많고 반점이 있으면 치질이 있으며, 깨어지고 결함이 있으면 고독하고 빈한하며, 살이 늘어졌으면 음욕이 많다. 코에는 부위가 많고 그 관계도 크다.

4 │ 面・額
면　액

1) 面 : 얼굴
면

面長者多辛苦, 長而窄, 則中年大敗. 面橫者多刑傷, 肉橫骨橫皆凶, 竝防
면 장 자 다 신 고　장 이 착　즉 중 년 대 패　면 횡 자 다 형 상　육 횡 골 횡 개 흉　병 방

妻子. 面凹者心機多 (額與地閣皆凸, 惟鼻獨凹者是). 面凸者情義少 (額
처 자　면 요 자 심 기 다　액 여 지 각 개 철　유 비 독 요 자 시　면 철 자 정 의 소　액

與地閣皆凹惟鼻獨起). 面如繃鼓 (面皮太急是也. 雖人中長亦夭), 面皮
여 지 각 개 요 유 비 독 기　면 여 붕 고　면 피 태 급 시 야　수 인 중 장 역 요　면 피

虛薄者無壽 (肉不稱骨爲虛, 有皮無肉爲薄).
허 박 자 무 수　육 불 칭 골 위 허　유 피 무 육 위 박

얼굴이 길면 신고가 많고, 길고 좁은즉 중년에 대패한다. 얼굴이 옆으로 길면 형상이 많고, 횡육과
횡골은 모두 흉하며 또한 처자에게 해롭다. 얼굴이 오목하면 생각이 많다(이마와 지각이 모두 볼록하고
코만 오목한 것이다). 얼굴이 볼록하면 정의가 적다(이마와 지각 모두 오목하고 코만 높은 것이다).
얼굴이 북을 당긴 듯 하거나(면피태급으로 비록 인중이 길어도 또한 요절한다), 얼굴 피부가 허하고
얇으면 장수할 수 없다(살과 뼈가 균형을 못 이룬 것이 허이며, 피부는 있고 살이 없는 것이 박이다).

面肉輕浮, 面上生泡者, 損子喪妻. 面如光油, 破財又夭. 面如傅粉, 淫敗
면 육 경 부　면 상 생 포 자　손 자 상 처　면 여 광 유　파 재 우 요　면 여 부 분　음 패

又剋(桃花色). 面如橘皮孤苦(滿面毛竅, 如有塵垢所膩者是, 主退敗孤
우 극　도 화 색　면 여 귤 피 고 고　만 면 모 규　여 유 진 구 소 니 자 시　주 퇴 패 고

剋). 面如塵枯夭滯(面枯無運, 面暗多災. 枯而又暗, 死期至矣).
극　면 여 진 고 요 체　면 고 무 운　면 암 다 재　고 이 우 암　사 기 지 의

얼굴 살이 가볍고 들뜨거나 얼굴에 물집이 있으면 자식을 잃고 처를 잃는다. 얼굴이 기름을 바른
듯 빛나면 파재하고 요절한다. 얼굴이 분을 바른 듯하면 음란하고 실패하며 극한다(도화색). 얼굴이
귤껍질 같으면 고독하고 고통스럽다(만면이 털구멍으로 마치 진흙과 같이 미끄러운 것으로 패퇴하고
고독하고 극한다). 얼굴이 먼지가 낀 듯 마르면 요절하고 막히는 일이 많다(얼굴이 마르면 운이 없고,
얼굴이 어두우면 재액이 많으며, 마르고 어두우면 죽을 때가 된 것이다).

面無善筋, 見俱不利(額青筋尅父母, 少年多病. 驛馬青筋, 出行不利.
면 무 선 근   견 구 불 리 액 청 근 극 부 모   소 년 다 병   역 마 청 근   출 행 불 리

山根青筋, 少年病中年刑尅. 年上爲戊己土位, 乃萬物生成之地, 有筋, 多
산 근 청 근   소 년 병 중 년 형 극   연 상 위 무 기 토 위   내 만 물 생 성 지 지   유 근   다

橫禍, 防水火災. 準頭亦然, 蘭臺廷尉紅白筋, 貪酒色. 眉眼紅筋. 官非火
횡 화   방 수 화 재   준 두 역 연   란 대 정 위 홍 백 근   탐 주 색   미 안 홍 근   관 비 화

災. 淚堂青筋, 尅子. 魚尾青筋, 尅妻妾. 耳門青筋, 妻常病. 顴青筋, 尅妻
재   루 당 청 근   극 자   어 미 청 근   극 처 첩   이 문 청 근   처 상 병   관 청 근   극 처

子. 紅筋, 多橫禍. 髮中赤筋. 不死兵戈, 卽死喉疹.
자   홍 근   다 횡 화   발 중 적 근   불 사 병 과   즉 사 후 진

總之, 筋非善物, 筋不束骨則夭, 浮筋露骨則勞. 喉上有筋, 性暴防橫死.
총 지   근 비 선 물   근 불 속 골 칙 요   부 근 로 골 칙 노   후 상 유 근   성 폭 방 횡 사

惟腹上有一紅筋而橫者, 爲主富貴).
유 복 상 유 일 홍 근 이 횡 자   위 주 부 귀

얼굴에는 좋은 힘줄이 없으니, 보이는 모든 것이 불리하다(이마에 청색 힘줄이 있으면 부모를 극하고 소년에게는 병이 많다. 역마에 푸른 힘줄이 있으면 출행에 불리하고, 산근에 푸른 힘줄이 있으면 소년은 병이 오고 중년은 형극한다. 연상은 무기토(戊己土)의 위치이므로 만물이 생성되는 땅이다. 힘줄이 있으면 화를 만나는 일이 많고 수재를 방비해야 한다. 준두 또한 이와 같으므로 난대와 정위에 홍백색 힘줄이 있으면 주색을 탐하고, 눈썹과 눈에 붉은 힘줄이 있으면 관재가 아니면 화재가 있다. 누당에 청색 힘줄이 있으면 자식을 극하고, 어미에 푸른 힘줄이 있으면 처첩을 극한다. 이문에 푸른 힘줄이 있으면 항상 처가 병을 앓고, 관골에 푸른 힘줄이 있으면 처자를 극한다. 붉은 힘줄은 화를 당하게 되고, 머리털 사이에 붉은 힘줄이 있으면 전쟁터에서 죽지 않으면 목의 병으로 죽는다. 결론적으로, 힘줄은 좋은 것이 아니지만, 힘줄이 뼈를 싸지 못하면 요절하고, 힘줄이 들뜨면 노고가 많다. 목 위에 힘줄이 있으면 성격이 난폭하므로 횡사를 방비하여야 한다. 오직 배 위에 한줄기 붉은 힘줄이 가로로 있는 것만이 부귀하게 되는 것이다).

面無善痣, 顯處多凶. 面無善紋, 凶多吉少. 面無善瘤, 生卽主窮(生於面
면 무 선 지   현 처 다 흉   면 무 선 문   흉 다 길 소   면 무 선 류   생 즉 주 궁   생 어 면

上若紅如硃砂亦吉). 面無善斑, 不淫則夭.
상 약 홍 여 주 사 역 길   면 무 선 반   불 음 칙 요

얼굴에는 좋은 사마귀가 없고 나타난 부위에 따라 흉함이 많다. 얼굴에는 좋은 주름이 없으므로, 흉이 많고 길함은 적다. 얼굴에는 좋은 혹이 없으므로 생기면 곤궁하게 된다(얼굴에 붉기가 주사와 같은 점이 생기면 길하다). 얼굴에는 좋은 반점이 없으므로, 음란하지 않으면 요절한다.

☛ 痣 · 點 · 斑 : 痣는 사마귀, 點은 점, 斑은 얼룩점으로 『柳莊相法』에 이에 대해 '高者爲痣 , 平者爲點 , 青黃者爲斑 , 凡斑點不宜生在面上.'이라고 하였다.[80]

面白之人多無膽, 面赤之人多招災. 面黑之人多狡毒. 面藍之人多奸惡,
면백지인다무담　면적지인다초재　면흑지인다교독　면람지인다간악

面青之人多憂思, 面黃之人多愼重. 面紫之人多安逸. 面瘦身肥, 面粗身
면청지인다우사　면황지인다신중　면자지인다안일　면수신비　면조신

細, 面黑身白者, 富貴. 面肥身瘦面細身粗, 面白身黑者, 貧賤.
세　면흑신백자　부귀　면비신수면세신조　면백신흑자　빈천

얼굴이 흰 사람은 담력이 없고, 얼굴이 붉은 사람은 재액이 많으며, 얼굴이 검은 사람은 교활하고 독하다. 얼굴이 남색이면 간악한 사람이 많고, 얼굴이 푸르면 근심스런 생각이 많고, 얼굴이 누런 사람은 신중함이 많다. 얼굴이 자색이면 안일한 사람이 많다. 얼굴은 야위고 몸이 살쪘거나, 얼굴은 거친데 몸이 섬세하거나, 얼굴은 검은데 몸은 흰 사람은 부귀하게 된다. 얼굴은 살쪘는데 몸이 말랐거나 얼굴은 섬세한데 몸이 거칠거나, 얼굴은 흰데 몸이 검으면 빈천한 사람이다.

面如滿月, 氣深色秀, 而神彩射人者, 曰朝霞面, 大貴. 若色嫩氣嬌, 少則
면여만월　기심색수　이신채사인자　왈조하면　대귀　약색눈기교　소즉

病夭, 老則辛苦, 剋妻子. 精神浮泛, 不死亦敗. 赤如火, 昏如泥, 滿面塵
병요　노칙신고　극처자　정신부범　불사역패　적여화　혼여니　만면진

埃者, 皆破敗死災之徵也.
애자　개파패사재지징야

얼굴이 보름달 같고 기가 깊고 색이 빼어나며, 눈의 신기가 아름답고 쏘는 듯한 얼굴을 한 사람을 '조하면'이라고 하는데 대귀하다. 색이 여리고 기가 연약하면 젊은 사람은 병으로 요절하고 노인은 신고가 많고 처자를 극한다. 정신이 들뜨면 죽지 않으면 실패한다. 붉은 것이 불같거나, 어둡기가 진흙같거나, 만면에 먼지가 낀 듯한 것은 모두 파패하고 죽거나 재앙이 있을 징조이다.

男貴方面, 女貴圓長 , 圓長爲鳳形, 方面爲虎面, 多犯殺星. 欲知女人之
남귀방면　여귀원장　원장위봉형　방면위호면　다범살성　욕지여인지

貴賤, 可觀面色之盛衰. 男在精神, 女在氣血, 故看皮血.
귀천　가관면색지성쇠　남재정신　여재기혈　고간피혈

남자가 귀한 것은 모난 얼굴이며 여자가 귀한 것은 둥글고 긴 얼굴이다. 둥글고 긴 것은 봉형이며, 모난 것은 호면인데 살성을 많이 지닌다. 여인의 귀천을 알고자 하면 얼굴색의 성쇠를 관찰할 수 있어야 한다. 남자는 정신에 있고 여자는 기혈에 있으므로 피부와 혈을 보는 것이다.

---

80) 높은 사람은 사마귀이고, 평범한 사람은 점이며, 청황색 사람은 반점이므로, 모든 반점이 표면에 생기는 것은 좋지 않다.

深白淺紅, 淫而妬. 面如傳脂, 淫而夭. 雀斑淫而無子, 青藍毒而剋夫. 黃
심백천홍 음이구 면여부지 음이요 작반음이무자 청람독이극부 황

則賤, 血濁且好色. 赤則淫, 血衰無子. 白則夭. 女人要白帶黃潤爲正. 否
즉천 혈탁차호색 적즉음 혈쇠무자 백즉요 여인요백대황윤위정 부

則血枯, 淫而夭. 橫者惡.
즉혈고 음이요 횡자악

백색이 깊고 홍색이 얕으면 음란하고 추하며, 얼굴이 기름을 바른 듯하면 음란하고 요절한다. 주근깨는 음란하고 자식이 없으며, 푸르고 남색이면 독해서 남편을 극한다. 누른즉 천하고, 혈이 탁하면 호색하며, 붉은즉 음란하고, 혈이 쇠하면 자식이 없고, 희면 요절한다. 여인은 희고도 윤택한 황색을 띠어야 바른 것이다. 그렇지 않은즉 혈이 마른 것으로 음란하고 요절한다. 횡골이 있으면 악하다.

2) 額: 이마
액

額爲火星, 天中, 天庭, 司空, 中正, 皆在於額. 天中爲貴之主宰, 骨起主
액위화성 천중 천정 사공 중정 개재어액 천중위귀지주재 골기주

富貴, 且幼時發官. 天庭主貴, 若骨起紅潤, 日月角應之, 大貴. 司空爲三
부귀 차유시발관 천정주귀 약골기홍윤 일월각응지 대귀 사공위삼

公之部, 骨起光潤大貴. 中正主官位, 骨起色潤者貴. 四處皆忌紋筋缺陷,
공지부 골기광윤대귀 중정주관위 골기색윤자귀 사처개기문근결함

所以辨人之貴賤也.
소이변인지귀천야

이마는 화성이다. 천중·천정·사공·중정 모두가 이마에 있다. 천중은 귀함을 주재하므로, 뼈가 일어나면 부귀하고 어려서부터 관운이 발한다. 천정은 귀함을 주관하므로, 뼈가 일어나고 붉고 윤택하며 일월각이 그에 응하면 대귀하다. 사공은 삼공의 부위이므로, 뼈가 일어나고 빛이 윤택하면 대귀하다. 중정은 관직을 주관하는 부위이므로, 뼈가 일어나고 색이 윤택한 사람은 귀하다. 이 네 곳 모두 주름이나 살에 결함이 있는 것을 꺼린다. 그러므로 사람의 귀천을 분변하는 것이다.

寬主富貴, 方更華榮, 額方頂起者至貴. 山林不起, 祖業有亦多傾. 山林開
관주부귀 방경화영 액방정기자지귀 산림불기 조업유역다경 산림개

則貴, 狹則貧, 破則至賤. 天庭不揚, 功名得亦多滯. 塌者剋敗, 低者刑愚.
즉귀 협즉빈 파즉지천 천정불양 공명득역다체 탑자극패 저자형우

偏者偃蹇, 左陷者損父.
편자언건 좌함자손부

이마가 넓으면 부귀하고 또한 영화를 누린다. 이마가 넓고 정수리가 일어난 사람은 지극히 귀하다. 산림이 일어나지 않으면 조상의 기반이 기울어지는 일이 많다. 산림이 열리면 귀하고 좁으면 가난하며

깨어지면 천하다. 천정이 높지 않으면 공명을 얻음에 막히는 일이 많고, 낮고 깊으면 극하고 실패하며 낮으면 형벌을 당하고 어리석다. 기울어져 있는 사람은 실패하고 막히며, 좌측이 함몰되면 아비를 잃게 된다.

額尖者亦然, 右陷者損母. 額尖者亦然, 額乃官祿之宮. 如有筋冲紋亂骨
액 첨 자 역 연   우 함 자 손 모   액 첨 자 역 연   액 내 관 록 지 궁   여 유 근 충 문 난 골

橫, 皆爲不利. 不徒刑剋父母, 且早年子息難成, 損妻破財, 勞碌多災.
횡   개 위 불 리   부 도 형 극 부 모   차 조 년 자 식 난 성   손 처 파 재   로 록 다 재

이마가 뾰족한 것 또한 이와 같아서 우측이 함몰되었으면 어미를 잃게 된다. 이마가 뾰족한 것 또한 이와 같으니 이마는 관록궁으로 만약 힘줄이 얽히고 주름이 어지러우며 뼈가 횡으로 있으면 모두 이롭지 않다. 부모를 형극 하는 것을 피할 수 없고 일찍부터 자식이 잘되기 어렵고 처를 잃고 고생스러우며 재난이 많다.

婦人以柔爲本, 如額太方太大太高, 皆剋夫. 發際太高, 爲火焰上炎未笄,
부 인 이 유 위 본   여 액 태 방 태 대 태 고   개 극 부   발 제 태 고   위 화 염 상 염 미 계

卽寡. 日月角太高, 爲殺氣太重, 亦剋夫. 若紋侵痣破或缺陷者, 亦必孤
즉 과   일 월 각 태 고   위 살 기 태 중   역 극 부   약 문 침 지 파 혹 결 함 자   역 필 고

寡. 額尖耳反三嫁未休. 又額尖顴露謂三顴面亦刑三夫.
과   액 첨 이 반 삼 가 미 휴   우 액 첨 관 로 위 삼 관 면 역 형 삼 부

부인은 유함을 근본으로 삼으므로, 만약 이마가 너무 넓고 너무 크고 너무 높으면 모두 극부하는 것이다. 발제가 너무 높은 것이 화염상염으로 비녀를 끼기 전에 과부가 된다. 일각이 너무 높으면 살기가 너무 많은 것으로 역시 극부한다. 만약 주름이 침범하고 검정 사마귀가 있거나, 깨어지거나, 결함이 있으면 또한 반드시 고독한 과부가 된다. 이마가 뾰족하고 귀가 뒤집히면 세 번 시집을 가도 끝나지 않는다. 또한 이마가 뾰족하고 관골이 드러난 것을 삼관면이라고 하는데 또한 세 남편을 형상한다.

5 | 五行·五形
오행 오형

1) 五行說
오행설

五行貴賤難逃生克之中.
오 행 귀 천 난 도 생 극 지 중

오행에 따른 귀천은 생극 관계로부터 피할 수 없다.

解曰, 五行乃金木水火土爲五行, 不可一大一小, 不配不停, 不週不合, 左
해왈 오행내금목수화토위오행 불가일대일소 불배불정 불주불합 좌

耳金星, 右耳木星, 額爲火星, 口爲水星, 鼻爲土星.
이금성 우이목성 액위화성 구위수성 비위토성

오행은 金·木·水·火·土로 다섯 가지의 운행이다. 한 가지가 크고 한 가지가 작거나, 고르지 않거나
운행을 멈추거나, 회전하지 않거나 화합하지 않을 수 없는 것이다. 좌측 귀는 金星 우측 귀는 木星,
이마는 火星 입은 水星, 코는 土星이다.

又名五官, 眉爲保壽官, 眼爲監察官, 鼻爲審辨官, 耳爲採聽官, 口爲出納
우명오관 미위보수관 안위감찰관 비위심변관 이위채청관 구위출납

官.
관

또한 오관이라고도 부르는데 눈썹이 보수관, 눈이 감찰관, 코가 심변관, 귀가 채청관, 입이 출납관이다.

又名六府, 天倉爲上二府, 顴骨中二府, 地庫下二府. 三停得位, 六府相
우명육부 천창위상이부 관골중이부 지고하이부 삼정득위 육부상

勻, 五官俱正, 自大富大貴之相也.
균 오관구정 자대부대귀지상야

또한 육부라고 하는데, 천창은 위의 2부가 되고, 관골은 중간의 2부, 지고는 아래의 2부이다. 삼정(三停)
이 위치를 얻고 육부가 서로 균등하며, 오관이 모두 바르면 큰 부자가 되고 크게 귀하게 되는 상이다.

又名六曜, 一紫氣, 二月孛, 三羅, 四計, 五日六月也.
우 명 육 요 일 자 기 이 월 패 삼 라 사 계 오 일 륙 월 야

또한 육요라고도 한다. 첫째가 자기, 둘째가 월패, 셋째가 라후, 넷째가 계도, 다섯째가 해, 여섯째가 달이다.

額高耳反火克金, 父母家財總是空, 口大額尖水克火, 一交十五身受苦,
액 고 이 반 화 극 금 부 모 가 재 총 시 공 구 대 액 첨 수 극 화 일 교 십 오 신 수 고

口大睛額又高, 定是高賢大貴豪.
구 대 정 액 우 고 정 시 고 현 대 귀 호

이마가 높고 귀가 뒤집혔다면 火가 金을 극한 것이므로 부모와 집안의 재물이 모두 空이 된다. 입이 크고 이마가 뾰족하다면 水가 火를 극한 것이므로 15세에 신고를 겪게 된다. 입이 크고 눈동자가 맑으며 이마 또한 높으면 틀림없이 고상하고 현명하며 크게 귀한 호걸이다.

鼻大口小土克水, 十三十四離間. 五行但有一克, 不爲好相, 但得一生者
비 대 구 소 토 극 수 십 삼 십 사 리 간 오 행 단 유 일 극 불 위 호 상 단 득 일 생 자

大好. 如有天倉而無地庫, 初榮暮敗, 有地庫而欠天倉, 初困暮榮, 如有顴
대 호 여 유 천 창 이 무 지 고 초 영 모 패 유 지 고 이 흠 천 창 초 곤 모 영 여 유 관

骨而無天倉地庫, 亦不好, 主大孤獨之相.
골 이 무 천 창 지 고 역 불 호 주 대 고 독 지 상

코가 크고 입이 작다면 土가 水를 극한 것이므로 13~14세에 고향을 떠나 타향을 떠돌게 된다. 오행은 무릇 한 가지라도 극함이 있으면 좋은 상이 될 수 없다. 그러나 생함을 얻으면 크게 좋은 것이다. 천창은 있는데 지고가 없다면 초년은 영화롭지만 노후에 실패하며, 지고는 있는데 천창에 흠이 있으면 초년은 곤궁해도 노년에 영화가 있다. 관골은 있는데 천창과 지고가 없다면 또한 좋지 않아서 크게 고독한 상이다.

2) 五形體
오 형 체

① 金形人
금 형 인

解曰, 金木水火土, 一身之體, 不出五行之外. 夫金形人何取, 凡金形, 面
해 왈   금 목 수 화 토   일 신 지 체   불 출 오 행 지 외   부 금 형 인 하 취   범 금 형   면

方耳正, 眉目淸秀, 脣齒得配, 手小腰圓, 白色, 方是金形.
방 이 정   미 목 청 수   순 치 득 배   수 소 요 원   백 색   방 시 금 형

金木水火土형 등 일신의 체형은 오행의 밖으로 벗어날 수 없다. 대저 금형인은 어떤 것을 취해야
하는가. 무릇 금형은 얼굴이 넓고 모나며 귀가 바르고 눈썹과 눈이 청수하며 입술과 치아가 균형을
이루고, 손이 작고 허리가 둥글며 피부가 백색이면 비로소 금형에 알맞은 것이다.

若聲高, 高如金聲, 主大貴. 若雜格, 主小貴. 不宜滯帶赤, 如一帶赤色,
약 성 고   고 여 금 성   주 대 귀   약 잡 격   주 소 귀   불 의 체 대 적   여 일 대 적 색

如土埋金, 主困苦.
여 토 매 금   주 곤 고

음성이 높아서 쇳소리처럼 높으면 대귀하지만 다른 형과 섞였다면 조금 귀하다. 적색을 띠어 막혔다면
좋지 않은데, 적색을 띠었다는 것은 금이 흙속에 묻힌 것과 같아 고통스런 고생이 따른다.

赤在準頭三陽, 主有災難, 輕則破敗, 重則主死. 金形不宜帶火. 書云, 部
적 재 준 두 삼 양   주 유 재 난   경 즉 파 패   중 즉 주 사   금 형 불 의 대 화   서 운   부

位要週全, 三停又帶方, 金形入了格, 富貴把名揚.
위 요 주 전   삼 정 우 대 방   금 형 입 료 격   부 귀 파 명 양

적색이 준두와 두 눈에 나타나면 재난이 있게 되는데 가벼우면 가정을 파하고 실패하게 되지만 정도가
심하면 죽게 된다. 글에 이르기를 "부위가 두루 온전하고 삼정이 또한 방정하다면 금형에 알맞은 격으로
부귀하고 명성을 드날리게 된다."라고 하였다.

② 木形人
　목형인

> 凡木形宜疊直脩長, 睛淸口闊神足, 不宜偏削歪斜, 枯陷聲破. 如腰圓體
> 범목형의첩직수장　정청구활신족　불의편삭왜사　고함성파　여요원체
>
> 正, 方可棟樑.
> 정　방가동량

　목형은 몸이 곧고 가늘고 길며 눈동자가 맑고 입이 넓으며 신기가 족해야 한다. 몸이 기울거나 깎였거나 삐뚤어졌거나 굽거나 마르거나 몸이 함몰되었거나 음성이 갈라지면 좋지 않다. 허리가 둥글고 몸이 반듯해야 동량지재가 될 수 있다.

> 偏薄虧削, 小人之相. 浮筋露骨, 何須苦問功名, 些須帶火, 乃作木火通
> 편박휴삭　소인지상　부근노골　하수고문공명　사수대화　내작목화통
>
> 明, 若是土赤金紅, 不宜取用.
> 명　약시토적금홍　불의취용

　기울거나 얇거나 이지러졌거나 깎인 것은 소인의 상이다. 근육이 들뜨고 뼈가 드러났다면 어찌 고생스럽게 공명을 묻겠는가. 목형인이 약간 화형을 띠었다면 이는 木火가 기를 통하여 밝은 것이지만 토형을 띠거나 적색, 금형이나 홍색을 띠었다면 취해 쓰기에 마땅치 않다.

> 有宜帶些金. 還求名之客, 木削金重, 一生成敗之人. 書云. 稜稜形瘦格,
> 유의대사금　환구명지객　목삭금중　일생성패지인　서운　능릉형수격
>
> 凜凜更脩長, 秀氣生眉眼, 方言作棟樑.
> 늠름갱수장　수기생미안　방언작동량

　약간의 金형을 띠었으면 이름을 구하는 사람이지만, 나무를 깎는 金이 중하면 일생동안 성공과 실패를 거듭하게 되는 사람이다. 글에 이르기를 "위엄 있고 형상이 야윈 듯한 격에 의젓하고 당당하며 가늘고 길며, 빼어난 기가 눈썹과 눈에 있다면 가히 동량지재라고 할 수 있다."라고 하였다.

③ 水形人
　　수 형 인

> 凡水形要骨正肉實, 色白帶潤, 體發面凹, 紋看如伏, 面觀如仰, 腹大臀
> 범 수 형 요 골 정 육 실　색 백 대 윤　체 발 면 요　문 간 여 복　면 관 여 앙　복 대 둔
> 大, 方是水形, 不宜氣粗色黑, 皮白如粉, 面兼肉浮.
> 대　방 시 수 형　불 의 기 조 색 흑　피 백 여 분　면 겸 육 부

　　무릇 水형은 골격이 반듯하고 살집이 건실하며 피부가 윤기 띤 백색이어야 한다. 몸이 피어 발달하고 얼굴은 우묵하며 가는 주름이 기어가듯 하고 얼굴이 위를 우러러보는 듯하다면 비로소 격을 갖춘 水형인 것이다. 기가 거칠거나 피부가 검거나 피부가 분을 바른 듯 윤기 없이 희거나 얼굴 살이 들뜬 것은 좋지 않다.

> 凡水形人骨少肉多, 浮者主夭, 無鬚皮滑者無子, 肉冷者亦無子. 書云, 眼
> 범 수 형 인 골 소 육 다　부 자 주 요　무 수 피 활 자 무 자　육 냉 자 역 무 자　서 운　안
> 大幷眉粗, 城郭要團圓. 此相名眞水, 平生福自然.
> 대 병 미 조　성 곽 요 단 원　차 상 명 진 수　평 생 복 자 연

　　무릇 수형인이 뼈가 적고 살이 많으며 들떴다면 요절하며 수염이 없고 피부가 매끄러우면 자식이 없고 살이 차가운 사람도 자식이 없다. 글에 이르기를 "눈이 크고 눈썹이 크며 귀의 윤곽이 둥글다면 이러한 상을 참된 수형이라고 하므로 평생 동안 복이 스스로 이른다."라고 하였다.

④ 火形人
　　화 형 인

> 凡火形人上尖下闊, 形動躁, 鬚少面紅, 鼻(弓喬), 不帶滯色, 宜明潤而
> 범 화 형 인 상 첨 하 활　형 동 조　수 소 면 홍　비 (궁 교)　부 대 체 색　의 명 윤 이
> 紅, 又宜髮少, 不宜腹大, 不宜口大.
> 홍　우 의 발 소　불 의 복 대　불 의 구 대

　　무릇 화형인은 위쪽이 뾰족하고 아래는 넓으며 형상과 행동이 조급하다. 수염이 적고 얼굴이 홍색이며 코가 활을 당긴 듯 둥글다. 기색이 막히면 좋지 않고 밝고 윤택하며 홍색을 띠어야 좋고 또한 수염이 적어야 좋다. 배가 크거나 입이 큰 것은 좋지 않다.

凡火形, 貴不過武職, 富不過百金, 非大富大貴之相也. 凡火形又宜頭高,
범화형　귀불과무직　부불과백금　비대부대귀지상야　범화형우의두고

方有子, 不然子亦難招.
방유자　불연자역난초

무릇 화형은 귀하면 무관에 불과하고 부하면 백금(큰 부자는 만금·천금으로 표현한다)에 불과하니 대부 대귀한 상이 아니다. 화형은 머리가 높아야 좋고 자식을 둘 수 있지만 그렇지 않으면 자식을 두기 어렵다.

書云, 欲識火形貌, 三停又帶尖, 身體全無淨, 頤邊更少髥.
서운　욕식화형모　삼정우대첨　신체전무정　이변갱소염

글에 이르기를 "화형인의 모습을 알고자 하면, 삼정을 보아 뾰족하고 온몸에 맑은 기운이 없고 턱 옆에 수염이 적은 것이다."라고 하였다.

⑤ 土形人
　　토형인

凡土形, 肥大敦厚, 面重實, 背高皮黑, 聲大如雷, 項短頭圓, 乃眞土也.
범토형　비대돈후　면중실　배고피흑　성대여뢰　항단두원　내진토야

무릇 토형인은 몸집이 비대하고 두터우며 얼굴이 두텁다. 등이 높고 피부가 검으며 음성이 우레처럼 크고 목이 짧고 머리가 둥글어야 진정한 토형인이다.

書云, 端厚仍深重, 安詳若泰山, 心謀難測度, 信義重人間.
서운　단후잉심중　안상약태산　심모난측도　신의중인간

글에 이르기를 "단정하고 두터우며 심중하여 편안히 있는 모습이 태산과 같고 심중에 모색함이 깊어 측정할 수 없으며 신의가 있고 인간관계를 중시한다."라고 하였다.

⑥ 論五官五星六曜
　　논오관오성육요

耳須要色明, 高聳過於眉, 輪廓完成, 貼肉敦厚, 命門寬大, 謂之探聽官成.
이수요색명　고용과어미　륜곽완성　첩육돈후　명문관대　위지채청관성

귀는 반드시 색이 밝아야 한다. 눈썹보다 높이 솟아 있으며 윤곽이 완전하고 살이 두툼하게 붙고 귓구멍이 넓다면 그것을 채청관이 이루어졌다고 한다.

眉須要寬廣淸長, 雙分入., 或如玄犀新月, 首尾豊盈, 高居額中, 乃謂保
미 수 요 관 광 청 장　쌍 분 입 빈　혹 여 현 서 신 월　수 미 풍 영　고 거 액 중　내 위 보
壽官成.
수 관 성

눈썹은 반드시 넓고 맑고 길어야 한다. 양쪽 눈썹 끝이 옆머리까지 이어지고 검어 마치 코뿔소 뿔이나 초승달 같으며, 눈썹 머리와 꼬리가 넉넉하고 높게 이마에 있다면 이를 보수관이 이루어졌다고 한다.

眼須要含藏不露, 黑白分明, 瞳子端正, 光彩射人, 或鳳目細長藏秀, 乃爲
안 수 요 함 장 불 로　흑 백 분 명　동 자 단 정　광 채 사 인　혹 봉 목 세 장 장 수　내 위
監察官成.
감 찰 관 성

눈은 반드시 잘 감추어져서 드러나지 않아야 한다. 흑백이 분명하고 동자가 단정하며 광채가 사람을 쏘는 듯하며 봉황의 눈처럼 가늘고 길며 빼어난 기를 갖고 있다면 이것이 감찰관이 이루어진 것이다.

鼻須要樑柱明直, 上接山根, 印堂明潤, 下連年壽高隆, 不宜起節, 準頭庫
비 수 요 량 주 명 직　상 접 산 근　인 당 명 윤　하 련 년 수 고 륭　불 의 기 절　준 두 고
起, 形如懸膽, 鼻如截筒, 黃明色潤, 爲審辨官成.
기　형 여 현 담　비 여 절 통　황 명 색 윤　위 심 변 관 성

코는 비량이 밝고 곧아야 한다. 위로는 산근과 닿아 인당이 밝고 윤택하며 아래로는 년상·수상과 이어져 높이 솟아야 한다. 마디가 일어난 것은 좋지 않으며 준두와 양쪽 콧방울이 높고 형태가 쓸개를 매어단 듯하거나 코가 대나무를 쪼개서 엎어 놓은 듯하며 밝은 황색으로 윤택하면 심변관이 이루어진 것이다.

口須要角弓, 開大合小, 上下脣配, 齒配四方, 爲出納官成.
구 수 요 각 궁　개 대 합 소　상 하 순 배　치 배 사 방　위 출 납 관 성

입은 반드시 활처럼 생겨야 한다. 열리면 크고 다물면 작으며 위아래 입술이 균형을 이루고 치아가 균형이 맞으며 四자처럼 모나게 생겼다면 출납관이 이루어진 것이다.

眉爲保壽, 不可不察高低.
미 위 보 수   불 가 불 찰 고 저

눈썹은 보수관이므로 높고 낮은 것을 살피지 않을 수 없다.

解曰, 眉爲羅計二星, 宜高不宜低, 宜長不宜短, 宜淸不宜濃, 如眉濃低濁
해 왈   미 위 라 계 이 성   의 고 불 의 저   의 장 불 의 단   의 청 불 의 농   여 미 농 저 탁

斷, 終身難問親情. 眉散又疎, 手足視同陌路.
단   종 신 난 문 친 정   미 산 우 소   수 족 시 동 맥 로

눈썹은 라후·계도 2성으로 높아야 좋고 낮으면 좋지 않다. 길어야 좋고 짧으면 좋지 않다. 맑은 것이 좋고 짙은 것은 좋지 않다. 눈썹이 짙고 낮으며 탁하고 끊겼다면 종신토록 육친의 정을 묻기 어렵다. 눈썹이 흩어지고 드물면 형제가 모두 다른 길로 가는 것처럼 흩어진다.

眉長過目, 兄弟五六, 須信有之, 所以最宜上面眉秀. 書云, 登科一雙眼,
미 장 과 목   형 제 오 륙   수 신 유 지   소 이 최 의 상 면 미 수   서 운   등 과 일 쌍 안

及弟兩道眉. 又云, 無職無權, 只爲雙眉不秀. 如眉不好, 三十外可知破
급 제 양 도 미   우 운   무 직 무 권   지 위 쌍 미 불 수   여 미 불 호   삼 십 외 가 지 파

敗, 老不生毫, 難許花甲一週.
패   노 불 생 호   난 허 화 갑 일 주

눈썹이 길어 눈을 지나면 5~6형제가 반드시 신의와 우애가 있으므로 얼굴 상부에서 가장 좋은 것은 눈썹이 빼어난 것이다. 글에 이르기를 "등과는 한 쌍의 눈에 있고, 급제는 훌륭한 두 눈썹에 달려있다."라고 하였다. 또한 이르기를 "벼슬에 나가지 못하고 권세가 없는 것은 다만 두 눈썹이 빼어나지 않기 때문이다. 눈썹이 좋지 않으면 30세 이후에 실패할 것을 알며, 나이 들어 긴 털이 나지 않으면 60갑자를 채우기 어렵다."라고 하였다.

眼爲日月精華, 稟一身秀氣.
안 위 일 월 정 화   품 일 신 수 기

눈은 일월의 정화로 일신의 빼어난 기를 품수 받은 것이다.

解曰, 眼爲太陽, 太陽如同天之日月, 要明要秀. 一身之本, 定在雙睛, 黑
해왈 안위태양 태양여동천지일월 요명요수 일신지본 정재쌍정 흑

白分明, 光彩射人, 眸子端正, 不上不下, 不歪不斜不偸, 方爲有用.
백분명 광채사인 모자단정 불상불하 불왜불사불투 방위유용

書云, 平視平正, 爲人剛介心平. 上視多敗, 下視多奸, 斜視多偸, 浮光多
서운 평시평정 위인강개심평 상시다패 하시다간 사시다투 부광다

淫, 露神多夭, 此數者若犯一件, 不爲取用, 卽非貴人也.
음 로신다요 차수자약범일건 불위취용 즉비귀인야

눈은 태양이니 태양은 하늘의 일월과 같아서 밝아야 하고 빼어나야 한다. 일신의 근본은 두 눈동자에 있으므로 흑백이 분명하고 광채가 사람을 쏘는 듯 해야 한다. 눈동자가 단정하고 위로 보거나 아래로 보지 않으며 비뚤어지지 않고 곁눈질하지 않으며 훔쳐보지 않는다면 비로소 쓸 수 있는 사람이다.

글에 이르기를 "바르게 보면 평안하고 바른 사람으로 사람됨이 강개하고 마음이 바르다. 위로 보면 실패가 많고, 아래로 보면 간사함이 많고, 곁눈질하면 도심이 많고 눈빛이 들뜬 듯하면 음란함이 많으며, 신기가 드러나면 요절하므로 이 몇 건 가운데 한 건이라도 범한 사람은 취하여 쓸 수 없으므로, 즉 귀하지 않은 사람이다."라고 하였다.

耳爲豊神精采, 助一面威儀.
이 위 풍 신 정 채 조 일 면 위 의

귀는 신기가 모두 나타나고 정기가 드러나므로 얼굴의 위엄을 보조하는 부위이다.

解曰, 論耳金木二星, 宜明宜白. 故曰, 金淸木秀, 方言及第登科, 金暗木
해왈 논이금목이성 의명의백 고왈 금청목수 방언급제등과 금암목

枯, 豈得終身福利.
고 기득종신복리

金木 이성을 논하자면 밝아야 하고 흰 것이 좋다. 그러므로 이르노니, 금성이 맑고 목성이 빼어나면 바야흐로 과거에 급제하고 벼슬에 오르게 된다. 금성이 어둡고 목성이 마르면 어찌 종신토록 복과 이로움이 있겠는가.

一歲至耳, 十四歲方止, 又名根基家宜, 不欲低垂反薄枯削偏斜.
일세지이 십사세방지 우명근기가의 불욕저수반박고삭편사

한 살의 운은 귀에 이르러 14세에 비로소 끝나므로, 또한 이름하여 조상의 근기와 집안이 드러나는 부위이다. 낮거나 아래로 늘어지거나, 뒤집히고 얇고 마르고 깎이고, 비뚤어지고 기울지 않아야 한다.

178

書云, 金木無成浪建紅, 宜平宜開宜貼肉, 爲妙. 又云, 金木開花, 一世虛
서운 금목무성랑건홍 의평의개의첩육 위묘 우운 금목개화 일세허

名虛利.
명허리

글에 이르기를 "金木이 잘못되면 물결이 붉게 뒤집히듯 하므로, 균형이 맞고 잘 열리고 살이 붙어 있는 것이 좋다."라고 하였다. 또한 이르기를 "두 귀가 꽃이 핀 듯하면 일생 동안 허명과 헛된 이익뿐이다."고 하였다.

又云, 輪暗如泥死必知, 小兒赤色病來隨, 若是光明如粉白, 福壽雙全事
우운 윤암여니사필지 소아적색병래수 약시광명여분백 복수쌍전사

事宜. 又云, 對面不見耳, 問是誰家子, 對面不見時, 斯人何處來.
사의 우운 대면불견이 문시수가자 대면불견시 사인하처래

또한 이르기를 "귓바퀴가 진흙처럼 어두워지면 죽게 됨을 알아야 한다. 소아의 귀가 적색이면 병이 오게 된다. 만약 빛이 밝고 분을 바른 듯 희면 복과 장수를 누리고 일마다 잘된다."라고 하였다. 또한 이르기를 "앞에서 보아 귀가 보이지 않으면 누구 집 자식인가, 시골이 보이지 않으면 이 사람은 어디서 온 것인가?"라고 하였다.

口爲大海, 容納百道之流.
구위대해 용납백도지류

입은 큰 바다이므로 백방으로부터 오는 물을 받아들인다.

解曰, 口爲水星, 故名海口, 容納百川, 上通四嶽(額兩顴與鼻爲四嶽), 下
해왈 구위수성 고명해구 용납백천 상통사악 액양관여비위사악 하

潤一身, 最宜紅潤, 大厚齒白脣齊, 上下得配, 方爲貴相.
윤일신 최의홍윤 대후치백순제 상하득배 방위귀상

입은 수성이며 해구라고 한다. 백천(百川)의 물을 용납하며 위로는 사악과 통한다. (이마·양쪽 관골·코가 사악이다). 아래로는 일신을 윤택하게 하므로 가장 좋은 것은 붉고 윤택한 것이며, 두툼하고 치아가 희고 입술이 가지런하며 위아래 균형을 이룬다면 바야흐로 귀한 상이다.

書云, 脣紅齒白人多祿, 薄小尖偏福不宜, 六十至此, 管十年事. 書云, 睛
서운 순홍치백인다록 박소첨편복불의 육십지차 관십년사 서운 정

青口闊, 文章高人, 若目暗口尖, 多貧之輩.
청구활 문장고인 약목암구첨 다빈지배

글에 이르기를 "입술이 붉고 치아가 흰 사람은 록이 많고, 얇고 작고 뾰족하고 기울었으면 복이 온전치 않다. 60세의 운이 이에 이르러 10년의 일을 관장한다."라고 하였다. 또한 이르기를 "눈동자가 싱그럽고 입이 넓으면 문장이 높은 사람이며, 눈이 어둡고 입이 뾰족하면 빈한한 무리이다."라고 하였다.

面大口小, 何足爲奇, 面小口大, 何足以道. 面圓口闊, 方是食祿之人.
면대구소 하족위기 면소구대 하족이도 면원구활 방시식록지인

얼굴은 크고 입이 작으면 어찌 기묘함에 족하랴, 얼굴이 작고 입이 크면 어찌 도에 족하랴. 얼굴이 둥글고 입이 넓으면 바야흐로 록을 먹게 될 사람이다.

鼻同樑柱, 爲一面之根本.
비동량주 위일면지근본

코는 동량으로 얼굴의 근본이다.

解曰, 鼻爲一面之本, 上接天庭, 下通海口, 又名土星, 又名中嶽, 又名財
해왈 비위일면지본 상접천정 하통해구 우명토성 우명중악 우명재

帛宮, 最要者乃鼻也. 萬物生於土, 故爲一面之根本.
백궁 최요자내비야 만물생어토 고위일면지근본

코는 얼굴의 근본으로 위로는 천정과 이어지고 아래로는 해구로 통한다. 또한 토성이라 부르고 중악이라고 부르고 재백궁으로 부르므로 가장 중요한 것이 코이다. 만물은 땅에서 생기므로 얼굴의 근본이 되는 것이다.

不可偏斜勾曲, 不宜山根斷, 不宜年壽起節, 不宜門不週, 此數件若犯一
불가편사구곡 불의산근단 불의년수기절 불의문불주 차수건약범일

件, 乃貧窮之相.
건 내빈궁지상

비뚤거나 기울거나 굽거나 구부러지면 안 되며, 산근이 끊어지거나 주름이 있거나, 년상 수상에 마디가

있거나, 콧구멍을 둘러싸지 못한 것은 좋지 않다. 이 몇 건 가운데 한 가지라도 해당 되면 빈궁한 상이다.

山根高起, 年壽平明, 準頭豊滿, 金甲齊完, 乃一生財祿足, 富貴之相. 書
산 근 고 기 년 수 평 명 준 두 풍 만 금 갑 제 완 내 일 생 재 록 족 부 귀 지 상 서

云, 鼻乃財星, 管中年之造化, 四十一至五十一止.
운 비 내 재 성 관 중 년 지 조 화 사 십 일 지 오 십 일 지

산근이 높게 일어나고 년상 수상이 평평하고 밝으며, 준두가 풍만하고 금갑이 가지런하고 온전하면 이는 일생 재록이 족하며 부귀한 상이다. 글에 이르기를 "코는 재성이므로 중년의 조화를 관장하여 40세부터 51세까지 해당된다."라고 하였다.

⑦ 五色說
  오 색 설

四季推斷
사 계 추 단

사계절에 미루어 판단함.

解曰, 心屬火, 發出氣燥色紅, 多在印堂. 脾屬土, 氣暗色黃, 多在土星.
해 왈 심 속 화 발 출 기 조 색 홍 다 재 인 당 비 속 토 기 암 색 황 다 재 토 성

肺屬金, 色白而氣靑, 多在四庫, 故金行四肢.
폐 속 금 색 백 이 기 청 다 재 사 고 고 금 행 사 지

심장은 火에 속하며 발하여 나오면 기가 건조하고 색은 붉으며 인당에 많다.비장은 土에 속하며 기는 어둡고 색은 황색으로 주로 토성에 많다. 폐는 金에 속하며 색은 희고 기는 푸르며 사고에 많고 금기는 사지로 운행된다.

腎屬水, 氣濁色黑, 多在兩玄壁, 地庫各有部位. 如印堂屬火之位, 若暗
신 속 수 기 탁 색 흑 다 재 량 현 벽 지 고 각 유 부 위 여 인 당 속 화 지 위 약 암

色, 乃水克火也, 不可不依五行生剋言之.
색 내 수 극 화 야 불 가 불 의 오 행 생 극 언 지

신장은 水에 속하며 기는 탁하고 색은 검으며 양쪽 현벽에 많고 지고 주변 부위에 있다. 인당은 火에 속하는 부위인데 어두운 색을 띠면 이는 水가 火를 극한 것이다. 오행의 생극에 의하여 말하지 않을 수 없다.

如土星屬土, 如青則木克土也, 卽死. 其外倣此, 以上氣色吉凶, 後有百問
여 토 성 속 토   여 청 즉 목 극 토 야   즉 사   기 외 방 차   이 상 기 색 길 흉   후 유 백 문
詳明.
상 명

토성은 土에 속하므로 만약 푸른색을 띠면 木이 土를 극한 것이니 곧 죽게 되는 것이다. 그 외도 이와 같은데, 이상 기색의 길흉은 뒤의 『영락백문』에 상세히 밝혀 놓았다.

⑧ 五行賦
  오 행 부

賦曰, 大哉五行, 生物之理, 萬象宗焉. 故木須微火高明, 秋.獨步, 澄清金
부 왈   대 재 오 행   생 물 지 리   만 상 종 언   고 목 수 미 화 고 명   추 위 독 보   징 청 금
木, 春榜魁名.
목   춘 방 괴 명

크도다 오행이여! 만물이 태어나는 이치이며 만 가지 상의 근본이 되므로 木은 반드시 작은 火로서 고명해져 가을 과거에서 독보가 되고 맑고 깨끗한 金木은 춘방(봄의 과거)에서 장원을 한다.

火克金豈能得用, 金克木不得成名, 木少金多, 還須進氣, 木多金少, 一世
화 극 금 기 능 득 용   금 극 목 불 득 성 명   목 소 금 다   환 수 진 기   목 다 금 소   일 세
身榮.
신 영

火가 金을 극하면 어찌 쓰일 수 있으며 金이 木을 극하면 이름을 이룰 수 없다. 木이 적고 金이 많으면 일생 동안 영화가 있다.

金人火局必成器用, 水人土局愚頑之人. 木弱金多, 只好三旬之壽. 金堅
금 인 화 국 필 성 기 용   수 인 토 국 우 완 지 인   목 약 금 다   지 호 삼 순 지 수   금 견
秀實, 方爲柱國之人.
수 실   방 위 주 국 지 인

금형이 화국을 얻으면 반드시 큰 그릇이 되고 수형이 토국을 만나면 완고하고 어리석은 사람이다. 木이 약하고 金이 많으면 다만 30의 수명을 누릴 수밖에 없고 金이 견실하고 빼어나면 바야흐로 나라의 기둥이 될 인물이다.

土制水, 庄田之客. 水生木出仕求名, 梁棟材還須水潤. 國家珍金木榮明,
토 제 수 장 전 지 객 수 생 목 출 사 구 명 양 동 재 환 수 수 윤 국 가 진 금 목 영 명

金得木方爲有用, 木逢金一世辛勤, 形體理還從生克.
금 득 목 방 위 유 용 목 봉 금 일 세 신 근 형 체 리 환 종 생 극

土가 水를 제압하면 토지로 부자가 될 사람이며 水生木은 벼슬길에 이름을 구하므로 동량지재 또한 윤택한 수형이다. 국가의 보배는 金木이 어우러져 영화가 밝으므로 금형이 木을 얻어야 쓰일 수가 있다. 목형이 金을 만나면 일생 동안 신고가 많으므로 체형의 이치는 오행의 생극에서 비롯된다.

面上理要看相生, 必須詳衰旺勝弱. 五行配方許得眞, 木形人還須木色,
면 상 리 요 간 상 생 필 수 상 쇠 왕 승 약 오 행 배 방 허 득 진 목 형 인 환 수 목 색

犯生色還須得利, 犯克色夭折須明, 五行理化生千萬, 一概論大誤終身.
범 생 색 환 수 득 리 범 극 색 요 절 수 명 오 행 리 화 생 천 만 일 개 론 대 오 종 신

얼굴의 이치는 오행의 상생을 보고 성쇠강약을 살펴야 한다. 오행이 균배를 이뤄야 진체(眞體)를 얻은 것이므로 목형인은 木색을 얻어야 한다. 생색을 얻으면 반드시 이로움이 있고 극색을 만나면 요절하는 것이 분명하다. 오행의 이치는 천 가지 만 가지로 변화하니 한 가지 이론만으로는 평생을 크게 그르치는 것이다.

⑨ 總論歌
총 론 가

歌曰, 木瘦金方水主肥, 土形敦厚背如龜, 上尖下闊明如火, 五樣人形仔
가 왈 목 수 금 방 수 주 비 토 형 돈 후 배 여 구 상 첨 하 활 명 여 화 오 양 인 형 자 세 추

細推. 木色靑兮火色紅, 土黃水黑是眞容, 只有金形宜帶白, 五般顏色不
목 색 청 혜 화 색 홍 토 황 수 흑 시 진 용 지 유 금 형 의 대 백 오 반 안 색 불

相同.
상 동

목형은 야위고 금형은 모나며 수형은 살쪘다. 토형은 두텁고 등이 거북과 같다. 위가 뾰족하고 아래가 넓으며 불처럼 밝으므로 다섯 가지 사람의 형상을 자세히 추단하라. 목형은 푸르고 화형은 홍색이며, 토형은 누르고 수형이 검으므로 이러한 모양이 진정한 용모이다. 다만 금형만이 백색을 띠어도 좋으므로 다섯 가지 안색은 서로 다르다.

> 夫人受精於水, 禀氣於火, 故坎離爲交., 方得成身, 先精合而後神生, 先
> 부인수정어수 품기어화 고감리위교구 방득성신 선정합이후신생 선
>
> 神生而後形全, 自知全於內外, 不出乎五行生克之中.
> 신생이후형전 자지전어내외 불출호오행생극지중

대저 사람은 물로부터 精을 받고 불로부터 氣를 받았으므로 坎과 離가 서로 교합하여 비로소 몸이 이루어졌다. 먼저 精을 합하고 뒤에 神이 생겼으며, 神이 생긴 후 형상이 온전해졌다. 스스로 안과 밖을 온전히 알게 된다면 오행의 생극에서 벗어날 수가 없다.

> 金不嫌方, 木不嫌瘦, 火不嫌尖, 土不嫌重, 水不嫌黑, 似金得金才智深,
> 금불혐방 목불혐수 화불혐첨 토불혐중 수불혐흑 사금득금재지심
>
> 似木得木資才足.
> 사목득목자재족

金形은 모난 것을 꺼리지 않고 木形은 야윈 것을 꺼리지 않으며 火形은 뾰족한 것을 꺼리지 않고 土形은 중탁한 것을 꺼리지 않으며 水形은 검은 것을 꺼리지 않는다. 이것은 金이 金을 얻어야 지혜가 깊어질 수 있고 木이 木을 얻어야 자질과 재기가 족한 것과 같다.

> 似水得水文學高, 似火得火見機深, 似土得土財祿足. 如得其生扶爲妙,
> 사수득수문학고 사화득화견기심 사토득토재록족 여득기생부위묘
>
> 得其剝削爲忌也.
> 득기박삭위기야

水가 水를 얻어야 문학이 높고 火가 火를 얻어야 기미가 깊은 것을 알며 土가 土를 얻어야 재록이 족한 것과 같다. 이것은 생해줌과 도움을 얻어야 좋고 끊고 깎는 것을 만나면 꺼리게 되는 이치와 같은 것이다.

> 解曰, 此言天乃一大天, 人乃一小天, 天有日月, 人有雙目, 天有四時, 人
> 해왈 차언천내일대천 인내일소천 천유일월 인유쌍목 천유사시 인
>
> 有四肢.
> 유사지

하늘은 大天이며, 사람은 小天인데, 하늘에 해와 달이 있듯 사람에게는 두 눈이 있고, 천지에 사철이 있듯 사람에게는 사지가 있다.

天有金石, 人有筋骨, 天有山嶽, 人有五官, 天有金木水火土, 人有心肝脾
천유금석　인유근골　천유산악　인유오관　천유금목수화토　인유심간비

肺腎, 爲五行.
폐신　위오행

천지에 금석이 있듯 사람에게는 근육과 뼈가 있고, 천지에 산악이 있듯 사람에게는 오관이 있다. 천지에 金·木·水·火·土가 있듯 사람에게는 심장과 간·비장·폐·신장이 있으니 이것이 오행이다.

大槪頭圓像天, 足方像地, 毛髮像山林, 聲音像雷霆, 五嶽像山川. 天有風
대개두원상천　족방상지　모발상산림　성음상뢰정　오악상산천　천유풍

雲雷雨, 人有喜怒哀樂, 天有不測風雲, 人有旦夕禍福.
운뢰우　인유희노애악　천유불측풍운　인유단석화복

天欲高, 地欲厚, 山林欲秀, 日月欲明, 雷霆欲響嚮, 江湖欲通流, 山嶽欲
천욕고　지욕후　산림욕수　일월욕명　뇌정욕향량　강호욕통류　산악욕

高聳, 金石欲堅實, 皮土欲厚壯, 此數件內有一件不成者, 則非富壽之相
고용　금석욕견실　피토욕후장　차수건내유일건불성자　즉비부수지상

也.
야

무릇 머리는 둥글어 하늘을 상징하고, 발은 모나 땅을 상징하며, 모발은 나무와 숲을 상징하며, 음성은 우레소리를 상징하며, 오악은 산천을 상징한다. 하늘에는 바람과 구름 우레와 비가 있고, 사람에게는 희노애락이 있지만, 하늘에는 알 수 없는 바람과 구름이 있고, 사람에게는 아침저녁으로 따르는 화와 복이 있다.

하늘은 높아야 하고 땅은 두터워야 하며, 산림은 빼어나야 하고 해와 달은 밝아야 하며 우레소리는 울려야 하고 강과 호수의 물은 통하고 흘러야 하며, 산악은 높이 솟아야 하고 금석은 견실해야 하며 흙은 두텁고 풍부해야 한다. 이 여러 가지 가운데 한 가지라도 제대로 이루어지지 않았다면 이는 부귀하고 장수를 누릴 수 있는 상이 아니다.

6 │ 人中과 格局
인중   격국

1) 人中
인중

> 人中爲男女壽命之宮. 深長則多子而長壽, 平滿則無子而多災. 細狹者窮
> 인중위남녀수명지궁   심장즉다자이장수   평만즉무자이다재   세협자궁
>
> 蹇, 反縮者, 天賤. 上狹下廣, 子孫方多. 上廣下狹, 子孫必少. 上下俱俠,
> 건   반축자   요천   상협하광   자손방다   상광하협   자손필소   상하구협
>
> 中獨廣者, 易養難留.
> 중독광자   이양난유

인중은 자식과 수명에 관계되는 궁이다. 깊고 긴즉 자식이 많고 장수하지만, 평만하면 자식이 없고 재난이 많다. 가늘고 좁으면 궁핍하고 막히는 일이 많고, 오그라들면 요절하고 천하다. 위가 좁고 아래가 넓으면 자손이 많고, 위가 넓고 아래가 좁으면 자손이 반드시 적다. 위아래 모두가 좁으면 기르기 쉬워도 남기는 어렵다.

> 兩黑子則雙生. 上黑子子多, 下黑子女多. 橫理無兒, 竪理螟蛉. 相法云,
> 양흑자즉쌍생   상흑자자다   하흑자여다   횡리무아   수리명령   상법운
>
> 長短斷壽, 廣俠斷子, 信夫.
> 장단단수   광협단자   신부

양쪽에 검은 점이 있으면 쌍둥이를 낳으며, 윗부분에 검은 점이 있으면 아들이 많고, 아랫부분에 검은 점이 있으면 딸이 많다. 가로로 주름이 있으면 아이가 없고 세로 주름이 있으면, 양아들[81]을 둔다. 상법에 이르기를 "길고 짧음으로 수명을 판단하고 넓고 좁음으로 자식을 판단한다."고 하였는데 이는 믿을 만하다.

> 人中又云溝洫, 最要長深
> 인중우운구혁   최요장심

---

81) 螟蛉(명령): 본래의 뜻은 나비의 애벌레. 나나니벌이 나비의 애벌레를 업어 기른다는 속설에서 양자를 뜻하는 말. 螟蛉子: 양아들.

인중은 구혁이라고도 하는데, 길고 깊은 것이 가장 좋다.

解曰, 人中爲溝洫, 五十一歲主事, 最要深長爲妙, 宜上小下大, 曰爲溝洫
해왈 인중위구혁 오십일세주사 최요심장위묘 의상소하대 왈위구혁

得通, 上大下小, 爲溝洫阻滯.
득통 상대하소 위구혁조체

인중은 구혁인데 51세의 일을 주관한다. 길고 깊은 것이 가장 좋으며 위는 작고 아래가 큰 것이 좋아서 이른바 구혁이 통했다고 하는 것이다. 위가 크고 아래가 작으면 구혁이 막혔다고 한다.

面上有江淮河濟爲四瀆, 五嶽俱從, 故宜深長寬大, 最嫌窄小短偏. 江耳
면상유강회하제위사독 오악구종 고의심장관대 최혐착소단편 강이

淮鼻河目濟口, 若淺, 生子必遲.
회비하목제구 약천 생자필지

얼굴의 강·회·하·제가 4독인데, 오악이 모두 이를 따르므로 깊고 길고 넓고 큰 것이 좋다. 가장 나쁜 것은 좁고 작고 짧고 기운 것이다. 강은 귀, 회는 코, 하는 눈, 제는 입인데 얕으면 자식을 낳는 것이 더디다.

先生曰, 人中平滿, 子息難言. 人中少髭下人無上. 又曰, 人中平滿者, 四
선생왈 인중평만 자식난언 인중소자하인무상 우왈 인중평만자 사

九可延年, 然人中一處乃小道也, 言雖如此, 還宜於週身大處詳之.
구가연년 연인중일처내소도야 언수여차 환의어주신대처상지

선생께서 이르시길 "인중이 평만하면 자식을 말하기 어렵다."고 하셨는데, 인중에 수염이 적으면 하천한 사람으로 윗사람이 없다. 또한 이르기를 "인중이 평만한 사람은 49세에 수명을 연장할 수 있다."고 하셨다. 그러므로 인중은 작은 길인 것이다. 말이 비록 그렇더라도 마땅히 몸 전체를 자세히 살펴야 한다.

2) 格局(1)
격 국

(1) 三尖
삼 첨

一曰頭尖, 二曰鼻尖, 三曰嘴尖, 賤相也.
일 왈 두 첨   이 왈 비 첨   삼 왈 취 첨   천 상 야

첫째 머리가 뾰족한 것. 둘째 코끝이 뾰족한 것. 셋째 입 끝이 뾰족한 것으로 천한 상이다.

(2) 五長
오 장

頭面手足身長, 曰五長. 長在淸秀滋潤, 骨隆貌豊. 若骨枯而筋露則賤, 又
두 면 수 족 신 장   왈 오 장   장 재 청 수 자 윤   골 륭 모 풍   약 골 고 이 근 로 칙 천   우

要手長.
요 수 장

머리 · 얼굴 · 손 · 발 · 키가 긴 것이 오장이다. 길고 맑고 빼어나며 이에 더해 윤택하며 뼈가 솟고
얼굴이 풍만한 것이다. 만약 뼈가 마르고 힘줄이 드러나면 천하다. 또한 손(팔)이 길어야 부귀하다.

(3) 五短
오 단

頭面手足身短, 曰五短. 短在五岳朝而不促, 印堂明潤而不倒, 骨肉細滑
두 면 수 족 신 단   왈 오 단   단 재 오 악 조 이 부 촉   인 당 명 윤 이 불 도   골 육 세 활

而不粗. 反則貧賤. 又不可下長上短, 方爲順(上長爲順, 下長爲逆).
이 불 조   반 칙 빈 천   우 불 가 하 장 상 단   방 위 순 (상 장 위 순   하 장 위 역)

머리 · 얼굴 · 팔 · 다리 · 몸이 짧은 것을 오단이라고 한다. 짧아도 오악이 조응하고 조급하지 않아야
하며, 인당이 밝고 윤택하며 잘못됨이 없고 뼈와 살이 섬세하고 매끄러우며 거칠지 않아야 한다. 반대가
되면 빈천하다. 또한 하체가 길고 상체가 짧아서는 안 되므로, 비로소 順이 되는 것이다(상체가 긴 것이
順이며, 하체가 긴 것이 逆이다).

(4) 五露
오 로

一曰眼突(天), 二曰耳反(愚), 三曰鼻仰(客死), 四曰脣掀(惡終), 五曰結
일왈안돌 요   이왈이반 우   삼왈비앙 객사   사왈순흔 악종   오왈결

喉(惡終). 相法謂一露二露, 有衫無褲, 五露俱全, 福祿俱全, 然不可一例
후 악종   상법위일로이로 유삼무고 오로구전 복록구전 연불가일예

論也. 有五露全而賤者, 目露無神, 鼻露無準, 口露而齒犯乾黃, 耳露而無
논야 유오로전이천자 목로무신 비로무준 구로이치범건황 이로이무

廓輪, 聲露而無音韻者是也.
곽륜 성로이무음운자시

有一二露而貴者, 目露而有眞光, 又得藏秀, 鼻露而氣瑩潤, 又得藏收, 耳
유일이로이귀자 목로이유진광 우득장수 비로이기형윤 우득장수 이

露而全廓輪, 又得有珠, 口露而齒如含玉又得齊固, 聲露而韻條暢, 又得
로이전곽륜 우득유주 구로이치여함옥우득제고 성로이운조창 우득

音清, 且色露不露氣, 威露不露神, 此乃貴相, 不得認爲一露二露也.
음청 차색로불로기 위로불로신 차내귀상 불득인위일로이로야

(오로)는 첫째, 눈이 튀어나온 것, 둘째, 귀가 뒤집힌 것, 셋째, 콧구멍이 드러난 것(객사), 넷째, 입술이 들린것(끝이 악하다), 다섯째, 결후(끝이 악하다)이다. 상법에는 일로 이로라고도 하며, 상의는 있고 하의가 없으며 오로가 모두 갖춰진 것을 복록이 온전하다고 하였다. 하지만 일례를 들어 논할 수는 없다. 오로가 전부 갖춰지고도 천한 사람이 있는데, 눈이 드러나고 신기가 없거나, 콧구멍이 드러나고 준두가 없거나, 누렇게 마른 이가 노출되어 있는 입이거나, 귀가 드러나고 윤곽이 없거나, 목소리에 음운이 없는 것이 이에 해당된다.

한두 가지가 드러나도 귀한 경우는, 눈동자가 드러나도 진광이 있고 또 수려함을 감춘 것, 콧구멍이 드러났어도 기가 밝고 윤택한 것을 오래 간직한 것, 귀가 드러났어도 윤곽을 갖추고 또 이주가 있는 것, 입이 드러났어도 치아가 옥처럼 빛나고 견고하며 가지런한 것, 목소리가 드러나도 음운이 길고 높으며 소리가 맑은 것, 색이 드러나도 기가 드러나지 않는 것, 위엄은 드러나도 신이 드러나지 않은 것 등이다. 이는 귀한 상으로'조금 귀하다.'라고 하지 않는다.

又有所謂賤露者, 眉骨高而無眉, 顴骨高而無鬢, 口濶大而無鬚是也. 又
우유소위천로자 미골고이무미 관골고이무빈 구활대이무수시야 우

有所謂孤露者, 如面大, 鼻高, 顴高, 鬢厚, 鬚濃, 而犯無眉是也. 更有露
유소위고로자 여면대 비고 관고 빈후 수농 이범무미시야 갱유로

而不爲露者, 腦骨峻, 非露也. 額骨凸, 非露也. 鼻梁怪露而目有眞光, 眉
이불위노자 뇌골준 비로야 액골철 비로야 비량괴로이목유진광 미

骨高露而上接天倉, 下連河海. 有此奇峯怪嶺長江大海懸河之靈秀, 是爲
골고로이상접천창 하연하해 유차기봉괴령장강대해현하지영수 시위

> 露而藏. 至貴之相也.
> 로 이 장   지 귀 지 상 야

또한 천하게 드러났다는 것은, 눈썹 뼈가 높으면서 눈썹이 없는 것, 관골이 높고 머리 옆의 빈발이 없는 것, 입이 넓고 커도 수염이 없는 경우가 이것이다. 또 고독하게 드러났다고 하는 것은, 얼굴이 크고 코와 관골이 높고 수염이 후하고 진하지만 눈썹이 없는 것이다. 더욱 드러난 것이 있어도 드러났다고 하지 않는 것은, 머리뼈가 높은 것은 드러나지 않은 것이고, 이마의 뼈가 튀어나왔어도 드러나지 않은 것이며, 비량이 기이하게 드러났어도 눈에 진광이 있는 것, 눈썹 뼈가 높이 드러났어도 위로 천창과 만나고 아래로 입과 연해 있다면 이것은 기이한 봉우리와 장강과 같은 큰물의 수려함을 갖춘 것이다. 이것은 드러났으면서도 감추어진 것으로 지극히 귀한 상이다.

(5) 五小
오 소

> 頭眼耳口腹小, 曰五小. 要頭小有角, 眼小淸秀, 耳小輪廓分, 口小脣齒
> 두 안 이 구 복 소   왈 오 소   요 두 소 유 각   안 소 청 수   이 소 윤 곽 분   구 소 순 치
> 正, 腹小圓而垂爲貴. 或三四小而一二大者, 亦不貴也.
> 정   복 소 원 이 수 위 귀   혹 삼 사 소 이 일 이 대 자   역 불 귀 야

머리·눈·귀·입·배가 작은 것을 오소라 한다. 머리가 작아도 각이 있어야하고, 눈이 작아도 청수해야 하며, 귀가 작아도 윤곽이 분명해야 하고, 입이 작아도 입술과 치아가 반듯해야 하며, 배가 작아도 둥글고 아래로 늘어져야 귀하다. 혹 서너 개가 작고 한두 개는 크다면 귀하지 않다.

(6) 五極
오 극

> 五官俱小爲五極. 卑卑不足道也.
> 오 관 구 소 위 오 극   비 비 부 족 도 야

오관이 모두 작은 것이 오극이다. 보잘것이 없어서 언급할 바가 못 된다.

(7) 五合
오 합

> 骨正直而有陰陽, 言正直而有剛柔, 此天地相合也. 視瞻穩而聲音淸, 體
> 골 정 직 이 유 음 양   언 정 직 이 유 강 유   차 천 지 상 합 야   시 첨 온 이 성 음 청   체
> 貌莊而行步輕, 此天官相合也. 氣溫粹而有光華, 色潔淨而無瑕疵, 此天
> 모 장 이 행 보 경   차 천 관 상 합 야   기 온 수 이 유 광 화   색 결 정 이 무 하 자   차 천

190

心相合也.
심 상 합 야

　뼈가 바르고 곧으며 음양이 있는 것, 말하는 것이 정직하고 강유의 구분이 있는 것은 천지가 서로
합하는 것이다. 바라보는 눈빛이 온화하고 음성이 맑고 체모가 강장하고 걸음걸이가 경쾌하면 천과
관이 서로 합하는 것이다. 기가 온화하고 순수하면서 빛이 아름답고 색이 맑지만 하자가 없는 것은
천심이 합 하는 것이다.

智識大而權輕重, 度量宏而事隨機, 此天機相合也. 敬上下而懷忠厚, 愛
지 식 대 이 권 경 중　　도 량 굉 이 사 수 기　　차 천 기 상 합 야　　경 상 하 이 회 충 후　　애

朋友而足信行, 此天倫相合也. 人得五合, 不以相論, 子孫繁衍, 富貴孔
붕 우 이 족 신 행　　차 천 륜 상 합 야　　인 득 오 합　　불 이 상 론,　　자 손 번 연,　　부 귀 공

長.
장.

　지혜와 학식이 높아 권위의 경중에 개의치 않고 도량이 넓어 일함에 있어서 기회가 따르는 것은
천기가 서로 합하는 것이다. 상하에 관계없이 공경하고 충후를 생각하며 벗을 사랑하면서도 믿음 있게
행하는 것은 천륜이 서로 합한 것이다. 사람이 오합을 얻으면 상을 논하지 않아도 자손이 번창하고
부귀가 매우 길다.

(8) 六害
　　　육 해

一曰懸針梁露(多刑克苦難), 二曰眉粗直竪(性凶暴, 必遭刑, 又犯刑克),
일 왈 현 침 양 로 다 형 극 고 난　　이 왈 미 조 직 수 성 흉 폭　필 조 형　우 범 형 극

三曰目珠反露(多凶災, 幷多刑克), 四曰鼻梁橫起(中年敗, 性嚴難犯.),
삼 왈 목 주 반 로 다 흉 재　병 다 형 극　　사 왈 비 량 횡 기 중 년 패　성 엄 난 범

五曰口齒齪亂(不和睦爲人亦多不得力). 六曰骨露肉橫(不仁不情多凶災
오 왈 구 치 파 란 불 화 목 위 인 역 다 불 득 역　　　육 왈 골 로 육 횡 불 인 불 정 다 흉 재

又孤).
우 고

　첫째, 현침문이 비량으로 이어져 있는 것(형극이 많고 고난이 있다).

　둘째, 눈썹이 거칠고 아래로 쳐진 것(성정이 포악하고 반드시 형벌을 당하며 또 형극을 범하게 된다).

　셋째, 눈동자가 드러난 것(흉한 일이 많고 형극이 많다).

　넷째, 비량에 뼈가 옆으로 드러난 것(중년에 실패하고 성정이 엄하여 범하기 어려운것).

　다섯째, 치아에 뻐드렁니가 있고 어지럽다(화목하지 못할 사람이고 힘을 얻지 못하는 경우가 많다).

여섯째, 뼈가 드러나고 살이 가로로 붙어있다(인자하지 못하고 인정도 없으며 흉한 일이 많고 고독하다).

(9) 六惡
육악

一曰頭小(無祿, 且少年貧薄), 二曰羊眼直視(不仁性陰毒), 三曰脣不掩
일 왈 두 소 무 록 차 소 년 빈 박   이 왈 양 안 직 시 불 인 성 음 독   삼 왈 순 불 엄

齒(性不和睦), 四曰結喉(多災幷防妻子), 五曰三停不等(貧賤), 六曰蛇
치 성 불 화 목   사 왈 결 후 다 재 병 방 처 자   오 왈 삼 정 불 등 빈 천   육 왈 사

行雀躍(勞苦退財), 有此六惡, 不爲貴相.
행 작 약 노 고 퇴 재   유 차 육 악 불 위 귀 상

첫째, 작은 머리(녹이 없고 어려서부터 가난하다), 둘째, 양안으로 직시하는 것(어질지 못하고 독하다), 셋째, 입술이 치아를 덮지 못하는 것(성정이 화목하지 못하다), 넷째, 결후가 있다(재앙이 많고 처자를 해롭게 한다), 다섯째, 삼정이 균등하지 못하다(빈천), 여섯째, 뱀의 걸음이나 참새처럼 걷는 것(노고가 있고 재물을 잃는다)이다. 이 육악은 귀한 상이 아니다.

(10) 六賤
육천

無羞惡心爲一賤, 遇事痴笑爲二賤, 不明進退爲三賤, 喜形人斷爲四賤,
무 수 오 심 위 일 천 우 사 치 소 위 이 천   불 명 진 퇴 위 삼 천   희 형 인 단 위 사 천

自誇己能爲五賤, 附人言語爲六賤, 凡此六賤, 多爲小人.
자 과 기 능 위 오 천 부 인 언 어 위 육 천   범 차 육 천 다 위 소 인

수오지심이 없는 것이 첫 번째 천함이요, 일을 당했을 때 미친 듯이 웃는 것이 두 번째 천함이요, 진퇴를 분명히 하지 못하는 것이 세 번째 천함이요, 겉모습을 보고 사람을 판단하는 것이 네 번째 천함이요, 스스로 자랑하는 것이 다섯 번째 천함이고 남의 말에 의지하는 것이 여섯 번째 천함이다. 이 여섯 가지 천함은 소인에게 많다.82)

---

82) 羞惡心: 『孟子』「公孫丑上」에 "惻隱之心, 仁之端也, 羞惡之心, 義之端也, 辭讓之心, 禮之端也, 是非之心, 智之端也"라고 하였는데 이를 네 가지 端緖라 하여 사단이라고 한다.

(11) 六極_{육극}

一曰頭大頸小(貧夭, 無結果), 二曰面大頭小(貧賤), 三曰身胖無聲(無子, 晚貧), 四曰背薄無肉(貧寒, 無子), 五曰胸脹肚削(無晚福), 六曰足脛無肉(老貧, 無子) 又有謂頭小(無祿, 早貧), 額小(不得父母之力, 早貧), 目小(愚), 鼻小(勞苦), 口小(衣食不足), 耳小(壽不長), 爲六極者.

첫째, 머리가 크고 목이 가늘다(가난하고 수명이 짧으며 결과가 없다). 둘째, 얼굴은 크고 머리가 작다(빈천하다). 셋째, 뚱뚱한데 목소리가 작다(자식이 없고 만년에 가난하다). 넷째, 등이 얇고 살이 없다(빈한하고 자식이 없다). 다섯째, 가슴과 배가 깎인 듯하다(만년에 복이 없다). 여섯째, 다리에 살이 없다(늙어서 가난하고 자식이 없다). 또는 작은 머리(녹이 없고 일찍부터 가난하다), 좁은 이마(부모의 복이 없어 일찍부터 가난하다). 작은 눈(어리석음). 작은 코(노고). 작은 입(의식 부족). 작은 귀(수명이 짧다)를 육극이라 한다.

(12) 八大_{팔대}

頭大, 面大, 眼大, 耳大, 鼻大, 口大, 身大, 聲大, 稱曰八大(有改身大面大聲大而加手大, 足大, 腹大, 爲八大者. 但旣曰身大則包有腹手足在內, 且聲最要緊 故從此).

큰 머리·큰 얼굴·큰 눈·큰 귀·큰 코·큰 입·큰 키·큰 목소리를 팔대라고 한다. (또한 몸이 크고 얼굴이 크고 목소리가 크고 손도 크고 발도 크고 배도 크다면 이것도 팔대이다. 하지만 몸이 크다면 배와 수족은 그 안에 포함되어 있는 것이며, 그에 더하여 목소리가 가장 중요하므로 이에 따르는 것이다).

眼大要精神秀, 鼻大要梁柱高, 口大要兩角朝, 耳大要輪廓全, 頭大要額角聳, 聲大要音韻淸, 面大要城郭明, 身大要三停稱, 方爲大富貴之局. 若

眼大昏濁, 鼻大梁弱, 口大垂各, 耳大門薄, 頭大骨無者, 聲大如破鑼, 面
안 대 혼 탁   비 대 양 약   구 대 수 각   이 대 문 박   두 대 골 무 자   성 대 여 파 라   면

大塵昏, 身大輕弱, 不足論也.
대 진 혼   신 대 경 약   부 족 논 야

눈이 커도 정신이 수려해야 하고 코가 커도 비량이 높아야 하며 입이 커도 입 끝이 올라가야 한다.
귀가 크다 해도 윤곽 모두 있어야 하고 머리가 커도 이마가 솟아야 한다. 목소리가 커도 울림이 맑아야
하며 얼굴이 커도 성곽이 분명해야 한다. 키가 커도 삼정에 균형이 있어야 하는 것이 바로 크게 부귀할
수 있는 격국이다. 눈이 크고 혼탁하다거나 코가 큰데도 비량이 약하다거나 입이 커도 아래로 쳐졌다거나
귀가 큰데 이문이 작다거나 머리가 큰데 뼈가 없다거나 목소리가 큰데 깨진 징소리 같고 얼굴이 큰데
먼지가 낀 듯하고 키가 큰데 경발하고 약하면 부족하다고 하는 것이다.

(13) 八小
팔 소

頭小, 面小, 眼小, 耳小, 鼻小, 口小, 身小, 聲小, 稱曰八小. 要眼小秀長,
두 소   면 소   안 소   이 소   비 소   구 소   신 소   성 소   칭 왈 팔 소   요 안 소 수 장

鼻小有梁, 口小稜方, 耳小堅光, 頭小角張, 聲小宮商, 面小堂堂, 身小端
비 소 유 량   구 소 능 방   이 소 견 광   두 소 각 장   성 소 궁 상   면 소 당 당   신 소 단

莊, 方是合局.
장   방 시 합 국

작은 머리·작은 얼굴·작은 눈·작은 귀·작은 코·작은 입·작은 몸·작은 목소리를 팔소라고 한다.
눈은 작아도 수려하고 길어야 하고 코는 작아도 비량이 있어야 하며, 입은 작아도 모서리가 분명하고
넓어야 한다. 귀는 작더라도 견고하고 빛나야 하고 머리는 작아도 뼈가 넓어야 하며, 목소리는 작아도
음이 정확해야 한다. 얼굴은 작아도 당당해야 하고 몸이 작아도 단정하고 반듯해야 국에 맞는 것이다.

3) 格局 (2)
격 국

高主貴(耳齊日角大貴. 高眉一寸, 永不貧困. 蓋耳爲君, 眉爲臣, 君當居
고 주 귀   이 제 일 각 대 귀   고 미 일 촌   영 불 빈 곤   개 이 위 군   미 위 신   군 당 거

上, 高無不發. 低則名偏堂降地, 必破祖業) 厚而貼肉主富, 堅硬有骨主
상   고 무 불 발   저 칙 명 편 당 강 지   필 파 조 업   후 이 첩 육 주 부   견 경 유 골 주

壽. 不可薄, 薄則貧(薄而張風, 敗祖飄蓬, 薄而無根, 不得長生).
수   불 가 박   박 칙 빈   박 이 장 풍   패 조 표 봉   박 이 무 근   부 득 장 생

높으면 귀하다(귀가 일각과 같으면 대귀하다. 눈썹보다 1촌 높으면 영원히 빈곤하지 않다. 귀는 임금이고 눈썹은 신하이다. 임금이 위에 거하는 것이 당연하므로 높아서 좋지 않을 수가 없다. 낮으면 명성을 얻지 못하고 집안이 기울어 반드시 조업을 파하게 된다). 두터우면서 살이 붙었으면 부유하고 단단하면 수명이 길다. 얇으면 안 되는데 얇으면 가난하다(얇으면서 펼쳐 놓은 듯하면 가업이 몰락하고, 얇으면서 뿌리가 없으면 장수하지 못한다).

> 不可尖, 尖則凶(上尖多殺, 下尖多刑, 尖小必孤, 箭羽晩敗). 不可缺 缺
> 불 가 첨 첨 칙 흉 상 첨 다 살 하 첨 다 형 첨 소 필 고 전 우 만 패 불 가 결 결
>
> 則刑(左損父, 右損母, 俱缺, 離祖刑親). 輪廓最關重要. 無輪則孤(若又
> 칙 형 좌 손 부 우 손 모 구 결 이 조 형 친 윤 곽 최 관 중 요 무 륜 칙 고 약 우
>
> 薄則孤夭). 開花則窮(終敗). 反則破敗, 輪飛無廓, 克父母.
> 박 칙 고 요 개 화 칙 궁 종 패 반 칙 파 패 윤 비 무 곽 극 부 모

뾰족해서는 안 된다. 뾰족하면 흉하다(위가 뾰족하면 살기가 많고, 아래가 뾰족하면 형상이 많다. 뾰족하고 작으면 반드시 고독하고 화살에 붙은 털 같으면 노년에 실패한다). 이지러져서는 안 된다. 이지러지면 형상이 있다(좌측이 그러하면 부친을 잃고 우측이면 모친을 잃는다. 양쪽 모두 이지러졌으면 부모와 이별하고 육친에게 형상을 가한다). 윤곽은 가장 중요하다. 귓바퀴가 없으면 고독하다(또 얇기까지 하다면 고독하고 요절한다). 윤곽이 꽃 핀 듯하면 궁핍하다(마침내는 실패한다). (윤곽이)뒤집히면 깨지고 실패한다. 귓바퀴가 없고 이곽(內耳)이 없으면 부모를 극한다.

> 天有(有廓), 地無(無廓), 多成敗, 猪耳非不厚也. 無輪廓便無善終. 驢耳
> 천 유 유 곽 지 무 무 곽 다 성 패 저 이 비 불 후 야 무 윤 곽 편 무 선 종 려 이
>
> 非不厚長且貼肉也. 輪反薄, 便成奔馳. 珠亦不可忽. 長則壽, 長而厚則
> 비 불 후 장 차 첩 육 야 윤 반 박 편 성 분 치 주 역 불 가 홀 장 즉 수 장 이 후 즉
>
> 富, 紅則官高(朝口)則老榮.
> 부 홍 즉 관 고 조 구 즉 노 영

하늘이 있고(이곽이 있음) 땅이 없으면(이곽이 없음) 성공과 실패가 많다. 돼지 귀는 두툼하지 않은 것이 아니지만 윤곽이 없으면 선종하지 못한다. 당나귀 귀는 두툼하지 않은 것이 아니고 길고 살이 붙어있지만 귓바퀴가 뒤집히고 얇아서 바쁘다. 이주 역시 가볍게 여겨선 안 된다. 길면 장수하고 길면서 후하면 부유하고 붉으면 관직이 높고(입을 향해 있어야 함) 노년이 되어도 영화가 따른다.

7 | 身體各論(1)
신 체 각 론

1) 頭爲六陽魁首, 像合與天
두 위 육 양 괴 수　상 합 여 천

> 頭爲六陽魁首, 像合與天
> 두 위 육 양 괴 수　상 합 여 천

머리는 여섯 양의 우두머리로 하늘의 상과 합치된다.

> 解曰, 天頂爲景陽, 天倉爲太陽, 後腦爲後陽, 天靈爲靈陽(女無此骨), 左
> 해왈　천정위경양　천창위태양　후뇌위후양　천령위령양　여무차골　좌
> 右日角爲華陽, 此乃六陽也.
> 우일각위화양　차내육양야
> 還有二十四骨, 各有一名, 爲二十四氣, 故頭爲一身之主, 不可欠缺偏陷,
> 환유이십사골　각유일명　위이십사기　고두위일신지주　불가흠결편함
> 歪斜薄削, 此數者有一件, 乃破相也. 最要平圓, 骨骨起, 角角有成, 方爲
> 왜사박삭　차수자유일건　내파상야　최요평원　골골기　각각유성　방위
> 有用, 六陽之中, 如一陽不成, 亦不取用.
> 유용　육양지중　여일양불성　역불취용

천정을 경양이라고 하며 천창을 태양, 머리 뒷부분을 후양이라고 하며, 천령(머리꼭대기 주위부분)을 영양(여자는 이 뼈가 없다)이라고 하며, 좌우측 일월각을 화양이라고 하는데 이 부위들이 육양이다.

또한 24골이 있고 각기 이름이 있고 그에 해당하는 24기가 있다. 그러므로 머리는 일신의 주인이 되므로 흠결이 있거나 기울고 함몰되거나 비뚤어지고 기울고 얇고 깎였으면 안 된다. 이 몇 가지 가운데 한 가지라도 해당되면 이는 파상이다. 가장 좋은 것은 평평하고 둥글고 머리의 각이 뚜렷하면 비로소 쓸 수 있으므로 만약 한 가지 양이라도 잘못되어 있으면 또한 취하여 쓸 수 없다.

2) 項爲百道, 可觀長短細圓
항 위 백 도　가 관 장 단 세 원

> 項爲百道, 可觀長短細圓
> 항 위 백 도　가 관 장 단 세 원

목은 머리와 몸을 이어주는 백 가지 통로이므로 길고 짧음과 가늘고 둥근 것을 살펴야 한다.

解曰, 夫項者上週六陽, 下通百谷, 不可不觀. 古人之書, 只有相喉, 未有
해 왈 　부항자상주륙양　하통백곡　불가불관　고인지서　지유상후　미유

相項之說, 項者乃一身之主, 豈無相乎.
상항지설　항자내일신지주　기무상호

무릇, 목은 위로 육양과 이어지고 아래로 백 가지 기관과 통하므로 잘 살피지 않을 수 없다. 옛사람의 글에는 다만 목구멍에 관해서만 있을 뿐 목에 관한 설은 없는데, 목이란 일신의 주체가 되는 것이므로 어찌 상이 없겠는가.

凡女項圓長爲妙, 男人不同, 瘦人項欲長, 肥人項欲短. 瘦人項短, 三十前
범여항원장위묘　남인불동　수인항욕장　비인항욕단　수인항단　삼십전

後難逃. 肥人項長, 四九不能保身.
후난도　비인항장　사구불능보신

무릇 여자는 목이 둥글고 긴 것이 좋지만, 남자는 이와 다르다. 야윈 사람은 길어야 하고 살찐 사람은 짧아야 한다. 야윈 사람이 목이 짧으면 30세 전후에 실패를 면하기 어렵고 살찐 사람이 목이 길면 49세에 몸을 보전하기 어렵다.

凡項一忌結喉, 二忌浮筋, 三忌露骨, 四忌動氣, 此四者俱貧窮之相. 瘦人
범항일기결후　이기부근　삼기로골　사기동기　차사자구빈궁지상　수인

結喉, 不過困守, 肥人結喉, 浪死他州.
결후　불과곤수　비인결후　랑사타주

목은, 첫째 결후가 튀어나온 것을 꺼리고, 둘째는 들뜬 근육, 셋째는 뼈가 나온 것, 넷째는 호흡을 따라 움직이는 것을 꺼리므로 이 네 가지는 모두 빈궁한 상이다. 야윈 사람이 결후가 나왔으면 곤궁함에 불과하지만 살찐 사람이 결후가 나왔다면 타향을 떠돌다 죽게 된다.

先生曰, 皮急肉浮又結喉, 平生辛苦走他州. 血枯若露雙全者, 四十之前
선생왈　피급육부우결후　평생신고주타주　혈고약로쌍전자　사십지전

壽必休.
수필휴

선생(원공)께서 이르시길 "피부가 급하고 살이 들뜨고 결후가 있으면 평생 신고가 많고 타향을 떠돈다. 혈이 마르고 결후가 나온 사람은 40세 전에 수명이 다한다."고 하셨다.

又曰, 項圓皮厚有重紋, 定是聰明俊秀人. 兩背兩肩來濟遇, 管白屋出公
우왈　항원피후유중문　정시총명준수인　량배량견래제우　관백옥출공

卿, 故頭縱圓, 項若細, 難言有壽. 項有重紋, 爲項條, 主大壽, 一生不招凶.
경　고두종원　항약세　난언유수　항유중문　위항조　주대수　일생불초흉

또 이르시길 "목이 둥글고 피부가 두툼하며 두 주름이 있으면 틀림없이 총명하고 준수한 사람이다."라고 하셨다. 등과 두 어깨가 제대로 격을 이뤘으면 틀림없이 가난한 집에서 공경이 나게 된다. 그러므로 머리가 늘어지고 목이 가늘면 장수한다고 말하기 어렵다. 목에 두툼한 주름이 있는 것이'항조'인데, 크게 장수하며 일생 동안 흉한 일을 겪지 않는다.

3) 背合陰陽三道, 不可不定平高
배 합 음 양 삼 도　불 가 불 정 평 고

背合陰陽三道, 不可不定平高
배 합 음 양 삼 도　불 가 불 정 평 고

등은 음양 삼도이니 반드시 넓고 높아야 한다.

解曰, 背陷成坑胸露骨, 家無隔宿之糧. 大槪背欲高, 而胸欲平, 肩欲闊而
해왈　배함성갱흉로골　가무격숙지량　대개배욕고　이흉욕평　견욕활이

不聳, 凡聳爲寒也.
불용　범용위한야

등이 함몰되어 구덩이 같고 가슴뼈가 드러났으면 집에 하루걸러 먹을 양식이 없다. 무릇 등은 높고 가슴은 평평하며 어깨는 넓되 솟지 않아야 하는데, 솟은 것은 한견(추운 어깨)이다.

廣鑒集云, 背有三甲(三甲乃音字也), 腹有三壬(三壬用垂字也), 衣豊食
광감집운　배유삼갑　삼갑내음자야　　복유삼임　삼임용수자야　　의풍식

足富貴安榮.
족부귀안영

광감집에 이르기를"등에 甲자 3개가 있고(삼갑은 音자이다), 배에 壬자 3개가 있으면(삼임은 垂자이다) 의식이 풍족하고 부귀와 평안과 영화를 누린다."고 하였다.

凡胸宜開闊, 不宜窄小, 胸上有毫爲忌, 軟者還可心之深陷, 爲人心事奸
범흉의개활 불의착소 흉상유호위기 연자환가심지심함 위인심사간

邪. 背若成坑, 至老無糧, 而且壽促.
사 배약성갱 지로무량 이차수촉

무릇 가슴은 넓게 열려야 하고 좁고 작은 것은 좋지 않다. 가슴에 털이 있는 것을 꺼리므로 부드럽다면 마음이 음험하여 심사가 간사한 사람이다. 등이 구덩이 같으면 늙어서 양식이 없고 수명이 짧다.

水形土形背宜高, 木形背宜平. 俗云, 好面不如好身. 胸背乃一身之主. 書
수형토형배의고 목형배의평 속운 호면불여호신 흉배내일신지주 서

云, 陽空陰沒亦同途, 背爲陰, 胸爲陽, 乃陽不可空, 陰不可露.
운 양공음몰역동도 배위음 흉위양 내양불가공 음불가로

수형과 토형은 등이 높아야 좋고 목형은 평평한 것이 좋다. 속설에 "얼굴 좋은 것이 몸 좋은 것만 못하다."고 하였으니 가슴과 등은 일신을 주관한다. 옛글에 이르기를" 양이 비거나 음이 없는 것은 같으므로 등은 음이 되고 가슴은 양이 된다. 양은 빌 수 없고 음은 드러나선 안 된다."고 하였다.

4) 乳爲後裔根苗, 最宜黑大方圓堅硬
유 위 후 예 근 묘 최 의 흑 대 방 원 견 경

乳爲後裔根苗, 最宜黑大方圓堅硬
유 위 후 예 근 묘 최 의 흑 대 방 원 견 경

젖가슴은 후예의 뿌리와 싹이므로 가장 좋은 것은 검고 크고 넓고 둥글고 견실하고 단단한 것이다.

解曰, 凡乳不宜小, 金木水土四形宜皮土厚, 如皮薄, 乳必薄, 皮實. 乳頭
해왈 범유불의소 금목수토사형의피토후 여피박 유필박 피실 유두

朝上, 養子必成, 乳頭朝下, 養子如泥. 乳頭圓硬, 子富, 乳頭方硬, 子貴,
조상 양자필성 유두조하 양자여니 유두원경 자부 유두방경 자귀

乳破小, 子息難成.
유파소 자식난성

乳白色不起, 難言子息. 婦人亦宜乳黑大爲妙, 小者子少, 大者子多, 乳方
유백색불기 난언자식 부인역의유흑대위묘 소자자소 대자자다 유방

子貴圓高富, 白小低偏子息難. 若黑若堅毫且美, 子貴孫榮福壽昌.
자귀원고부 백소저편자식난 약흑약견호차미 자귀손영복수창

무릇 젖가슴은 작으면 좋지 않다. 금목수토 네 형은 젖가슴의 피부가 두터워야 좋다. 피부가 얇으면

반드시 젖이 얇다. 피부가 건실하고 유두가 위를 향해 있으면 자식을 길러 반드시 성공한다. 유두가 아래로 처지면 자식이 진흙투성이가 된다. 유두가 둥글고 단단하면 자식이 부자가 되고, 유두가 단단하면 자식이 귀하게 된다. 젖이 단단하지 않고 작으면 자식이 성공하기 어렵다.

젖이 흰색이고 일어나지 않으면 자식을 말하기 어렵다. 부인 또한 젖이 검고 큰 것이 좋은데, 젖이 작으면 자식이 적고 크면 자식이 많으므로 젖이 크면 자식이 귀하고 둥글면 큰 부자가 많다. 검고 견실하며 터럭이 있으면 좋은데 자손이 귀하고 영화와 복록, 장수를 누리며 창성하게 된다.

5) 臍腹內包五臟, 外通關目
제 복 내 포 오 장   외 통 관 목

臍腹內包五臟, 外通關目
제 복 내 포 오 장   외 통 관 목

배꼽은 배속의 오장을 포용하며 밖으로 연결된 통로 같은 기관이다.

解曰, 太素曰, 臍乃百毛之隘, 凡臍宜深, 腹宜厚, 皮宜實, 骨宜正. 臍近
해 왈   태 소 왈   제 내 백 모 지 애   범 제 의 심   복 의 후   피 의 실   골 의 정   제 근

上主智人, 近下主下愚.
상 주 지 인   근 하 주 하 우

『황제내경』「태소」에 이르기를 "배꼽은 백 가지 싹의 요충지이므로 배꼽은 깊은 것이 좋고, 배는 두텁고 피부는 견실하며 뼈는 바른 것이 좋다."라고 하였는데, 배꼽이 위로 가까우면 지혜로운 사람이며, 아래쪽으로 가까우면 하천하고 어리석다.

深者, 主福祿, 淺者主貧窮. 寬者容孚, 名播千里. 臍中黑子腹垂, 乃是朝郎.
심 자   주 복 록   천 자 주 빈 궁   관 자 용 부   명 파 천 리   제 중 흑 자 복 수   내 시 조 랑

깊으면 복록을 누리고, 얕으면 빈궁하다. 넓으면 성심이 있고 이름이 천리에 퍼진다. 배꼽 가운데 검은 점이 있고 배가 늘어졌으면 조정의 벼슬아치가 된다.

臍小又平, 勞苦下賤. 先生曰, 腹垂下臍近上, 天然衣祿, 腹近上臍朝下,
제 소 우 평   로 고 하 천   선 생 왈   복 수 하 제 근 상   천 연 의 록   복 근 상 제 조 하

老主孤窮.
노 주 고 궁

배꼽이 작고 평평하면 노고가 많고 하천하다. 선생께서 이르시길 "배가 아래로 늘어지고 배꼽이 위와

가까우면 천연적으로 의록이 있고, 배가 위쪽에 있고 배꼽이 아래쪽을 향해 있으면 늙어서 외롭고 가난하게 된다."고 하셨다.

凡腹宜上小下大, 切忌上大下小, 又云, 臍乃五臟之外表, 最宜寬大嫌窄
범 복 의 상 소 하 대　절 기 상 대 하 소　우 운　복 내 오 장 지 외 표　최 의 관 대 혐 착
小, 居上智慧, 居下愚, 此理人間都不曉.
소　거 상 지 혜　거 하 우　차 리 인 간 도 불 효

배꼽은 위쪽은 작고 아래쪽이 커야 좋은데, 절대로 꺼리는 것은 위가 크고 아래가 작은 것이다. 또한 이르시길 "배꼽은 배속 오장의 외표이므로 가장 좋은 것은 넓고 커야 좋으며 좁고 작은 것은 좋지 않다. 위쪽에 있으면 지혜롭고, 아래에 있으면 어리석다. 이 이치는 사람들이 모두 깨닫지 못한 것이다."라고 하셨다.

凡婦人臍, 乃子之根, 乳乃子之苗, 凡妊, 子在腹必紅黑, 女在腹中, 三四
범 부 인 제　내 자 지 근　유 내 자 지 묘　범 임　자 재 복 필 홍 흑　여 재 복 중　삼 사
月必凸出, 若八九月臍凸又許是男.
월 필 철 출　약 팔 구 월 제 철 우 허 시 남

부인의 배꼽은 자식의 근본이며 젖은 자식의 싹이다. 임신했을 때, 아들이 뱃속에 있으면 배꼽이 반드시 검붉고, 딸이 뱃속에 있으면 3~4개월 시기에 배꼽이 반드시 볼록 나온다. 8~9개월에 배꼽이 볼록 나오면 남아이다.

凡婦人不論肥瘦, 有一分深得一子, 半寸深得五子, 臍必大方好, 小則難
범 부 인 불 론 비 수　유 일 분 심 득 일 자　반 촌 심 득 오 자　제 필 대 방 호　소 즉 난
問子息, 縱生也不存.
문 자 식　종 생 야 부 존

부인은 살쪘는가 말랐는가를 막론하고 배꼽 깊이가 일 푼이면 아들 하나를 얻고, 반 촌이면 아들 다섯을 얻으므로 배꼽은 반드시 커야 좋고, 작으면 자식에 대해 묻기 어려워서 비록 낳는다 해도 살기 어렵다.

臍赤生子一玉帶, 黑生子一金帶, 臍內生毫, 生子必秀. 腹皮寬大, 必有五
제 적 생 자 일 옥 대　흑 생 자 일 금 대　제 내 생 호　생 자 필 수　복 피 관 대　필 유 오
子, 凡臍小, 腰偏, 腹小, 皮薄, 皮急, 雖有面相可取, 然亦無子之婦也.
자　범 제 소　요 편　복 소　피 박　피 급　수 유 면 상 가 취　연 역 무 자 지 부 야

배꼽이 붉으면 자식을 낳아 옥띠를 두르고 검으면 자식을 낳아 금띠를 두르며, 배꼽 속에 털이 있으면 반드시 빼어난 자식을 낳는다. 배 피부가 관대하면 반드시 아들 다섯을 낳는다. 배꼽이 작거나 허리가 기울고, 배가 작고, 피부가 얇거나 급박하면 비록 얼굴이 좋다고 취해도 또한 자식을 두지 못할 부인이다.

6) 臀乃後成, 可見興廢
둔 내 후 성   가 견 흥 폐

> 臀乃後成, 可見興廢
> 둔 내 후 성   가 견 흥 폐

엉덩이는 뒤에 있지만 흥성과 실패를 볼 수 있다.

> 解曰, 少年無臀, 凡事不成, 田園難守, 破祖離宗. 老來無臀, 困苦辛勤,
> 해왈 소년무둔 범사불성 전원난수 파조리종 로래무둔 곤고신근
> 妻亡子喪, 奔走紅塵. 瘦人無臀, 多學少成, 一生無運, 四九歸陰.
> 처망자상 분주홍진 수인무둔 다학소성 일생무운 사구귀음

소년이 엉덩이가 없으면 백사불성으로 재산을 지키기 어렵고 조상의 기틀을 파하고 문중을 떠난다. 나이 들어 엉덩이가 없으면 곤고하고 신고가 많으므로 처와 자식을 잃고 붉은 먼지 속을 분주히 달리게 된다. 야윈 사람이 엉덩이가 없으면 많이 배워도 이루는 것이 적고 일생 동안 운이 없으며 49세에 돌아간다.

> 肥人無臀, 刷鍋洗盆, 無妻無子, 孤獨賤貧. 故臀宜開潤寬大, 不宜尖弓
> 비인무둔 쇄과세분 무처무자 고독천빈 고둔의개윤관대 불의첨궁
> 喬. 書云, 胸凹臀(弓喬)父子不和, 女人犯此, 凶惡之婦.
> 교 서운 흉요둔 궁교 부자불화 여인범차 흉악지부

살찐 사람이 엉덩이가 없으면 솥을 씻고 동이를 씻으니 처자가 없어 고독하고 빈천하게 된다. 그러므로 둔부는 크며 윤택하고 관대해야 하며 뾰족하거나 활을 당긴 듯 둥근 것은 좋지 않다. 옛글에 이르기를 "가슴이 움푹하고 둔부가 둥글면 부자간에 불화하며 여인이 이와 같으면 흉악한 부인이다."라고 하였다.

> 附論婦人訣曰. 腰小臀尖臍欠深, 又爲奴婢守孤窮, 若是乳頭再如白, 一
> 부론부인결왈 요소둔첨제흠심 우위노비수고궁 약시유두재여백 일
> 生主孤獨不須論. 又云, 無臀尖之貴婦. 若端莊婦人, 心胸宜寬不宜凸, 腰
> 생주고독불수론 우운 무둔첨지귀부 약단장부인 심흉의관불의철 요
> 宜圓不宜細.
> 의원불의세

부인결에 붙여서 이른다. 허리가 작고 둔부가 뾰족하고 배꼽이 깊지 않으면 노비가 되어 고독하고 빈궁하게 살게 된다. 유두가 희면 일생 동안 고독하므로 논할 것이 없다. 또 이르니, 둔부가 뾰족한 귀부인이 없고, 단정하고 엄숙한 부인은 마음과 가슴이 넓어야 하고 불룩 나온 것은 좋지 않다. 허리는 둥글어야 하고 가는 것은 좋지 않다.

乳宜黑不宜白, 臍宜深不宜淺, 髮宜黑不宜黃, 肉宜細不宜滑, 眉宜圓不
유 의 흑 불 의 백　　제 의 심 불 의 천　　발 의 흑 불 의 황　　육 의 세 불 의 활　　미 의 원 불

宜聳, 背宜高不宜陷, 面宜圓不宜尖, 眼宜細不宜圓. 此乃總論, 如犯一
의 용　　배 의 고 불 의 함　　면 의 원 불 의 첨　　안 의 세 불 의 원　　차 내 총 론　　여 범 일

件, 則非良人之婦也.
건　　즉 비 량 인 지 부 야

젖은 검어야 하고 희면 좋지 않다, 배꼽은 깊어야 하고 얕으면 좋지 않다, 머리털은 검어야 하고 누런 것은 좋지 않다, 살은 섬세해야 하고 미끌미끌 하면 좋지 않다. 눈썹은 둥글어야 하고 솟은 것은 좋지 않다, 등은 높아야 하고 함몰되면 좋지 않다. 얼굴은 둥글어야 하고 뾰족하면 좋지 않다. 눈은 가늘어야 하고 둥글면 좋지 않다. 이는 총론이므로 한 가지라도 좋지 않은 것에 해당되면 어진 부인이 아니다.

7) 股肱一身根本, 四肢規模
고 굉 일 신 근 본　　사 지 규 모

股肱一身根本, 四肢規模
고 굉 일 신 근 본　　사 지 규 모

팔다리는 일신의 근본이며 사지의 본보기이다.

解曰, 腕包脚肚爲股肱, 乃一身根本, 不可無包. 書云, 股肱無包最是凶,
해 왈　　완 포 각 두 위 고 굉　　내 일 신 근　　불 가 무 포　　서 운　　고 굉 무 포 최 시 흉

正謂此也. 肥瘦大小之人俱有方好.
정 위 차 야　　비 수 대 소 지 인 구 유 방 호

팔목과 종아리 넓적다리를 고굉이라고 하여 일신의 근본이므로 잘 싸여있지 않으면 안 된다. 옛글에 이르기를 "팔다리를 감싸지 못한 것이 가장 흉하다."고 한 것이 바로 이를 이른 것이다. 살쪘거나 말랐거나 크거나 작거나 모두 잘 감싸고 있어야 좋다.

小兒無股, 三六而亡, 大人無股, 貧賤泛常. 女人無股, 定是不良, 瘦人無
소아무고 삼륙이망 대인무고 빈천범상 여인무고 정시불량 수인무

股, 敗走他鄕, 肥人無股, 後運難量, 凡女人亦不可無根本也.
고 패주타향 비인무고 후운난량 범여인역불가무근본야

소아가 다리 살이 없으면 18세에 죽고, 어른이 다리 살이 없으면 빈천을 면하기 어렵다. 여인이 다리 살이 없으면 불량한 여자이며, 마른 사람이 다리 살이 없으면 실패하고 타향으로 달아나게 된다. 살찐 사람이 다리 살이 없으면 훗날의 운을 헤아릴 수 없다. 여인 또한 근본이 없을 수 없다.

8) 手爲一身之苗, 萬般之說
수 위 일 신 지 묘 만 반 지 설

手爲一身之苗, 萬般之說
수 위 일 신 지 묘 만 반 지 설

손은 일신의 싹이며 모든 것을 옮긴다는 말이다.

解曰, 指甲乃筋之餘, 指甲厚, 主人膽大, 指細主人聰明. 掌明財興, 緣是
해왈 지갑내근지여 지갑후 주인담대 지세주인총명 장명재흥 연시

暗黑, 家破財空.
암흑 가파재공

손톱은 근육의 여분이므로 두터우면 사람이 담대하고, 섬세하면 총명하다. 손바닥이 밝으면 재물이 흥하지만, 가장자리가 어둡고 흑색이면 가정을 파하고 재물이 없어진다.

掌心有肉乃祖父根基, 背有肉乃自創根基. 背心俱有肉細潤爲妙, 大抵掌
장심유육내조부근기 배유육내자창근기 배심구유육세윤위묘 대저장

欲軟而長, 膊欲明而厚, 如骨丕筋浮肉削, 甲薄, 指偏, 非美相也.
욕연이장 박욕명이후 여골비근부육삭 갑박 지편 비미상야

손바닥의 살은 조상의 근기이며, 손등의 살은 스스로 창업하는 근기이다. 손등과 손안 모두 살이 있고 섬세하며 윤택한 것이 좋다. 무릇 손바닥은 부드럽고 길어야 하며 살집은 밝고 두툼해야 한다. 뼈가 크고 근육이 들뜨고 손톱이 얇고, 손가락이 비뚤어진 것은 좋은 상이 아니다.

凡男女之手宜血潤色明, 指長, 紋細, 心背有肉爲妙. 離宮有井紋, 當入翰
범 남 녀 지 수 의 혈 윤 색 명 지 장 문 세 심 배 유 육 위 묘 이 궁 유 정 문 당 입 한

林, 乾宮起紋到離宮, 爲沖天紋, 白手起萬金, 掌心紅潤, 數年內可起田
림 건 궁 기 문 도 리 궁 위 충 천 문 백 수 기 만 금 장 심 홍 윤 수 년 내 가 기 전

園.
원.

무릇 남녀의 손은 혈이 윤택하고 색이 밝으며 손가락이 길고 문양이 섬세하고 앞뒤로 살이 있는 것이 좋다. 이궁에 井자 문양이 있으면 한림학사가 되고, 문양이 건궁에서 이궁까지 이어진 것을 충천문이라고 하는데 백수로 시작하여 만금의 부자가 된다. 손바닥 중심이 붉고 윤택하면 수년 내 전원을 일으킨다.

凡紋若亂, 主名下少成, 紋淺, 志亦淺, 紋深志亦深, 紋亂, 心多亂, 無紋
범 문 약 란 주 명 하 소 성 문 천 지 역 천 문 심 지 역 심 문 란 심 다 란 무 문

心必干, 有紋爲妙. 大凡指掌長厚, 紋深, 色明, 血明, 男爲卿相, 女作夫
심 필 간 유 문 위 묘 대 범 지 장 장 후 문 심 색 명 혈 명 남 위 경 상 여 작 부

人.
인.

문양이 어지러우면 이름이 하천하고 이루는 것이 적다. 문양이 얕으면 의지도 얕으며 문양이 깊으면 의지도 깊다. 문양이 어지러우면 마음도 산란하고 문양이 없으면 마음도 건조하다. 문양이 있는 것이 좋다. 종합적으로 살펴보건대, 손가락과 손바닥이 길고 두터우며 문양이 깊고, 색과 혈이 밝다면 남자는 경상이 되고 여자는 지아비를 섬기는 아내가 된다.

9) 足載一身, 不可不厚不方
족 재 일 신 불 가 불 후 불 방

足載一身, 不可不厚不方
족 재 일 신 불 가 불 후 불 방

발은 일신을 싣고 있으므로 두텁고 넓지 않으면 안 된다.

解曰, 頭圓像天, 足方像地, 天欲高, 地欲厚, 凡足背有肉, 安穩福祿. 足
해 왈 두 원 상 천 족 방 상 지 천 욕 고 지 욕 후 범 족 배 유 육 안 온 복 록 족

心有肉, 堆金積玉. 足背浮筋, 何曾得聚半文錢.
심 유 육 퇴 금 적 옥 족 배 부 근 하 증 득 취 반 문 전

凡足中指欲長, 大指欲短. 足背毛宜軟, 主聰明, 指上生毛, 主一生無足
범족중지욕장 대지욕단 족배모의연 주총명 지상생모 주일생무족

疾. 大人無脚根, 貧賤走紅塵. 小兒無脚根, 不過一歲春.
질 대인무각근 빈천주홍진 소아무각근 불과일세춘

머리가 둥근 것은 하늘을 상징하며 발이 넓은 것은 땅을 상징한다. 하늘은 높아야 하고 땅은 두터워야 한다. 무릇 발등에 살이 있으면 평안하고 복록을 누린다. 발바닥 중앙에 살이 있으면 금과 옥을 쌓는다. 발등에 들뜬 살이 있으면 어찌 조금이라도 문장과 돈을 얻을 수 있겠는가?

무릇 가운데 발가락이 길어야 하고 엄지발가락은 짧아야 좋다. 발등의 털은 부드러워야 총명하다. 발가락 등에 털이 있으면 일생 동안 발병이 없다. 어른이 발꿈치가 없으면 빈천하고 바쁘게 살며, 소아가 발꿈치가 없으면 일 년밖에 살지 못한다.

10) 髮秉血餘, 乃山林草木
발병혈여 내산림초목

髮秉血餘, 乃山林草木
발병혈여 내산림초목

머리털은 혈의 여분이므로 산림과 초목이다.

解曰, 凡髮乃血之餘, 欲潤而秀, 細而長, 軟而香. 此數件爲妙, 不宜枯黃
해왈 범발내혈지여 욕윤이수 세이장 연이향 차수건위묘 불의고황

燥結, 如山林不秀, 非貴人也.
조결 여산림불수 비귀인야

머리털은 혈의 여분이므로 윤택하고 빼어나야 한다. 가늘고 길며, 부드럽고 향기로워야 한다. 이러한 것들이 좋다. 마르고 누렇고 건조하고 엉킨 것은 좋지 않다. 산림이 빼어나지 않으면 귀인이 아니다.

惟木形人, 髮不宜濃長, 宜清潤, 不宜枯黃. 其金水及火土四形, 俱不宜多
유목형인 발불의농장 의청윤 불의고황 기금수급화토사형 구불의다

髮, 凡財聚髮疎, 不宜髮生日月角, 主人愚玩, 又克親.
발 범재취발소 불의발생일월각 주인우완 우극친

오직 목형인은 머리털이 짙고 길면 좋지 않고, 맑고 윤택하면 좋고, 마르고 누러면 좋지 않다. 금수화토 네 가지 형은 모두 머리털이 많으면 좋지 않다. 무릇 재물이 모이면 머리털이 적어진다. 일월각에 머리가 나면 좋지 않아서 사람이 어리석고 완고하며 양친을 극한다.

凡女人之髮, 宜長三尺內外爲妙, 少年落髮, 難言子, 老若頭烏, 壽似松.
범여인지발 의장삼척내외위묘 소년낙발 난언자 노약두오 수사송

半白半烏, 終有壽. 少年白髮喪雙親, 左邊多妨父, 右邊多妨母.
반백반오 종유수 소년백발상쌍친 좌변다방부 우변다방모

무릇 여인의 머리털은 길이가 3척 내외가 좋다. 소년의 머리가 빠지면 자식을 말하기 어렵고, 노인의 머리가 까마귀 같으면 수명이 소나무 같다. 반백은 장수한다. 소년의 백발은 부모를 여의는데, 좌측에 많으면 아버지가, 우측에 많으면 어머니가 해롭다.

11) 毛毫各別, 領有分別
모호각별 영유분별

毛毫各別, 領有分別
모호각별 영유분별

털과 터럭은 각기 달라서 별도로 분별이 있다.

解曰, 粗硬爲毛, 不拘生何處, 主賤, 細軟爲毫, 宜生腿足爲奇. 臍下穀道
해왈 조경위모 불구생하처 주천 세연위호 의생퇴족위기 제하곡도

俱有毛者, 主一生不招陰病, 不畏神鬼.
구유모자 주일생불초음병 불외신귀

거칠고 단단한 것을 毛(모: 털)라고 하는데, 어디에 있느냐를 막론하고 천하다. 가늘고 부드러운 것은 毫(호: 터럭)라고 하는데, 넓적다리에 있으면 좋다. 배꼽 아래부터 항문까지 털이 있는 사람은 일생 동안 음기로 인한 병이 없고 귀신을 두려워하지 않는다.

胸上生毫, 主人性躁, 背上生毛, 一生勞苦. 乳上生毫(三根者好), 必生貴
흉상생호 주인성조 배상생모 일생로고 유상생호 삼근자호 필생귀

子. 若毛如草亂多者, 無子之相也. 手指生毛亦好, 總之, 毛宜細軟爲妙.
자 약모여초란다자 무자지상야 수지생모역호 총지 모의세연위묘

가슴에 털이 있으면 성격이 조급하며, 등에 털이 있으면 일생 동안 신고가 많다. 젖에 가는 털이 있으면(3가닥이 좋다) 반드시 귀한 자식을 낳는다. 마치 털이 풀처럼 어지럽게 나 있으면 자식이 없는 상이다. 손가락에 털이 있으면 좋다. 결론적으로, 털은 가늘고 부드러워야 좋다.

8 | 身體各論(2)
신 체 각 론

1) 痣若山峰, 不可不高
지 약 산 봉　불 가 불 고

痣若山峰, 不可不高
지 약 산 봉　불 가 불 고

사마귀는 산봉우리이므로 높지 않으면 안 된다.

解曰, 凡高者爲痣, 平者爲點, 青黃者爲斑, 凡斑點不宜生在面上. 書云,
해 왈　범 고 자 위 지　평 자 위 점　청 황 자 위 반　범 반 점 불 의 생 재 면 상　서 운

面多斑點恐非壽考之人. 正謂此也.
면 다 반 점 공 비 수 고 지 인　정 위 차 야

　무릇 높은 것을 사마귀라고 하고, 평평한 것을 점이라고 하며, 푸르거나 누른 것을 반이라고 하는데, 반이나 점이 얼굴에 생기는 것은 좋지 않다. 옛글에 이르기를 "얼굴에 반점이 많으면 장수하기 어려울까 두려운 사람이다."라고 한 것이 바로 이것을 이른 것이다.

在面爲顯痣, 在身爲隱痣, 俱宜有毫, 如山林有草木方妙. 背主衣冠, 胸主
재 면 위 현 지　재 신 위 은 지　구 의 유 호　여 산 림 유 초 목 방 묘　배 주 의 관　흉 주

智, 肚主衣祿, 腹主帶.
지　두 주 의 록　복 주 대

　얼굴에 사마귀가 나타나면 몸에도 숨은 사마귀가 있는데 모두 긴 털이 나야 좋다. 산림에 초목이 있어야 좋은 것처럼 등에 있으면 벼슬을 하고, 가슴에 있으면 지혜롭고, 아랫배에 있으면 의록이 있고 윗배에 있으면 관대를 띤다.

黑如墨, 赤如硃, 硬圓高者方貴, 中平小貴, 色鮮還未遇, 色暗已過了, 軟
흑 여 묵　적 여 주　경 원 고 자 방 귀　중 평 소 귀　색 선 환 미 우　색 암 이 과 료　연

者不過些小而已.
자 불 과 사 소 이 이

검으려면 먹 같고 붉으려면 주사 같으며 단단하고 둥글고 높아야 귀하다. 중간이거나 평평하면 조금 귀하고, 색이 신선하면 아직 운을 만나지 않은 것이며 색이 어두워졌으면 그 점의 운이 지난 것이다. 약한 사람은 좀 작을 뿐이다.

2) 斑有黑有黃有大有小
반 유 흑 유 황 유 대 유 소

斑有黑有黃有大有小
반 유 흑 유 황 유 대 유 소

반점에는 검음과 누름이 있고 크고 작음이 있다.

解曰, 凡斑點瘦人不宜, 人白斑黑, 主人聰明好色. 人白斑黃, 俱主愚賤.
해 왈 범 반 점 수 인 불 의 인 백 반 흑 주 인 총 명 호 색 인 백 반 황 구 주 우 천

瘦人年少生斑, 在面上身上, 主壽促.
수 인 년 소 생 반 재 면 상 신 상 주 수 촉

무릇 반점은 마른 사람에게는 좋지 않은데, 피부가 흰 사람의 반점이 검으면 인물됨이 총명하고 호색하다. 피부가 흰 사람이 반점이 누렇다면 모두 어리석고 천하다. 마른 사람으로 나이가 어린데 반점이 얼굴과 몸에 생기면 수명이 짧다.

肥人有斑, 主壽, 惟土形人宜斑, 金木水火四形人, 俱不宜斑. 大槪少年生
비 인 유 반 주 수 유 토 형 인 의 반 금 목 수 화 사 형 인 구 불 의 반 대 개 소 년 생

斑, 主夭.
반 주 요

살찐 사람에게 반점이 생기면 장수하게 되지만, 오직 토형인에게만 반점이 좋고 금목수화 네 가지 형의 사람에게는 모두 반점이 좋지 않다. 대개 어린나이에 반점이 생기면 장수할 수 없다.

老來生斑, 主壽. 大者爲斑, 小者爲點, 少年點不妨, 最忌斑. 老來更喜斑,
노 래 생 반 주 수 대 자 위 반 소 자 위 점 소 년 점 불 방 최 기 반 노 래 갱 희 반

點亦無碍.
점 역 무 애

노인이 되어 반점이 생기면 장수한다. 큰 것이 반(斑)이 되고 작은 것은 점(點)으로 소년의 점은 해롭지 않지만 가장 꺼리는 것이 반이다. 노인은 반이 좋고 점도 해롭지 않다.

3) 骨乃金石, 不可不堅不正
골 내 금 석   불 가 불 견 부 정

> 骨乃金石, 不可不堅不正
> 골 내 금 석   불 가 불 견 부 정

뼈는 금석이므로 견실하고 바르지 않으면 안 된다.

> 解曰, 凡骨欲堅, 肉欲實, 骨爲君, 肉爲臣, 骨多肉少主貧賤, 肉多骨少主
> 해왈 범골욕견   육욕실   골위군   육위신   골다육소주빈천   육다골소주
> 壽夭, 骨肉相勻, 方言有壽有子.
> 수요   골육상균   방언유수유자

뼈는 견실해야 한다. 뼈는 임금이며 살은 신하이므로 뼈가 많고 살이 적으면 빈천하고, 살이 많고 뼈가 적으면 장수하기 어렵다. 뼈와 살이 서로 균형을 이뤄야 장수하고 자식을 둘 수 있다.

> 凡女人骨硬必刑夫, 男人骨硬必貧賤. 龍骨欲細長, 虎骨欲粗正, 不欲浮
> 범여인골경필형부   남인골경필빈천   용골욕세장   호골욕조정   불욕부
> 筋露骨, 浮肉歪斜.
> 근로골   부육왜사

여인의 뼈가 단단하면 반드시 남편을 형상하고, 남자의 뼈가 단단하면 반드시 빈천하다. 용골은 섬세하고 길고 호골은 크고 반듯해야 한다. 근육이 들뜨고 뼈가 드러나지 않아야 하며, 살이 들뜨고 뼈가 비뚤고 기울지 않아야 한다.

4) 總言
총 언

> 總言, 骨欲正直, 肉欲堅實, 方爲福壽之相. 骨正神强肉又堅, 君臣德配福
> 총언   골욕정직   육욕견실   방위복수지상   골정신강육우견   군신덕배복
> 綿綿, 若見肉浮多發氣, 四九之刑壽不全
> 면면   약견육부다발기   사구지형수부전

결론적으로, 뼈는 바르고 곧으며 살은 견실해야 복과 수를 누리는 상이다. 뼈가 바르고 신이 강하며 살이 견실하면 군신간의 덕이 균형을 이룬 것으로 복이 끊임없이 이어진다. 그러나 살이 들뜨고 기가 함부로 발하면 49세의 수명을 보전하기 어렵다.

5) 肉爲皮土, 不可不實不瑩
육 위 피 토 불 가 부 실 불 영

肉爲皮土, 不可不實不瑩
육 위 피 토 불 가 부 실 불 영

살은 토질이므로 견실하고 밝지 않으면 안 된다.

解曰, 凡皮屬土, 土必厚實, 方可滋生萬物. 肉必盈潤, 肉有血氣爲榮, 一
해 왈 범 피 속 토 토 필 후 실 방 가 자 생 만 물 육 필 영 윤 육 유 혈 기 위 영 일

身皮薄, 何能榮生.
신 피 박 하 능 영 생

무릇 피부는 땅에 속하므로 땅은 반드시 두텁고 견실해야 만물이 붙을 수 있다. 살이 촘촘하고 윤택하며 혈기가 있다면 영화를 누린다. 일신의 피부가 얇다면 어찌 영화가 생기겠는가?

皮急壽短, 皮寬壽長, 小兒皮急, 非長壽也. 又云, 皮急皮粗最不宜, 何曾
피 급 수 단 피 관 수 장 소 아 피 급 비 장 수 야 우 운 피 급 피 조 최 불 의 하 증

此輩立家基, 下賤愚頑多破耗, 四九之前壽必歸.
차 배 립 가 기 하 천 우 완 다 파 모 사 구 지 전 수 필 귀

피부가 급하면 수명이 짧고, 피부가 관대하면 장수한다. 소아의 피부가 급하면 장수할 수 없다. 또한 이르기를, 피부가 급하고 거친 것이 가장 나쁘므로 어찌 이러한 무리가 집안의 기틀을 세울 수 있겠는가. 하천하고 어리석고 완고하며 실패와 소모가 많고 49세 전에 반드시 수명을 다한다.

6) 鬚髥一面之華表, 乃丹田元氣
수 염 일 면 지 화 표 내 단 전 원 기

鬚髥一面之華表, 乃丹田元氣
수 염 일 면 지 화 표 내 단 전 원 기

수염은 얼굴의 꽃이므로 단전의 원기이다.

解曰, 上爲祿(左右兩邊), 下爲髥(地閣), 人中爲髭, 承漿爲鬚, 有此五名,
해 왈 상 위 록 좌 우 양 변 하 위 염 지 각 인 중 위 자 승 장 위 수 유 차 오 명

邊地上生, 方爲髭髥. 只可有祿無官, 不可有官無祿. 只可有髭無鬚, 不可
변 지 상 생 방 위 호 자 지 가 유 록 무 관 불 가 유 관 무 록 지 가 유 자 무 수 불 가

有鬚無髭. 五件俱配方爲妙, 方是貴人.
유 수 무 자   오 건 구 배 방 위 묘   방 시 귀 인

윗수염은 록이며(祿: 좌우양변) 아랫수염은 염(髯: 지각에 있는 수염을 말한다)이며, 인중에 있는 것을
자(髭), 승장에 있는 것을 수(鬚)라고 하는 등 이와 같이 5가지 이름이 있다. 변지에 있는 것은 호자(鬍髭)
로 녹은 있으나 관직이 없다. 관직이 있고 녹이 없을 수는 없다. 자(髭)가 있고 수(鬚)가 없을 수는
있어도 수(鬚)가 있고 자(髭)가 없을 수는 없다. 다섯 가지가 모두 고르게 균형을 이루어야 좋은데, 이것이
바로 귀인이다.

凡鬚宜黑如漆, 宜赤不宜黃, 如黑赤黃相雜者, 大不好也. 金赤有索, 首尾
범 수 의 흑 여 칠   의 적 불 의 황   여 흑 적 황 상 잡 자   대 불 호 야   금 적 유 색   수 미
一開爲金鬚, 大發萬金. 如面白如粉, 圓如月, 爲銀面金鬚, 二品之職.
일 개 위 금 수   대 발 만 금   여 면 백 여 분   원 여 월   위 은 면 금 수   이 품 지 직

무릇 수염은 검기가 옻칠을 한 듯해야 좋으며 붉어야 좋고 누르면 좋지 않다. 만약 흑·적·황색이
서로 섞여 있으면 크게 좋지 않다. 금적색으로 꼬여 있다가 수염의 머리와 꼬리가 열리면 금수(金鬚)라고
하여 만금의 재복이 크게 발하게 된다. 얼굴이 분처럼 희고 둥글기가 달과 같은 것은 은면금수(銀面金鬚)
로 2품의 관직에 오른다.

疎秀爲妙, 宜硬不宜軟, 宜彎不宜直, 宜淸不宜濁, 如連鬢生鬚與髮, 知相
소 수 위 묘   의 경 불 의 연   의 만 불 의 직   의 청 불 의 탁   여 연 빈 생 수 여 발   지 상
爲妙. 如髮少鬚多, 亦不發財, 貧賤之相也.
위 묘   여 발 소 수 다   역 불 발 재   빈 천 지 상 야

수염은 드물고 청수하며 강해야 좋고, 부드러우면 좋지 않다. 굽어야 좋고 곧으면 좋지 않으며, 맑아야
좋고 탁하면 좋지 않다. 수염이 옆머리의 머리털과 이어져 있으면 좋은 상임을 알아야 한다. 만약 머리털
은 적고 수염이 많으면 또한 재운이 발하지 않는 빈천한 상이다.

書云, 濃濁焦黃最不良, 羊髯燕尾有刑傷, 淸輕出肉稀秀者, 取於皇家作棟梁.
서 운   농 탁 초 황 최 불 량   양 염 연 미 유 형 상   청 경 출 육 희 수 자   취 어 황 가 작 동 량
凡鬚連鬢, 老來白粉, 直者爲羊髯, 尾開爲燕尾, 主老來克子, 孤相也.
범 수 연 빈   노 래 백 분   직 자 위 양 염   미 개 위 연 미   주 로 래 극 자   고 상 야

옛글에 이르기를 "짙고 탁하며 그을린 듯 누런 것이 가장 좋지 않으며, 양의 수염과 제비꼬리 같으면
형상이 있다. 맑고 옅으며 살이 드러날 만큼 드물고 빼어나면 황실에 발탁되어 국가의 동량으로 쓴다."라
고 했다. 무릇 수염이 옆머리와 이어지고 늙어 분과 같이 희며 곧은 것을 양수염이라고 하는데 끝이

갈라져 제비 꼬리 같으면 늙어서 자식을 극하는 고독한 상이다.

7) 枕骨可全福祿壽, 但喜雙而不喜單
침 골 가 전 복 록 수   단 희 쌍 이 불 희 단

枕骨可全福祿壽, 但喜雙而不喜單
침 골 가 전 복 록 수   단 희 쌍 이 불 희 단

침골이 온전하면 복록과 장수를 누리게 되는데 쌍골이 좋고 단골은 좋지 않다.

解曰, 腦後爲枕骨, 三八外卽生. 耳後骨高爲枕, 又爲壽根. 凡人俱不可無
해 왈   뇌 후 위 침 골   삼 팔 외 즉 생   이 후 골 고 위 침   우 위 수 근   범 인 구 불 가 무

此, 小兒若無, 能言而亡. 此骨在耳後, 但耳生成如有此.
차   소 아 약 무   능 언 이 망   차 골 재 이 후   단 이 생 성 여 유 차

머리 뒤가 침골인데 태어난 후 거듭해서(三八) 자란다. 귀 뒤의 높이 솟은 뼈를 침골이라고 하며 수골이라고도 한다. 무릇 사람은 모두 이런 것이 없어서는 안 된다. 따라서 소아에게 이 뼈가 없으면 장수할 수 없다. 이 뼈는 귀 뒤에 있는데 태어날 때부터 있다.

書云, 枕骨宜雙不宜單, 左右偏生壽不長, 若是高高生腦後, 何愁家道不
서 운   침 골 의 쌍 불 의 단   좌 우 편 생 수 부 장   약 시 고 고 생 뇌 후   하 수 가 도 불

榮昌. 若枕骨不過主壽, 如回紋仰月, 三山品字, 雙環連珠, 必主大貴.
영 창   약 침 골 불 과 주 수   여 회 문 앙 월   삼 산 품 자   쌍 환 련 주   필 주 대 귀

옛글에 이르기를, 침골은 쌍골이 좋고 단골은 좋지 않으며 좌나 우측으로 기울어지면 수명이 길지 않다. 만약 뒷머리에 높이 높이 있다면 어찌 가도가 번창하지 않는다고 근심하겠는가. 침골은 수명을 주관하는 것에 불과하지만 회문골이나 앙월골·삼산골·품자골·쌍환골·연주골이면 반드시 대귀하다.

孤峰獨一, 偏小必孤, 小品字川字, 偃月橫山, 乃興家之格, 高隆大起, 發
고 봉 독 일   편 소 필 고   소 품 자 천 자   언 월 횡 산   내 흥 가 지 격   고 륭 대 기   발

福綿綿. 三十無枕, 壽數難量.
복 면 면   삼 십 무 침   수 수 난 량

고독한 봉우리로 하나만 튀어나왔거나, 기울어지고 작으면 반드시 고독하지만 소품자골·천자골이 달이 기울어 산에 걸린 듯하면 집안을 흥성케 하는 격이며 높이 솟고 크게 일어나면 발복이 끊임없다. 삼십이 되었는데도 침골이 자라지 않으면 수명을 헤아리기 어렵다.

8) 齒乃骨餘, 主一生衣祿
치 내 골 여 주 일 생 의 록

齒乃骨餘, 主一生衣祿
치 내 골 여 주 일 생 의 록

치아는 뼈의 연장이므로 일생의 의록을 주관한다.

解曰, 凡齒乃骨之餘, 欲其整齊厚大, 上牙通太陽爲陽經, 下牙通腰爲腎
해왈 범 치 내 골 지 여 욕 기 정 제 후 대 상 아 통 태 양 위 양 경 하 아 통 요 위 신

經, 故齒長主壽, 稀疏主夭.
경 고 치 장 주 수 희 소 주 요

무릇 치아는 뼈의 연장이므로 바르고 가지런하며 두텁고 커야 한다. 윗니는 태양으로 통하여 양경이
되고, 아랫니는 허리로 이어져 신경이 되므로 이가 길면 장수하고 드물면 요절한다.

齒短主愚, 白齊如玉, 可食天祿, 圓小不齊, 貧窮之輩, 中二齒爲大門, 齊
치 단 주 우 백 제 여 옥 가 식 천 록 원 소 불 제 빈 궁 지 배 중 이 치 위 대 문 제

大主忠孝, 偏小無信行.
대 주 충 효 편 소 무 신 행

치아가 짧으면 어리석고, 희고 가지런하기가 옥과 같으면 천록을 먹을 수 있다. 둥글고 작으며 가지런
하지 않으면 빈궁한 무리이다. 가운데 2개의 치아는 대문이 되므로 가지런하고 크면 충성스럽고 효성스럽
다. 기울고 작으면 행동에 신의가 없다.

女人齒宜黃大爲妙, 男齒生三十四個主貴, 三十二亦主福壽, 三十中平,
여 인 치 의 황 대 위 묘 남 치 생 삼 십 사 개 주 귀 삼 십 이 역 주 복 수 삼 십 중 평

二十八壽少. 又名內學堂, 最要整齊, 白大厚者, 方有學問.
이 십 팔 수 소 우 명 내 학 당 최 요 정 제 백 대 후 자 방 유 학 문

여인은 치아가 황색을 띠고 크면 좋다. 남자의 치아가 34개이면 귀하고 32개이면 복과 장수를 누리며
30개이면 보통사람이고 28개이면 수명이 짧다. 또한 내학당이라고도 하는데 가장 중요한 것은 바르고
가지런하며 희고 커야 학문을 할 수 있다.

(1) 四學堂
사 학 당

> 一曰眼, 爲官學堂. 眼要長而淸, 主官職之位.
> 일 왈 안　 위 관 학 당　 안 요 장 이 청　 주 관 직 지 위

첫째, 눈은 관학당으로 길고 맑아야 하며, 관직의 지위에 나간다.

> 二曰額, 爲祿學堂, 額闊而長, 主官壽.
> 이 왈 액　 위 녹 학 당　 액 활 이 장　 주 관 수

둘째, 이마는 녹학당으로 이마가 넓고 길어야 관직을 오래 지킬 수 있다.

> 三曰當門兩齒, 爲內學堂, 要周正而密, 主忠信孝敬, 疎缺而小, 主多狂妄
> 삼 왈 당 문 양 치　 위 내 학 당　 요 주 정 이 밀　 주 충 신 효 경　 소 결 이 소　 주 다 광 망

셋째, 두 문치가 내학당이다. 이는 두루 단정하고 틈이 없어야 충신효경이 있다. 이가 듬성듬성하고 작으면 망령됨이 많다.

> 四曰耳門之前, 爲外學堂. 要耳前豊滿光潤, 主聰明, 若昏沈愚魯之人也.
> 사 왈 이 문 지 전　 위 외 학 당　 요 이 전 풍 만 광 윤　 주 총 명　 약 혼 침 우 노 지 인 야

넷째, 이문의 앞이 외학당이다. 귀 앞이 풍만하고 빛이 윤택하면 사람이 총명하지만 어둡고 침침하면 어리석고 우둔한 사람이다.

(2) 八學堂
팔 학 당

> 第一高明部學堂, 頭圓或有異骨昂.
> 제 일 고 명 부 학 당　 두 원 혹 유 이 골 앙

첫째, 고명부학당으로 머리가 둥글거나 이골이 솟은 것이다.

> 第二高廣部學堂, 額角明潤骨起方.
> 제 이 고 광 부 학 당　 액 각 명 윤 골 기 방

둘째, 고광부학당으로 액각이 밝고 윤택하며 뼈가 솟은 것이다.

第三光大部學堂, 印堂平明無痕傷.
제 삼 광 대 부 학 당   인 당 평 명 무 흔 상

셋째, 광대부학당으로 인당이 평평하고 밝고 상처가 없어야 한다.

第四明秀部學堂, 眼光黑多人隱藏.
제 사 명 수 부 학 당   안 광 흑 다 인 은 장

넷째, 명수부학당으로 눈이 빛나고 눈동자가 검고 눈빛은 은은히 감춰져 있어야 한다.

第五聰明部學堂, 耳有輪廓紅白黃.
제 오 총 명 부 학 당   이 유 윤 곽 홍 백 황

다섯째, 총명부학당으로 귀의 윤곽이 뚜렷하고 홍색이나 백색 황색이어야 한다.

第六忠信部學堂, 齒齊周密白如霜.
제 육 충 신 부 학 당   치 제 주 밀 백 여 상

여섯째, 충신부학당으로 이가 가지런하고 틈이 없으며 색은 서리와 같아야 한다.

第七廣德部學堂, 舌長至準紅紋長.
제 칠 광 덕 부 학 당   설 장 지 준 홍 문 장

일곱째, 광덕부학당으로 혀가 길어 준두에 이르고 붉으며 문양이 길어야 좋다.

第八斑笋部學堂, 橫紋中節彎合雙.
제 팔 반 순 부 학 당   횡 문 중 절 만 합 쌍

여덟째, 반순부학당으로 눈썹이 옆으로 길게 뻗다가 중간에 구부러짐이 있고, 양쪽 눈썹이 똑같아야 한다.

9) 聲音合雷霆, 宜響宜淸
성 음 합 뢰 정 의 향 의 청

聲音合雷霆, 宜響宜淸
성 음 합 뢰 정 의 향 의 청

음성은 우레소리와 같으므로 울리고 맑아야 좋다.

解曰, 凡貴人之聲淸而長, 響而潤, 和而韻, 頭大尾小, 富貴也. 又云, 木
해 왈 범 귀 인 지 성 청 이 장 향 이 윤 화 이 운 두 대 미 소 부 귀 야 우 운 목

聲宜高長, 金聲宜明潤, 其外俱不足也.
성 의 고 장 금 성 의 명 윤 기 외 구 부 족 야

무릇 귀인의 음성은 맑고 길며 울리고 윤택하며 온화하고 음운이 있고 크게 시작되고 뒤가 작으므로
부귀한 것이다. 또한 이르니 木聲은 높고 길어야 좋고 金聲은 밝고 윤택해야 좋은데, 그 외의 것들은
모두 부족한 것이다.

聲韻出丹田, 喉寬響又堅, 乃爲美聲. 又云, 木聲高唱, 火聲焦和潤, 金聲
성 운 출 단 전 후 관 향 우 견 내 위 미 성 우 운 목 성 고 창 화 성 초 화 윤 금 성

福自饒. 凡富貴之人, 聲自丹田, 長高響響, 小人之聲, 出自喉音, 故低而
복 자 요 범 부 귀 지 인 성 자 단 전 청 장 고 향 소 인 지 성 출 자 후 음 고 저 이

破.
파

음성은 단전에서 나오고 목구멍이 넓어 울리고 견실해야 아름다운 소리가 된다. 또한 이르니 목성은
높게 부르짖는 듯해야 하고, 화성은 초조한 듯하지만 윤택해야 하며 금성은 복이 스스로 넉넉하다. 무릇
부귀한 사람은 음성이 단전에서 나오며, 맑고 길고 높이 울린다. 소인의 음성은 목구멍에서 나오므로
낮고 깨어지는 것이다.

又云, 身小聲宏, 定是豪家富貴子, 聲低身小, 須知自是破家兒. 婦人之聲
우 운 신 소 성 굉 정 시 호 가 부 귀 자 성 저 신 소 수 지 자 시 파 가 아 부 인 지 성

宜淸, 男人之聲宜響, 堅實爲妙, 聲如吠犬鳴羊破鑼之韻, 如哭如嘶, 眞貧
의 청 남 인 지 성 의 향 견 실 위 묘 성 여 폐 견 오 양 파 라 지 운 여 곡 여 시 진 빈

賤之相.
천 지 상

또한 이르니 몸이 작지만 음성이 넓으면 틀림없이 훌륭한 가문의 부귀한 아들이며, 음성이 낮고 몸이
작으면 반드시 집안을 깨트릴 아이임을 알아야 한다. 부인의 음성은 맑아야 하고 남자의 음성은 울림이

있어야 좋다. 견실해야 좋고, 음성이 개가 짖거나 양이 울거나 깨어진 징소리 같거나 곡성 같거나 우는 것 같으면 참으로 빈천한 상이다.

10) 陰囊玉莖, 乃性命之根本
음낭옥경 내성명지근본

陰囊玉莖, 乃性命之根本
음낭옥경 내성명지근본

음낭과 옥경은 성명의 근본이다.

解曰, 凡囊宜黑, 紋宜細實爲貴, 不宜下墜. 如火煖生貴子, 如氷冷者主子
해왈 범낭의흑 문의세실위귀 불의하추 여화난생귀자 여빙랭자주자
少. 玉莖乃靈龜之說, 皇帝爲玉莖, 常人爲龜頭.
소 옥경내령구지설 황제위옥경 상인위귀두

무릇 음낭은 검어야 좋고 주름이 가늘고 잘 이어져야 귀하며 아래로 늘어지면 좋지 않다. 불과 같이 따뜻하면 귀한 자식을 낳지만 얼음처럼 차가우면 자식이 적다. 옥경에 관해서는 신령스런 거북이에 비교하는 말이 있는데 황제는 옥경이라고 하고 보통 사람은 귀두라고 한다.

凡龜宜小白堅者貴, 如長大黑弱爲賤, 大者招凶, 人必賤, 小而秀者好賢
범구의소백견자귀 여장대흑약위천 대자초흉 인필천 소이수자호현
郞. 凡龜小者妻好子好, 大者不好.
랑 범구소자처호자호 대자불호

무릇 귀두는 작고 희고 단단한 것이 귀하고, 길고 크며 검고 약한 것이 천하다. 큰 것이 흉함을 부르니 사람됨이 반드시 천하다. 작지만 빼어난 것이 현명한 남자이다. 무릇 귀두가 작아야 좋은 처와 좋은 자식을 두게 되고 크면 좋지 않다.

11) 穀道乃五臟之後關
곡도내오장지후관

穀道乃五臟之後關
곡도내오장지후관

곡도(항문)는 오장의 뒷문이다.

解曰, 凡穀道宜兩臀夾而不露, 如露十分, 貧賤且夭. 有毛者好, 無毛者
해왈 범곡도의량둔협이불로 여로십분 빈천차요 유모자호 무모자

賤. 屎遲好, 快則貧, 細長爲貴, 方主武職, 偏主文貴.
천 시지호 쾌즉빈 세장위귀 방주무직 편주문귀

무릇 곡도는 양쪽 엉덩이 사이에 깊이 있고 노출되지 않아야 좋다. 만약 모두 밖으로 드러나면 빈천하고 요절한다. 털이 있는 것이 좋고 털이 없으면 천하다. 대변은 천천히 보는 것이 좋고 빨리 보는 것은 천하다. 가늘고 길어야 귀한데 모나면 무관이고 한쪽으로 치우치면 문관으로 모두 귀하다.

屎如疊帶, 乃富貴之相也. 穀道無毛老定貧, 少年露出必遭刑, 要知取用
시여첩대 내부귀지상야 곡도무모로정빈 소년노출필조형 요지취용

爲奇妙, 細細深藏是貴人.
위기묘 세세심장시귀인

대변이 띠를 두른 듯 겹쳐지면 부귀한 상이다. 곡도에 털이 없으면 늙어서 틀림없이 가난하고, 소년의 항문이 드러나면 반드시 형벌을 당하므로 잘 알아서 취해 사용하면 기묘하다. 세세히 깊이 감추어 있어야 귀인이다.

12) 腰乃腎命二穴, 一身根本
요내신명이혈 일신근본

腰乃腎命二穴, 一身根本
요내신명이혈 일신근본

허리는 신명의 두 혈이며 일신의 근본이다.

解曰, 古人腰闊四圍, 今人焉能而得. 只取闊直硬爲妙. 胖人欲闊, 瘦人欲
해왈 고인요활사위 금인언능이득 지취활직경위묘 반인욕활 수인욕

圓欲硬.
원욕경

옛사람은 허리가 넓고 사방이 둥글었지만 지금 사람이 어찌 그럴 수 있겠는가. 다만 넓고 곧고 강해야 좋은 것이다. 살찐 사람은 넓어야 하고 야윈 사람은 둥글고 단단해야 한다.

兩腰眼爲腎命二穴, 宜有肉皮厚, 方有壽, 腎命穴陷皮枯, 主死.
양요안위신명이혈 의유육피후 방유수 신명혈함피고 주사

요추의 양쪽 부위는 신명의 두 혈이 되므로 살이 있고 피부가 두터워야 장수할 수 있다. 신명 혈이 함몰되고 피부가 마르면 죽게 된다.

大槪腰偏細薄折削, 俱是貧夭之相. 女人腰大是福, 細偏者少子多賤. 書
대 요 편 세 박 절 삭   구 시 빈 요 지 상   여 인 요 대 시 복   세 편 자 소 자 다 천   서
云, 腎命皮焦必壽夭, 腰生疊肉壽年長.
운   신 명 피 초 필 수 요   요 생 첩 육 수 년 장

대개 허리가 기울고 가늘며 얇고 꺾이고 깎인 것은 모두 빈천하고 요절하는 상이다. 여인은 허리가 커야 복이 있고 가늘고 기울면 자식이 적고 천하다. 옛글에 이르기를 "신명의 피부가 초조하면 수명이 짧다. 허리에 쌓인 살이 있으면 수명이 길다."고 하였다.

13) 腿膝乃下停, 賢愚可定
퇴 슬 내 하 정   현 우 가 정

腿膝乃下停, 賢愚可定
퇴 슬 내 하 정   현 우 가 정

넓적다리와 무릎은 하정이며 현명함과 어리석음을 알 수 있다.

解曰, 膝大腿小爲鶴膝, 主下賤, 膝小無骨主壽夭, 小兒膝小者無壽. 膝上
해 왈   슬 대 퇴 소 위 학 슬   주 하 천   슬 소 무 골 주 수 요   소 아 슬 소 자 무 수   슬 상
生筋, 一生奔走勞碌.
생 근   일 생 분 주 로 록

정강이가 크고 넓적다리가 작은 것을 학슬(학의 무릎)이라고 하는데 하천한 사람이며, 정강이가 작고 뼈가 없으면 수명이 짧다. 소아가 정강이가 작으면 수명이 짧다. 정강이에 근육이 있으면 일생 동안 분주하고 고생이 많다.

腿上生毫, 一生不犯官刑. 毛硬亦招險刑, 要軟爲妙. 一身相俱好, 如膝大
퇴 상 생 호   일 생 불 범 관 형   모 경 역 초 험 형   요 연 위 묘   일 신 상 구 호   여 슬 대
腿小, 亦主下愚, 不爲取用.
퇴 소   역 주 하 우   불 위 취 용

무릎에 긴 털이 있으면 일생 동안 형벌을 당하지 않지만 털이 강하면 오히려 험난하고 형벌을 당하게 되므로 부드러워야 좋은 것이다. 몸 전체의 상이 모두 좋아도 정강이가 크고 넓적다리가 작으면 또한 하천하고 어리석으므로 취해서 쓸 수 없다.

書云, 膝大不宜露骨, 腿大最宜膝圓. 又云, 膝圓如柱, 一生不到公庭, 腿
서운　슬대불의로골　퇴대최의슬원　우운　슬원여주　일생불도공정　퇴

大膝尖, 半世常招官司.
대슬첨　반세상초관사

옛글에 이르기를 "정강이가 커도 뼈가 드러나면 좋지 않고 넓적다리가 커도 정강이가 둥근 것이
가장 좋다."고 하고, 또한 이르기를 "정강이가 기둥처럼 둥글면 일생 동안 재판정에 가지 않지만, 넓적다리
가 크고 정강이가 뾰족하면 반평생 동안 언제나 관사가 있게 된다."고 하였다.

14) 血有滯濁明旺, 可定富貴壽年
혈 유 체 탁 명 왕　가 정 부 귀 수 년

血有滯濁明旺, 可定富貴壽年
혈 유 체 탁 명 왕　가 정 부 귀 수 년

혈색에는 체하고 탁하고 밝고 왕성함이 있어서 부귀와 수명을 알 수 있다.

解曰, 血在皮內, 要知滯濁明旺, 可看氣色, 血乃氣色根本, 血足方發氣
해왈　혈재피내　요지체탁명왕　가간기색　혈내기색근본　혈족방발기

色, 血旺氣色方明, 隱隱內應爲明灼, 內有色爲旺.
색　혈왕기색방명　은은내응위명작　내유색위왕

피는 피부 안에 있지만 체함과 탁함과 밝음과 왕성함을 알아야 기색을 볼 수 있다. 피는 기색의 근본이
므로 피가 족해야 비로소 기색이 발하게 된다. 피가 왕성하면 기색이 밝다. 은은하게 내부에서 응하는
것이 밝게 타는 듯하면 내부의 색으로 인해 왕성하게 된다.

男女血明旺, 可許富貴壽年, 昏昏在內爲滯, 黑赤在外爲濁, 血滯血濁, 必
남녀혈명왕　가허부귀수년　혼혼재내위체　흑적재외위탁　혈체혈탁　필

主貧窮下賤. 血白如粉, 爲色不華, 書云, 血色不華, 一世多寒.
주빈궁하천　혈백여분　위색불화　서운　혈색불화　일세다건

남녀 모두 혈색이 밝고 왕성하면 부귀와 장수를 누릴 수 있지만, 어둡게 내부에서 체하면 흑색과
적색이 밖으로 드러나 탁하게 된다. 혈색이 체하고 탁하면 반드시 빈궁하고 하천하다. 혈색이 분을 바른
듯 희면 색이 아름답지 않은 것이다. 옛글에 이르기를 "혈색이 아름답지 않으면 일생 동안 막힘이 많다."
고 하였다.

9 | 壽夭得失
수 요 득 실

1) 長壽 · 短命과 吉凶
장수 단명 길 흉

> 壽夭得失
> 수 요 득 실

장수와 단명, 얻음과 잃음.

> 解曰, 此四者, 各有一說, 夫壽者, 骨正堅實, 肉血自潤, 凡老來最宜眉毫
> 해 왈 차사자 각유일설 부수자 골정견실 육혈자윤 범노래최의미호
>
> 耳毫壽斑, 枕骨陰有紋, 皺硬黑堅.
> 이호수반 침골음유문 추경흑견

이 네 가지에는 각기 한 가지 설이 있다. 무릇 장수하는 사람은 골격이 바르고 견실하며 살과 혈색이 스스로 윤택한데, 나이 들면서 점차 좋은 것은 미호·이호·수반이 생기는 것이며, 뒤통수에 문양이 있고 주름이 검고 단단하고 견실한 것 등이 좋다.

> 若老來脣靑暗, 主飢死, 耳暗三年內死, 耳幹枯二年死. 少年耳乾暗, 主大
> 약 노래순청암 주기사 이암삼년내사 이간고이년사 소년이건암 주대
>
> 窮大敗, 中年耳枯, 主無運, 直待明潤, 方得亨通.
> 궁대패 중년이고 주무운 직대명윤 방득형통

만약 나이 들면서 입술이 푸르고 어두워지면 굶어 죽게 되며, 귀 빛깔이 어두워지면 3년 이내 죽게 되고, 귀가 마르면 2년 후에 죽게 된다. 소년의 귀가 마르고 어두워지면 크게 곤궁하고 크게 실패하게 되며, 중년인 사람의 귀가 마르면 운이 없게 된다. 귀가 바르게 붙고 밝고 윤택하면 형통하게 된다.

> 老來耳黑主死, 故金木不可不明, 項皮乾, 主大受窮, 若老來頭皮一乾, 卽
> 노래이흑주사 고금목불가불명 항피건 주대수궁 약노래두피일건 즉
>
> 死無疑. 黃光生口角, 暗色繞脣靑, 卽苦死.
> 사무의 황광생구각 암색요순청 즉고사

늙은이의 귀가 검어지면 죽게 된다. 그러므로 金星과 木星은 밝지 않으면 안 된다. 목 피부가 마르면

크게 곤궁함을 당하게 되고, 늙은이의 머리 피부가 마르면 죽게 됨을 의심할 바 없다. 입 끝에 누런 기색이 나타나거나 어두운 기색이 입을 둘러싸고 입술이 푸르게 변하면 고통스럽게 죽음을 맞게 된다.

眉毫於四十外生, 有人扶助, 五十外生亦好, 如朝下方, 不刑克, 若朝上,
미 호 어 사 십 외 생　유 인 부 조　오 십 외 생 역 호　여 조 하 방　불 형 극　약 조 상

主孤獨.
주 고 독

눈썹에 긴 털이 40세 이후에 나면 도와주는 사람이 나타나고, 50세 이후에 나는 것 또한 좋다. 털이 아래쪽으로 나면 형벌이나 극함을 당하지 않지만, 위쪽으로 치켜나면 고독하게 된다.

面上六十外生斑, 宜黑亮, 方有大福大壽, 五十內生, 卽死. 老來生髮不
면 상 육 십 외 생 반　의 흑 량　방 유 대 복 대 수　오 십 내 생　즉 사　노 래 생 발 불

宜, 主克妻喪子. 只主有壽, 還看頭皮爲主.
의　주 극 처 상 자　지 주 유 수　환 간 두 피 위 주

60살 넘어 얼굴에 점이 생기면 검고 밝은 것이 좋아서 큰 복과 장수를 누리게 되지만, 50살 이내에 생기면 죽게 된다. 늙은이가 머리털이 새로 나는 것은 좋지 않은데, 처를 극하고 자식을 잃게 된다. 그러나 본인은 장수하게 되지만 그것도 머리 피부를 위주로 보아야 한다.

天者何說, 人生天地, 稟日月精華, 奪天地秀氣, 若有一損, 卽成夭相. 少
요 자 하 설　인 생 천 지　품 일 월 정 화　탈 천 지 수 기　약 유 일 손　즉 성 요 상　소

者垂首, 爲天柱傾頹, 主死.
자 수 수　위 천 주 경 퇴　주 사

단명 하는 것은 무엇을 말하는 것인가. 사람은 천지간에 태어나고 해와 달의 정화를 품수 받고 천지의 빼어난 기운을 받으므로, 한 가지라도 부족함이 있으면 단명하는 상이 된다. 어린이가 고개를 들지 못해 머리를 수그리고 있으면 이는 하늘을 떠바치는 기둥이 기울고 무너진 것이므로 죽게 된다.

日月無光, 卽死, 常時目小無光, 不滿三十之外, 頭大頂尖皮又乾, 四九之
일 월 무 광　즉 사　상 시 목 소 무 광　불 만 삼 십 지 외　두 대 정 첨 피 우 건　사 구 지

壽. 書云, 顔回壽短, 皆因神散光浮. 太公八十, 只爲耳如霜雪.
수　서 운　안 회 수 단　개 인 신 산 광 부　태 공 팔 십　지 위 이 여 상 설

해와 달에 광채가 없으면 죽게 되고, 언제나 눈이 작고 광채가 없으면 30세 이상 채우기 어렵다. 머리는 크고 정수리가 뾰족하며 머리 피부가 말랐다면 49세의 수명이다. 옛글에 이르기를 "안회[83]의 수명이 짧은 것은 모두 눈의 신기가 흩어지고 눈빛이 들떴기 때문이며, 태공[84]이 80세에 운을 만난

것은 다만 귀 색깔이 서리와 눈처럼 희었기 때문이었다."라고 하였다.

> 鼻無梁, 三九之後. 雙目如泥, 二十五歸. 眉如鬪鷄, 四九難保. 羅計月孛
> 비무량　삼구지후　쌍목여니　이십오귀　미여투계　사구난보　나계월패
>
> 交加, 三十之年定折. 羅計日月交增, 三十前後, 入寺爲僧, 不然也夭.
> 교가　삼십지년정절　나계일월교증　삼십전후　입사위승　불연야요

코에 콧대가 없으면 39세 이후에 죽게 되며, 두 눈이 진흙처럼 어두우면 25세에 돌아간다. 눈썹이 싸움닭 같으면 49세를 보전하기 어렵다. 두 눈썹이 이어지고 월패가 끊어져 있으면 30세에 꺾이도록 정해져 있다. 두 눈썹이 붙고 두 눈이 흙빛처럼 어두우면 30세 전후에 죽게 되므로 절로 들어가 승려가 되지 않으면 요절하게 된다.

> 身大聲不響, 三十外歸. 身肥氣不完, 四十外歸. 眼露鼻無梁, 三十八殺
> 신대성불향　삼십외귀　신비기불완　사십외귀　안로비무량　삼십팔살
>
> 傷. 又云, 髮黃如草氣粗, 又是愚頑定配徒, 三十外主凶身死.
> 상　우운　발황여초기조　우시우완정배도　삼십외주흉신사.

몸집은 큰데 음성에 울림이 없으면 30대에 돌아가고, 몸이 비대한데 기가 온전치 않으면 40대에 돌아간다. 눈망울이 드러나고 코에 콧대가 없으면 38세에 살상을 당하게 된다. 또한 이르기를 "머리털 누른 것이 마른 풀 같고 기가 거칠다면 또한 어리석고 고집스러우며 유배를 가게 되는 무리로 30대에 흉사하게 된다."라고 하였다.

> 因血災, 光明四九定歸陰. 髮長頭眼無神, 四來九內三春. 又云, 頭小髮長
> 인혈재　광명사구정귀음　발장두안무신　사래구내삼춘　우운　두소발장
>
> 踪跡散, 髮長頭窄, 命難量. 髮生到耳須飢死, 捲如螺必有傷.
> 종적산　발장두착　명난량　발생도이수기사　권여라필유상

---

83) 안회(顏回, BC 521~BC 490) 노(魯)나라 출생으로 자는 연(淵). 공자보다 30세 연하의 제자로 학문과 덕행이 뛰어나 같은 실수를 두 번 하는 일이 없었으며, 자기를 이기고 예로 돌아가야 한다는 '극기복례(克己復禮)'를 신조로 삼았다. 학문을 좋아하여 공자가 가장 사랑했던 제자였으나 32세로 요절하였다. 『논어』 「안연편」에 공자와 문답한 기록이 있다.

84) 태공(太公, ?~?) 주(周)나라 초기의 정치가이며 공신. 본명이 강상(姜尚)이었으므로 흔히 강태공으로 불린다. 동해(東海)의 가난한 사람으로 집안을 돌보지 않고 때를 기다리며 낚시만 했으므로 그의 아내가 집을 나갔다. 위수강(渭水)에서 낚시를 하다가 80세에 주(周)나라 문왕을 만나 그의 스승이 되었다. 병법에 뛰어났으므로 무왕을 도와 상(商,殷)나라 주왕(紂王)을 멸망시켜 천하를 평정하고, 제(齊)나라 제후에 봉해져 그 시조가 되었다.

혈색이 화재가 난 듯 빛이 밝게 타오르는 듯하면 49세에 음지로 돌아가게 되고, 머리가 길게 아래까지 나고 머리와 눈에 신기가 없으면 49세 이후 3년 내에 죽게 된다. 또한 이르기를 "머리가 작고 머리가 아래까지 나서 길면 종적이 흩어지고, 머리가 길게 나고 이마가 비좁으면 수명을 가늠하기 어렵다."라고 하였는데, 머리털이 귀까지 나 있으면 반드시 굶어 죽게 되고, 소라처럼 말려있으면 반드시 몸을 상하게 된다.

得者, 言人久困之相, 而得一遇之兆, 如人久困準一明, 印乃命宮, 若一
득자 언인구곤지상 이득일우지조 여인구곤준일명 인내명궁 약일
開, 卽得三遇爲得弟也.
개 즉득삼우위득제야

이로움을 얻게 되려면, 오랫동안 곤궁한 상이었던 사람이라도 이러한 조짐이 나타난다는 말이다. 오랫동안 곤궁하던 사람이 준두가 밝아지면, 인당이 명궁이므로 한 번 열리면 세 번의 이로움이 잇따르게 된다.

若人久困, 雙眼忽然神足, 大遇一貴. 聲音一響, 必有一得. 如人部位原好
약인구곤 쌍안홀연신족 대우일귀 성음일향 필유일득 여인부위원호
足, 因色不開, 色若一開, 神若一足, 乃有萬里雲雷之志. 如血色久不開
족 인색불개 색약일개 신약일족 내유만리운뇌지지 여혈색구불개
明, 乃多滯, 若得一明, 滯自退也, 本利得生.
명 내다체 약득일명 체자퇴야 본리득생

오랫동안 곤궁했던 사람이 어느 날 두 눈에 정기가 가득하면 크게 귀한 일이 있게 된다. 또한 음성이 울리게 되면 반드시 이로운 일이 있게 된다. 본래 얼굴 부위가 매우 잘생긴 사람이 기색이 열리지 않고 곤궁한 색으로 덮여 있다가 기색이 열리고 정기가 충족하면 만리를 진동시키는 큰 뜻을 이루게 된다. 혈색이 오랫동안 밝게 열리지 않고 막혀있던 사람이, 기색이 밝아지면 막혔던 일들이 스스로 물러가고 틀림없이 이득이 있게 된다.

失者, 乃交敗運之說, 預防可免一半. 如人氣色好, 也發得財, 若到部位不
실자 내교패운지설 예방가면일반 여인기색호 야발득재 약도부위불
足之處, 必失矣.
족지처 필실의

실패하는 것은 운이 패운으로 바뀌는 것을 말하며, 미리 알고 예방하면 피해를 반으로 줄일 수 있다. 사람의 기색이 좋다면 재운이 발하지만, 얼굴 부위가 좋지 못한 때에 이르면 반드시 실패가 있게 된다.

> 眉眼淸而根陷, 須防四十外失. 天庭高, 乃父兄之運, 若眉眼不如, 到三
> 미 안 청 이 근 함   수 방 사 십 외 실   천 정 고   내 부 형 지 운   약 미 안 불 여   도 삼
>
> 旬, 則失位破家.
> 순   즉 실 위 파 가

눈썹과 눈이 청수해도 산근이 함몰되었다면 반드시 40세를 넘길 때 실패를 예방해야 한다. 천정(이마)이 높은 것은 부모 형제 운이 좋은 것이지만, 눈썹과 눈의 격이 그에 못 미친다면 30대에 이르러 얼굴에서 부족한 부위의 운을 만날 때 가정이 깨어지게 된다.

> 如其星好, 木星不好, 兼倉庫削, 六九前火心有虧. 一世身榮, 到子穴之
> 여 기 성 호   목 성 불 호   겸 창 고 삭   륙 구 전 화 심 유 휴   일 세 신 영   도 자 혈 지
>
> 時, 轉遭窮困者, 皆因臥蠶黑暗上脣靑. 老運無糧, 只爲舌下根生硬, 乃舌
> 시   전 조 궁 곤 자   개 인 와 잠 흑 암 상 순 청   노 운 무 량   지 위 설 하 근 생 경   내 설
>
> 底下橫生一硬也.
> 저 하 횡 생 일 경 야

얼굴의 오성 가운데 다른 부위가 좋다 해도 목성이 잘못 생기고 천창과 지고가 깎였다면 69세 이전에 갑자기 실패하게 된다. 일생 동안 영화를 누리다가 50대에 이르러 곤궁함을 만나게 되는 것은 모두 와잠이 흑색으로 어둡고 윗입술이 푸르기 때문이다. 늙어서 양식이 없는 운은 다만 혀 아래 단단한 돌기가 생기는데 혀 아래 가로로 생기고 단단해지기 때문이다.

2) 榮姑盛衰와 得失
영 고 성 쇠   득 실

> 解曰, 此四者人皆難全, 如天高地翼, 土正顴開乃有榮有得之格. 如天停
> 해 왈   차 사 자 인 개 난 전   여 천 고 지 익   토 정 권 개 내 유 영 유 득 지 격   여 천 정
>
> 削, 日月明, 眉毛秀, 少年未必全美, 祖父根基小, 在中年三十以外, 一路
> 삭   일 월 명   미 모 수   소 년 미 필 전 미   조 부 근 기 소   재 중 년 삼 십 이 외   일 로
>
> 行來方好, 再無夭損. 如下有虧, 還有一失, 復困苦也.
> 행 래 방 호   재 무 요 손   여 하 유 휴   환 유 일 실   복 곤 고 야

이 네 가지는 사람이 모두 온전하기는 어렵다. 그러나 이마가 높고 지각이 도와주며 코가 바르고 관골이 열렸다면 영화가 있고 이득을 얻는 격이다. 천창이 깎이고 두 눈이 밝으며 눈썹이 수려하면, 소년 시기에 모든 것이 온전할 수 없으므로 조상과 부모의 근기가 작은 것이다. 중년 30세 이후부터 모든 일이 잘 풀려나가고 다시는 요절하거나 손실을 보는 일이 없게 된다. 그러나 이지러지거나 또한 부족한 곳이 있다면 다시 곤고하게 된다.

書云, 天高地薄, 初發達中建難成, 中正顴高, 到中年可成基業. 鼻如懸
서운　천고지박　초발달중건난성　중정관고　도중년가성기업　비여현

膽, 白手興隆, 顴削鼻低, 一世窮苦到老.
담　백수흥륭　관삭비저　일세궁고도로

글에 이르기를 "하늘이 높고 땅이 얇으면 초년 운이 발달하지만 중년에 하는 일이 성공하기 어려우며, 중앙이 바르고 관골이 높으면 중년에 이르러 가업의 기반을 이룰 수 있다. 코가 쓸개를 매어단 듯하면 빈손으로 시작하여 크게 흥성하게 된다. 관골이 깎이고 코가 낮으면 일생 동안 궁색하고 고난을 받으며 늙게 된다."고 하였다.

3) 富貴貧賤
부 귀 빈 천

解曰, 此言四者, 凡富須要身發財自發, 神來財自來, 身不發, 財不來, 神
해왈　차언사자　범부수요신발재자발　신래재자래　신불발　재불래　신

不來, 財定難發. 言神相人, 屢取木形之格, 木若有神財必發, 木若無神財
불래　재정난발　언신상인　루취목형지격　목약유신재필발　목약무신재

必傷.
필상

이 4가지를 말하면, 무릇 부는 반드시 몸이 피어야 재운이 스스로 발하는 것이며, 신기가 와야 재운도 스스로 오는 것이다. 몸이 피지 않으면 재운이 오지 않으며 신기가 오지 않으면 재운은 결단코 발하기 어렵다. 신기로 사람을 살피는 것을 말하자면, 거듭 木형격의 예를 들면 木형에게 신기가 있으면 재운이 반드시 발하지만 목형에 신기가 없으면 반드시 재물을 잃게 된다.

上等人發財不發身, 中等人身發財發, 下等人身雖發, 不見財, 乃一身如
상등인발재불발신　중등인신발재발　하등인신수발　불견재　내일신여

土之濁, 肉又不實也, 故肉長財不來, 若肉發宜實, 骨肉兩配方妙, 如肉多
토지탁　육우불실야　고육장재불래　약육발의실　골육양배방묘　여육다

骨少, 四九不保.
골소　사구불보

상등급인 사람은 재운이 발해도 몸이 발하지 않으며, 중등급인 사람은 몸이 피어야 재운이 발하며, 하등급인 사람은 비록 몸이 피어나도 재운을 만나지 못하는데, 이는 몸이 흙과 같이 탁해서 살도 견실하지 않기 때문이다. 그러므로 살이 쪄도 재운이 오지 않는 것이다. 살찌는 것이 견실하며 뼈와 살이 서로 균형이 맞아야 비로소 훌륭한 것인데 만약 살이 많고 뼈가 적다면 49세를 보존할 수 없다.

> 若體厚肉實, 骨正神强, 大富之相. 凡貴與富大不同, 只取淸爲妙, 淸要到
> 약 체 후 육 실　골 정 신 강　대 부 지 상　범 귀 여 부 대 불 동　지 취 청 위 묘　청 요 도
>
> 底, 不宜一濁, 此乃槪論形局.
> 저　불 의 일 탁　차 내 개 론 형 국
>
> 還要看五官六府十二宮貴, 一要頭頂平, 二要耳硬, 三要肩高, 四要顴高,
> 환 요 간 오 관 육 부 십 이 궁 귀　일 요 두 정 평　이 요 이 경　삼 요 견 고　사 요 관 고
>
> 五要睛淸, 六要脣紅, 七要齒厚, 八要腰圓, 九要指長, 十要髮黑潤, 此十
> 오 요 정 청　육 요 순 홍　칠 요 치 후　팔 요 요 원　구 요 지 장　십 요 발 흑 윤　차 십
>
> 件俱全, 還難得貴.
> 건 구 전　환 난 득 귀

몸이 두텁고 살이 견실하며 골격이 바르고 신기가 강하면 큰 부자의 상이다. 무릇 부와 귀는 크게 다른데 다만 맑은 것을 훌륭한 것으로 취한다. 맑으면 순수해야 하며 한 점이라도 탁해서는 좋지 않은데 이는 형국에 대해 대략 논한 것이다.

또한 오관과 육부와 12궁의 귀함을 보아야 하는데, 첫째 머리 정수리가 넓어야 하며, 둘째 귀가 단단해야 하며, 셋째 어깨가 높아야 하며, 넷째 관골이 높아야 하며, 다섯째 눈동자가 맑아야 하며, 여섯째 입술이 붉어야 하며, 일곱째 치아가 두터워야 하며, 여덟째 허리가 둥글어야 하며, 아홉째 손가락이 길어야 하며, 열째 머리카락이 검고 윤기가 나야 한다. 이 열 가지가 모두 온전하다면 어찌 귀함을 얻기 어렵겠는가.

4) 十淸十美
십 청 십 미

(1) 十淸
십 청

> 更有細看處, 有十淸再有十美, 聲音響, 先小後大爲一淸, 古人云, 貴人聲
> 갱 유 세 간 처　유 십 청 재 유 십 미　성 음 향　선 소 후 대 위 일 청　고 인 운　귀 인 성
>
> 韻出丹田, 氣實喉寬響又堅, 又云, 木聲高唱火聲焦, 和潤金聲福壽饒.
> 운 출 단 전　기 실 후 관 향 우 견　우 운　목 성 고 창 화 성 초　화 윤 금 성 복 수 요

다시 자세히 살펴야 하는 부위가 있는데, 열 가지 맑음이 있고 또한 열 가지 아름다움이 있다. 음성에 울림이 있고 처음에는 음성이 작은 듯해도 점차 커지는 것이 첫째 맑음이므로 옛사람이 이르기를 "귀인의 음성은 단전에서 나오므로 기가 견실하고 목구멍이 넓어 울림도 견실한 것이다"라고 하였다. 또한 이르기를 "목성(木聲)은 음이 높게 부르짖고, 화성(火聲)은 건조하며, 온화하고 윤택한 금성(金聲)은 복과 수명이 넉넉하다."라고 하였다.

身上毛宜細軟爲二淸, 髮毛卽如山林, 欲潤而淸, 軟而細. 齒如玉爲三淸,
신 상 모 의 세 연 위 이 청   발 모 즉 여 산 림   욕 윤 이 청   연 이 세   치 여 옥 위 삼 청

書云, 欲食貴人祿, 須生貴人齒. 掌紅潤, 紋如絲, 指長爲四淸.
서 운   욕 식 귀 인 록   수 생 귀 인 치   장 홍 윤   문 여 사   지 장 위 사 청

몸에 있는 털이 가늘고 부드러운 것이 둘째 맑음인데, 머리털과 체모는 곧 산림과 같아서 윤택하고 맑으며 부드럽고 가늘어야 한다. 치아가 옥과 같은 것이 셋째 맑음이다. 글에 이르기를 "귀인으로 녹을 먹으려면 반드시 귀인의 치아로 생겨야 한다."라고 하였다. 손바닥이 붉으며 손금이 명주실 같고 손가락이 긴 것이 넷째 맑음이다.

耳百色兼紅潤爲五淸, 書云, 耳白過面, 朝野聞名, 又云, 耳白脣紅兼眼
이 백 색 겸 홍 윤 위 오 청   서 운   이 백 과 면   조 야 문 명   우 운   이 백 순 홍 겸 안

秀, 何愁金榜不題名. 髮潤眉黑爲六淸, 髮齊過命門爲七淸.
수   하 수 금 방 불 제 명   발 윤 미 흑 위 육 청   발 제 과 명 문 위 칠 청

귀가 희거나 붉고 윤택한 것이 다섯째 맑음이다. 글에 이르기를 "귀가 얼굴보다 희면 조정에서 이름을 듣게 된다."라고 하였고, 또한 이르기를 "귀가 희고 입술이 붉으며 눈이 빼어나면 어찌 과거에 급제하여 이름이 앞에 걸리지 않음을 근심하겠는가."라고 하였다. 머리카락이 윤기 나고 눈썹이 검은 것은 여섯째 맑음이며, 빈발이 명문을 지난 것이 일곱째 맑음이다.

至瘦極血潤不露骨, 爲八淸, 此件極貴, 至瘦乳硬爲九淸, 臍深爲十淸, 此
지 수 극 혈 윤 불 로 골   위 팔 청   차 건 극 귀   지 수 유 경 위 구 청   제 심 위 십 청   차

十淸如得一二可取, 有貴之格.
십 청 여 득 일 이 가 취   유 귀 지 격

지극히 야윈 사람이 혈기가 윤택하고 빛나며 뼈가 드러나지 않은 것은 여덟째 맑음으로 이것은 극귀한 것이다. 지극히 야윈 사람이 유두가 단단하면 아홉째 맑음이며, 배꼽이 깊은 것은 열번째 맑음이다. 이 열 가지 맑음 가운데 한 두 가지를 갖추었다면 귀한 격이다.

(2) 十美
십 미

十美何說, 掌軟如綿兼目秀, 自能將拳入口中, 爲一美, 主二品之格. 一身
십 미 하 설   장 연 여 면 겸 목 수   자 능 장 권 입 구 중   위 일 미   주 이 품 지 격   일 신

之肉, 如玉如珠爲二美, 主三品之格.
지 육   여 옥 여 주 위 이 미   주 삼 품 지 격

열 가지 아름다움이란 무엇을 말하는가. 손바닥 부드럽기가 솜과 같고 눈이 빼어나며 자신의 주먹이 입안으로 들어가는 것이 첫째 아름다움으로 2품의 격이다. 몸의 살이 옥과 같고 구슬과 같으면 둘째 아름다움으로 3품의 격이다.

凡瘦頭圓爲三美, 然不過小貴. 耳後肉起爲四美, 主富貴. 陰囊香, 汗潤色
범 수 두 원 위 삼 미   연 불 과 소 귀   이 후 육 기 위 사 미   주 부 귀   음 낭 향   한 윤 색

長明爲五美, 主大貴超群.
장 명 위 오 미   주 대 귀 초 군

야윈 사람이 머리가 둥글면 셋째 아름다움이지만 조금 귀할 뿐이다. 귀 뒤의 살이 솟은 것이 넷째 아름다움으로 부귀하다. 음낭이 향기로우며 땀이 윤택하며 기색이 오랫동안 밝으면 다섯째 아름다움으로 크게 귀하여 보통사람이 아니다.

身面黑而掌心白, 乃陰內生陽爲六美, 文武職大顯. 睛淸脣紅爲七美, 主
신 면 흑 이 장 심 백   내 음 내 생 양 위 육 미   문 무 직 대 현   정 청 순 홍 위 칠 미   주

武職. 人小聲淸爲八美, 目有夜光爲九美. 十八生鬚淸秀者爲十美, 早登
무 직   인 소 성 청 위 팔 미   목 유 야 광 위 구 미   십 팔 생 수 청 수 자 위 십 미   조 등

科甲.
과 갑

몸과 얼굴은 검은데 손바닥이 희면 이는 음 속에서 양이 생기는 것이므로 여섯째 아름다움인데 문관이나 무관의 직책에서 크게 영달한다. 눈동자가 맑고 입술이 붉은 것이 일곱째 아름다움으로 무관직에 나가게 된다. 체구는 작은 사람이 음성이 맑으면 여덟째 아름다움이며, 눈이 밤에 광채가 나면 아홉째 아름다움이며, 18세에 수염이 나는데, 맑고 빼어나면 열째 아름다움으로 일찍 과거에 급제하게 된다.

5) 貧賤之相
빈 천 지 상

前言貧者何官何府也, 五六三停, 自然不同, 神衰色暗, 天偏地削, 日月不
전 언 빈 자 하 관 하 부 야   오 육 삼 정   자 연 부 동   신 쇠 색 암   천 편 지 삭   일 월 불

明, 山岳不朝, 河海不淸, 林木不潤, 皮土不瑩, 血氣不華, 俱是貧窮之相,
명   산 악 불 조   하 해 불 청   임 목 불 윤   피 토 불 영   혈 기 불 화   구 시 빈 궁 지 상

乃天地不正之氣也.
내 천 지 부 정 지 기 야

앞에서 말한 가난한 것은 오관이 어떻게 생기고 육부가 어떻게 생긴 것인가? 오관과 육부·삼정은

스스로 같지 않은 것이다. 신기가 쇠약하고 색이 어두운 것, 천창이 기울고 지각이 깎인 것, 두 눈이 밝지 않은 것, 산악이 조응하지 않는 것, 물과 바다가 맑지 않은 것, 숲과 나무가 윤택하지 않은 것, 피부가 밝지 않은 것, 혈색과 기색이 빛나지 않는 것 등은 모두 빈궁한 상이니 이는 천지의 기가 바르지 않은 것이기 때문이다.

夫賤者又與貧相不同, 語言多泛, 頭尖額削, 日月失陷, 星辰不勻, 部位不
부 천 자 우 여 빈 상 부 동   어 언 다 범   두 첨 액 삭   일 월 실 함   성 진 불 균   부 위 불

停, 長短不配, 俱乃賤格也.
정   장 단 불 배   구 내 천 격 야

무릇 천한 것과 가난한 상은 다른 것이다. 말하는 것이 허황되어 들뜬 것, 머리가 뾰족하고 이마가 깎인 것, 두 눈이 잘못된 것, 두 눈썹이 고르지 않은 것, 얼굴 부위가 균형에 맞지 않는 것, 신체와 얼굴의 장단이 맞지 않는 것 등은 모두 천한 격이다

10 | 行動擧止
행 동 거 지

色若鮮明, 氣若和潤, 可保萬里高飛, 俱無阻滯. 此書相週體, 諸事俱完.
색 약 선 명   기 약 화 윤   가 보 만 리 고 비   구 무 조 체   차 서 상 주 체   제 사 구 완

尚有坐行食臥笑語, 乃係身外六法, 另詳於下.
상 유 좌 행 식 와 소 어   내 계 신 외 륙 법   영 상 어 하

색이 선명하고 기가 온화하고 윤택하면 뜻이 만리까지 높이 날며 막히고 체하는 일이 없다. 이 글은 두루 몸을 살피는 것으로 여러 일들을 모두 완비하였으므로 또한 행동·앉음·누움·먹음·말함·웃음 등 신체 외의 여섯 가지 법칙을 아래에 상세히 기술한다.

1) 論坐富貴貧賤
논 좌 부 귀 빈 천

論坐富貴貧賤
논 좌 부 귀 빈 천

앉은 자세로 부귀빈천을 논함.

解曰, 凡坐欲端正嚴肅, 男女一同. 不欲體搖身動, 足亂頭垂, 凡此皆不足
해왈 범좌욕단정엄숙 남녀일동 불욕체요신동 족란두수 범차개부족

之相也.
지 상 야

앉은 자세는 단정하고 엄숙해야 하는데 남녀가 동일하다. 몸을 흔들고 경망되게 움직이거나 발을 떨고 머리를 아래로 숙이고 있는 것은 모두 부족한 상이다.

坐若邱山者, 主大貴, 坐欲肩圓, 項正體平, 起坐舒緩, 此皆貴人之相.
좌약구산자 주대귀 좌욕견원 항정체평 기좌서완 차개귀인지상

앉은 자세가 마치 산과 같으면 대귀한 사람이다. 앉은 자세가 어깨가 둥글고 목이 바르며 몸이 균형을 이루며 서거나 앉았을 때 편안하다면 이는 모두 귀인의 상이다.

詩曰

坐若邱山穩且平, 爲人忠孝立功勛. 若是體搖倂足動, 愚頑下賤不須論.
좌약구산온차평 위인충효립공훈 약시체요병족동 우완하천불수론

앉은 자세가 산과 같고 평온하고 균형이 맞으면 충성·효성스러워 공훈을 세우게 될 사람이다. 몸을 흔들고 발을 떤다면 어리석고 고집스럽고 하천하니 논할 필요가 없다.

2) 論行富貴貧賤
논 행 부 귀 빈 천

論行富貴貧賤
논 행 부 귀 빈 천

걸음걸이로 부귀빈천을 논함.

解曰, 凡行欲正直昂然, 不可偏斜曲屈. 步欲闊, 頭欲直, 腰欲硬, 胸欲昂.
해왈 범행욕정직앙연 불가편사곡굴 보욕활 두욕직 요욕경 흉욕앙

凡偏體搖頭, 蛇行雀竄, 腰折項歪, 俱不好之格.
범편체요두 사행작찬 요절항왜 구불호지격

무릇 걸을 때는 몸이 바르고 곧고 당당해야 한다. 기울고 한쪽으로 치우치거나 굽어서는 안 된다. 보폭은 넓고 머리는 곧고 허리는 단단하고 가슴은 당당해야 한다. 몸이 기울어지고 머리를 흔들며 뱀이 가는 듯하거나 참새가 달아나는 듯하거나 허리가 꺾이거나 목이 비뚤어지면 모두 좋지 않은 격이다.

詩曰

> 行如流水步行來, 體直頭昂身項停. 若是搖頭過步者, 田園敗盡老來貧.
> 행 여 유 수 보 행 래   체 직 두 앙 신 항 정   약 시 요 두 과 보 자   전 원 패 진 로 래 빈

걸음걸이는 물이 흐르듯 보행도 이와 같으며 체격이 곧고 머리는 당당하며 몸과 목이 균형을 이뤄야 한다. 머리를 흔들거나 머리가 보폭을 앞서 나간다면 전원을 다 팔아먹고 늙어 빈천해진다.

3) 論食富貴貧賤
논 식 부 귀 빈 천

> 論食富貴貧賤
> 논 식 부 귀 빈 천

먹는 것으로 부귀빈천을 논함.

> 解曰, 食乃一生之主, 豈無相法. 凡食欲開大合小, 速進者爲妙. 猴餐鼠餐
> 해 왈   식 내 일 생 지 주   기 무 상 법   범 식 욕 개 대 합 소   속 진 자 위 묘   후 찬 서 찬
> 不足道也.
> 부 족 도 야

먹는 것은 일생을 주관하니 어찌 상법이 없겠는가. 음식을 먹을 때는 입을 열면 크고 닫으면 작으며 음식을 입속으로 빨리 넣는 사람이 좋다. 원숭이처럼 먹거나 쥐처럼 먹는 것은 부족한 것이다.

> 食多哽咽必主流徒, 嗒嘴如者猪, 難免凶死. 項伸如馬者, 一世辛勤.
> 식 다 경 인 필 주 류 도   탑 취 여 저 자   난 면 흉 사   항 신 여 마 자   일 세 신 근

음식을 먹을 때 목이 자주 메는 사람은 떠돌이이며, 돼지처럼 쩝쩝거리며 먹는 사람은 흉사를 면키 어렵다. 말처럼 목을 길게 늘이고 먹는 사람은 일생 동안 신고가 많다.

詩曰

> 虎食龍餐是貴人, 若還哽咽主災星. 猴食鼠餐幷馬食, 一生破敗不能成.
> 호 식 용 찬 시 귀 인　약 환 경 인 주 재 성　후 식 서 찬 병 마 식　일 생 파 패 불 능 성

호식 용찬은 귀인이며 목이 메면 재액이 따른다. 원숭이나 쥐 그리고 말처럼 먹으면 일생 동안 실패가 많고 성공할 수 없다.

4) 論臥富貴貧賤
논 와 부 귀 빈 천

> 論臥富貴貧賤
> 논 와 부 귀 빈 천

누운 자세로 부귀빈천을 논함.

> 解曰, 臥乃寐之安, 不可不穩. 凡臥如龍之盤, 犬之曲, 乃貴人之相. 凡睡
> 해 왈　와 내 매 지 안　불 가 불 온　범 와 여 룡 지 반　견 지 곡　내 귀 인 지 상　범 수
>
> 將手抱頭者, 善明詞訟.
> 장 수 포 두 자　선 명 사 송

눕는다는 것은 잠자리에서의 안식이므로 편안하지 않으면 안 된다. 누운 자세가 용이 서린 것 같거나 개가 구부린 듯하면 귀인의 상이다. 잠자리에서 손으로 머리를 감싸고 자는 사람은 송사에 뛰어나다.

> 長脚長手, 爲停屍睡, 大不好也. 睡中夢多, 自言自語者, 乃狂詐之徒.
> 장 각 장 수　위 정 시 수　대 불 호 야　수 중 몽 다　자 언 자 어 자　내 광 사 지 도
>
> 書云, 只因夢裏多狂語, 每向人前狂語多. 凡睡將背朝天者, 主餓死. 睡中
> 서 운　지 인 몽 리 다 광 어　매 향 인 전 광 어 다　범 수 장 배 조 천 자　주 아 사　수 중
>
> 搖足者, 乃上等人之相. 睡啓口者, 主夭. 不閉眼者, 惡死.
> 요 족 자　내 상 등 인 지 상　수 계 구 자　주 요　불 폐 안 자　악 사

팔과 다리를 길고 곧게 뻗고 자는 것을 시체잠이라고 하는데 크게 좋지 않다. 잠을 자며 꿈이 많으며 자신이 묻고 자신이 답하는 사람은 광망(狂妄)한 사기꾼이다.

책에 이르기를 "꿈속에 광망한 말이 많으면 언제나 남 앞에서 광망한 말을 많이 한다."고 하였다. 잠자면서 등이 하늘을 향하도록 엎드려 자는 사람은 굶어죽게 된다. 잠자면서 발을 흔드는 사람은 상등급의 상이다. 잠자면서 입을 벌리고 자는 사람은 장수하기 어렵고 눈을 감지 않고 자는 사람은 악사하기 쉽다.

又云, 睡夢狂言奸詐人, 開眼張口必遭刑. 穩曲呼來還言吼. 管敎白手起
우운 수몽광언간사인 개안장구필조형 온곡호래환언후 관교백수기

千金, 凡呼欲同聲高方妙. 大槪眠欲曲, 行宜直, 方爲妙格.
천금 범호욕동성고방묘 대개면욕곡 행의직 방위묘격

또한 이르기를 "잠자면서 꿈속에서 광망한 말을 많이 하면 간사한 사람이며 눈을 뜨고 입을 벌리고 자면 반드시 형벌을 당한다."고 하였다. 편안하게 구부리고 자면서 호흡 소리가 으르렁 대듯하면 백수로 천금의 재산을 모을 사람이다. 호흡소리는 같은 소리로 높아야 좋다. 대개 잠은 구부리고 자야하고 걷는 것은 곧은 것이 좋다.

5) 論笑富貴貧賤
논 소 부 귀 빈 천

論笑富貴貧賤
논 소 부 귀 빈 천

웃음으로 부귀빈천을 논함.

解曰, 凡笑乃喜之發, 不欲如常. 冷笑者多謀足智, 藏情者一世貧奸. 笑欲
해 왈 범소내희지발 불욕여상 냉소자다모족지 장정자일세빈간 소욕

開口大響, 不欲閉口, 無音者如馬嘶, 皆不爲美.
개 구 대 향 불 욕 폐 구 무 음 자 여 마 시 개 불 위 미

무릇 웃음이란 기쁨의 발로이므로 웃을 때는 평소와 달라야 한다. 냉소하는 사람은 모사하는 지혜가 많고, 기쁜 정을 감춰 웃지 않는 사람은 일생 동안 가난하고 간사하다. 웃을 때는 입을 열고 음성의 울림이 있게 웃어야하며 입을 다물고 웃으면 안 된다. 웃음소리가 없거나 말 울음소리 같으면 모두 좋지 않은 것이다.

詩曰

開口長聲笑者賢, 聲音喉內定多奸. 若是馬嘶猿喉叫, 又貧又苦又無錢.
개 구 장 성 소 자 현 성 음 후 내 정 다 간 약 시 마 시 원 후 규 우 빈 우 고 우 무 전

입을 열고 긴소리로 웃는 사람은 현명하고, 웃음소리가 목구멍 속에서만 나면 간사함이 많다. 말 울음 같거나 원숭이처럼 부르짖으면, 가난하고 고난이 많고 돈도 없다.

6) 論語富貴貧賤
논 어 부 귀 빈 천

論語富貴貧賤
논 어 부 귀 빈 천

말로써 부귀빈천을 논함.

解曰, 凡語言與聲音不同, 聲音出於丹田, 語言出於唇吻, 故不同. 大凡人
해왈 범어언여성음부동 성음출어단전 어언출어순문 고부동 대범인

之語, 唇舌勻停和緩. 不露齒爲妙, 如急焦亂泛者, 乃下賤之相, 一世無成
지어 순설균정화완 불로치위묘 여급초란범자 내하천지상 일세무성

也.
야

말하는 것과 음성은 서로 다르며, 음성은 단전에서 나오고 말은 입술에서 나오므로 같지 않은 것이다. 대범한 사람의 말은 입술과 혀가 균형을 이루므로 온화하고 부드럽다. 말할 때 치아가 드러나지 않아야 좋고 급박하거나 거칠거나 산란하거나 들뜨면 하천한 상으로 일생 동안 성공할 수 없다.

詩曰

語要勻停氣要和, 貴人語少小人多. 若是泛言唇亂動, 不離貧賤病多磨.
어요균정기요화 귀인어소소인다 약시범언순란동 불리빈천병다마

말은 고르고 기는 온화해야 하며 귀인은 말이 적고 소인은 말이 많다. 말이 들뜨고 입술을 어지럽게 움직이면 빈천과 질병이 떠나지 않는다.

7) 蹇通得失, 天運周流
건 통 득 실 천 운 주 류

蹇通得失, 天運周流
건 통 득 실 천 운 주 류

운이 막히거나 통하고 얻고 잃음은 하늘로부터 부여받은 운의 운행에 달린 것이다.

解曰, 六府三停, 三停不配, 五行不得. 惟依一局失垣, 星辰失者陷位, 雖
해왈 육부삼정 삼정불배 오행불득 유의일국실원 성진실자함위 수

> 有志亦不顯達, 乃一生蹇滯之相也.
> 유 지 역 불 현 달   내 일 생 건 체 지 상 야

육부삼정에서 삼정이 균형을 이루지 못하고 오행의 마땅함을 얻지 못하고, 오성에서 일국이 무너져 성신이 균형을 잃어 그 부위가 없다면 비록 뜻이 있어도 현달할 수 없으므로 일생 동안 막히고 체하는 상이다.

> 通者, 可原可取, 因部位不勻, 氣色不配, 連年困苦, 忽得一位, 要取氣色
> 통 자   가 원 가 취   인 부 위 불 균   기 색 불 배   연 년 곤 고   홀 득 일 위   요 취 기 색
> 一開, 天子有靑雲之志, 庶民有德澤綿綿.
> 일 개   천 자 유 청 운 지 지   서 민 유 덕 택 면 면

운이 통함은 원리를 취해야 한다. 부위가 고르지 않고 기색이 좋지 않아 여러해 동안 곤고했던 사람이 홀연히 부위가 좋아지고 기색이 열리면 천자는 청운의 뜻을 품을 수 있고 서민은 덕택이 면면히 이어진다.

> 得者, 因上邊部位不好, 下邊却好, 一行到好處, 自然得矣. 失者, 乃氣色
> 득 자   인 상 변 부 위 불 호   하 변 각 호   일 행 도 호 처   자 연 득 의   실 자   내 기 색
> 好, 部位不好.
> 호   부 위 불 호

얻는 것은, 상변(천창) 부위가 좋지 않아도 하변(지고)이 좋아서이고, 운이 얼굴의 좋은 곳에 이르면 자연히 운을 얻게 되는 것이다. 잃는 것은 기색이 좋아도 부위가 좋지 않기 때문이다.

> 書云, 氣色定行年休咎, 骨格定一世榮枯, 凡氣色豈能久乎. 此色一得一
> 서 운   기 색 정 행 년 휴 구   골 격 정 일 세 영 고   범 기 색 기 능 구 호   차 색 일 득 일
> 失, 凡部不好, 色好亦防有失.
> 실   범 부 불 호   색 호 역 방 유 실

책에 이르기를 "기색은 유년의 길흉을 정하고 골격은 일생의 성쇠를 정하므로 기색이 어찌 항구할 수 있겠는가?"라고 하였다. 이는 기색의 얻고 잃음을 말한 것으로 부위가 좋지 않은데 색만 좋다면 또한 잃게 됨을 방비하라는 것이다.

8) 病難困榮, 一身常有
병난곤영, 일신상유

病難困榮, 一身常有
병난곤영   일신상유

질병과 난관, 곤고함과 영화는 일신에 달려있다.

解曰, 凡病者, 不過災疾也, 要在病厄宮. 看此宮青暗, 不過小疾, 此宮黑
해왈 범병자 불과재질야 요재병액궁 간차궁청암 불과소질 차궁흑

赤, 不過有災, 非主死.
적 불과유재 비주사

凡口準命耳, 此四處犯相克之氣色, 即死無疑, 克乃五行相克之理, 不可
범구준명이 차사처범상극지기색 즉사무의 극내오행상극지리 불가

不看詳細.
불간상세

무릇 병이란 병폐에 불과하므로 병액궁(질액궁)에 달려있는 것이다. 이 질액궁을 살펴 푸르고 어두우면 작은 병에 불과하지만, 이 부위가 검고 적색을 띄면 재앙이 생기는 것을 피할 수 없거나 그렇지 않으면 죽게 된다.

무릇 입·준두·명궁·귀 이 네 곳에 상극하는 기색이 침범하면 죽게 됨을 의심할 바가 없으므로 이는 오행이 상극하는 이치로써 상세히 살피지 않을 수 없다.

一面加蒙, 必遭大難. 命宮昏暗, 必遭大難, 天庭色滯, 必遭大難. 邊地生
일면가몽 필조대난 명궁혼암 필조대난 천정색체 필조대난 변지생

暗, 必遭大難.
암 필조대난

얼굴 전체의 기색이 어두우면 반드시 대난을 만나게 되고, 명궁이 어두워도 반드시 대난을 만나게 되고, 천정의 기색이 체하면 반드시 대난을 만나게 되며, 변지가 어두워도 반드시 대난을 만나게 된다.

9) 古聖人遭難者, 皆有一色
고성인조난자, 개유일색

古聖人遭難者, 皆有一色
고성인조난자   개유일색

옛날의 성인들이 난을 만난 것은 모두 한 가지 기색이 있었기 때문이다.

解曰, 邊地起赤雲, 唐太宗有金營百日縲絏. 印堂生黯黲, 關雲長有失馬
해 왈   변 지 기 적 운   당 태 종 유 금 영 백 일 류 설   인 당 생 암 참   관 운 장 유 실 마

之驚.
지 경

변지에 적기가 구름처럼 일었으므로 당태종이 금영에서 백 일간 포로가 되었다. 인당에 검푸른 기색이
나타났으므로 관운장이 말을 잃고 놀라는 일이 있었다.[85]

準頭一赤, 孟嘗君夜渡關津. 奸門忽暗, 劉玄德有長板之厄.
준 두 일 적   맹 상 군 야 도 관 진   간 문 홀 암   유 현 덕 유 장 판 지 액

준두에 붉은 기색이 나타났으므로 맹상군[86]이 밤에 관진을 건넜다. 간문이 홀연히 어두워졌으므로
유비가 장판에서 액[87]을 당하였다.

雙顴如火, 楊六郎失職困汝州. 赤透三關, 楊文廣困柳州三載.
쌍 관 여 화   양 육 랑 실 직 곤 여 주   적 투 삼 관   양 문 광 곤 류 주 삼 재

양 관골이 불과 같았으므로 양육랑[88]이 여주에서 실직하는 곤경에 처했다. 적기가 삼관[89]에 투영되었
으므로 양문광[90]이 유주에서 삼년간 곤경에 처했다.

印堂黯顴骨青, 伍子胥賣劍走范陽. 耳濛額暗, 韓文公風雪貶潮陽.
인 당 암 관 골 청   오 자 서 매 검 주 범 양   이 몽 액 암   한 문 공 풍 설 폄 조 양

인당이 어둡고 관골에 청기가 나타났으므로 오자서[91]가 검을 팔아 범양으로 달아났다. 귀와 이마가

---

85) 관운장 낙마 : 위(魏)군과의 전투에서 조인이 5백 궁노에게 화살을 쏘게 하여 관운장이 팔에 화살을
맞고 낙마한 사건.

86) 맹상군(?~BC. 279?). 본명 전문(田文). 제나라 공족으로 전국 말기 사공자(四公子) 가운데 한 사람.
진(秦)·제(齊)·위(魏)나라의 재상을 역임하고 독립하여 제후가 됨. 진나라 소왕이 진나라로 불러들여
죽이려하자 왕의 첩에게 흰 여우 가죽을 훔쳐 바치고 밤에 닭울음소리를 내어 성문을 열고 함곡관을
빠져나온 사건으로 계명구도(鷄鳴狗盜)의 일화가 있다.

87) 장판지액 : 유비가 조조의 군대에 크게 패하여 달아나고 장비가 필마단기로 장판교를 지킨 고사.

88) 양육랑 : 북송의 관리 양연소(楊延昭).

89) 三關 : 이마와 양쪽 관골.

90) 양문광(?~1074) : 북송의 장수로 양연소의 둘째 아들.

91) 오자서(?~BC 484). 춘추시대 초나라 사람. 아버지와 형이 초나라 평왕에게 살해당한 뒤 오나라로
도주하여 오나라 왕 합려를 보좌하여 강대국으로 키우고 초나라에 복수하였다. 후일 합려의 아들

어두웠으므로 한문공92)이 조양에서 풍설에 시달리며 귀양살이를 했다.

赤起太陽, 陳巡檢梅嶺尋申陽(失妻之說). 年壽暗如泥, 齊孝仁遭失子.
적 기 태 양   진 순 검 매 령 심 신 양   실 처 지 설   연 수 암 여 니   제 효 인 조 실 자

적기가 태양에 일었으므로 진순검93)이 매령에서 신양을 찾았다(처를 잃는다는 설). 년상과 수상이 진흙처럼 어두웠으므로 제효인94)이 자식을 잃었다.

以上數端, 不過氣色不好, 故有此難. 氣色一開, 自保安榮, 此乃相貌原
이 상 수 단   불 과 기 색 불 호   고 유 차 난   기 색 일 개   자 보 안 영   차 내 상 모 원

好, 因色不如, 故暫守困.
호   인 색 불 여   고 잠 수 곤

이상의 몇 가지 사건은 기색이 좋지 않은 것에 불과하므로 이러한 난관을 만난 것이다. 기색이 열리면 스스로 편안하고 영화를 누리게 되므로 이는 원래 상모가 좋아도 색이 그만 못했기 때문으로 잠시 곤란에 처했던 것이다.

11 | 永樂問答
영 락 문 답

一世財多祿不足, 何說?
일 세 재 다 록 부 족   하 설

對曰, 土星齊, 井竈正, 竅門小, 一生長有餘錢. 唇若薄, 色若靑, 只好隨
대 왈   토 성 제   정 조 정   규 문 소   일 생 장 유 여 전   순 약 박   색 약 청   지 호 수

부차에게 중용되지 못하고 백비의 모함을 받고 자결하였다.

92) 한문공. 한유(韓愈, 768~824). 당나라의 문학가 겸 사상가로 산문(散文) 분야에서 당송팔대 (唐宋八大 家)의 한사람으로 시호가 문공이다.

93) 陳巡檢 : 송나라 휘종(徽宗)때의 관리로 본명은 陳辛. 직책이 순검이었으므로 진순검으로 전해진다.

94) 齊孝仁 : 미상인물. 다른 판본에는 '遭失子'가 아니라 '遭失牛(소를 잃었다)'로도 전해진다.

> 緣度日, 縱有萬貫, 不能衣食.
> 연 도 일　종 유 만 관　불 능 의 식

일생 재복은 많은데 관록이 부족한 것은 어째서인가?

코가 가지런하고 양쪽 콧방울이 단정하며 콧구멍이 작다면 평생 동안 금전적 여유가 있습니다. 입술이 얇고 푸른색을 띠면 다만 인연을 따라 지낼 뿐 비록 천만금이 있어도 의식을 해결하기 어렵습니다.

> 相還好看氣色, 或者難看, 何以辨之?
> 상 환 호 간 기 색　혹 자 난 간　하 이 변 지
>
> 對曰, 相有萬千變, 豈能容易. 氣色不過一理, 豈爲難乎. 屢屢看相, 欠眞
> 대 왈　상 유 만 천 변　기 능 용 이　기 색 불 과 일 리　기 위 난 호　루 루 간 상　흠 진
>
> 傳實學, 故此毫釐有千里之差.
> 전 실 학　고 차 호 리 유 천 리 지 차

상이 또한 좋아도 기색을 보는데, 어떤 것들은 보기 어려운데 무엇으로서 판단해야 하는가?

대왈, 상에는 천만의 변화가 있는데 어찌 쉬울 수 있겠습니까. 그러나 기색은 한 가지 이치에 불과한데 어찌 어렵겠습니까. 누누이 상을 살펴도 참되게 전수된 실학이 아니라면 이것은 털끝만 한 것이 천리의 차이가 있는 것입니다.

> 不知宮分, 不識生克, 不明道理, 不得眼力, 不知何爲氣何爲色, 何爲吉何
> 부 지 궁 분　불 식 생 극　불 명 도 리　부 득 안 력　부 지 하 위 기 하 위 색　하 위 길 하
>
> 爲凶, 以何方可脫, 何日可見. 總然不得訣法, 難以盡明.
> 위 흉　이 하 방 가 탈　하 일 가 견　총 연 부 득 결 법　난 이 진 명

궁을 분별할 줄 모르고 생극을 알지 못하면 도리를 밝힐 수 없고 안력을 얻지 못한 것입니다. 어떤 것이 기이고 어떤 것이 색인지, 어떤 것이 길한 것이며 어떤 것이 흉한 것인지 어떤 방향이 흉함을 피할 수 있는지, 어느 날 만날 수 있는지 알 수 없습니다. 결론적으로 이러한 비결법을 얻지 못하면 명백하게 알기는 어려운 것입니다.

> 朕自爲君以來, 不脫憂心, 何說?
> 짐 자 위 군 이 래　불 탈 우 심　하 설
>
> 對曰, 山根倉庫長青青, 準赤腮黃氣不勻, 從此爲君也愁悶, 庶人得此百
> 대 왈　산 근 창 고 장 청 청　준 적 시 황 기 불 균　종 차 위 군 야 수 민　서 인 득 차 백
>
> 無成. 必待此色一開, 聖心自安矣.
> 무 성　필 대 차 색 일 개　성 심 자 안 의

짐이 황제가 된 이래 근심에서 벗어나지 못하는 것은 어찌된 일인가?

산근과 천창 지고에 오랫동안 푸른 기색을 띠고, 준두가 붉으며 턱 양쪽 시골에 황색 기운이 있고 기가 서로 고르지 않습니다. 이것은 임금으로서도 수심이 있는 것이며 서민이라면 이루어지는 일이 없습니다. 기다리신다면 기색이 한 번 열릴 것이며 그다음에는 근심이 사라져 자연히 편안해지실 것입니다.

朕爲君以來, 幸國已平, 民已富, 士已裕, 何說?
짐 위 군 이 래   행 국 이 평   민 이 부   사 이 유   하 설

對曰, 血足神舒眼愈光, 印堂平潤是榮昌, 爲士爲官多獲福, 庶人得此亦
대 왈   혈 족 신 서 안 유 광   인 당 평 윤 시 영 창   위 사 위 관 다 획 복   서 인 득 차 역

安康.
안 강

짐이 황제가 된 이래 다행스럽게 나라가 평안하고 백성은 부유하며 선비들 또한 여유가 있는 것은 어째서인가?

대왈, 폐하의 혈색이 족하고 정신이 편안하여 눈에는 여유로운 빛이 있고 인당은 평평하고 윤택하시어 그런 좋은 일이 있으니 선비나 벼슬아치 모두 복을 얻고 서민들 또한 평안을 누리는 것입니다.

爲官者乃貴人, 常有遭刀劊刑者, 爲何?
위 관 자 내 귀 인   상 유 조 도 회 형 자   위 하

관직에 나아가는 사람은 귀인이라 하지만 그중에 몸을 자르는 형벌을 받는 사람이 있는 것은 어떤 이유인가?

對曰, 皆因項上有紅絲, 耳輪多赤色. 犯此者難逃刀斧亡身.
대 왈   개 인 항 상 유 홍 사   이 륜 다 적 색   범 차 자 난 도 도 부 망 신

그런 사람들은 목에 붉은 실과 같은 주름이 있고 귓바퀴가 심하게 붉은색을 띠고 있습니다. 이런 사람은 칼이나 도끼에 의해 몸이 죽는 것을 피하기 어렵습니다.

日月交鋒, 反得善終, 爲何?
일 월 교 봉   반 득 선 종   위 하

두 눈이 서로 찌르는 듯 날카로운데도 오히려 선종하는 것은 어찌된 것인가?

對曰, 凡武將在邊地, 眼眉上生殺氣正高. 現於兩顴, 所以當得爭戰, 眼不
대왈 범무장재변지 안미상생살기정고 현어양관 소이당득쟁전 안불

露光, 項無紅絲, 非猪食鼠飡, 乃善人之相, 能戰之人也.
로광 항무홍사 비저식서손 내선인지상 능전지인야

대왈, 무장의 특징은 변지에 있습니다. 눈과 눈썹에 살기가 있지만 바르고 고상하며 양쪽 관골이
높기 때문에 전쟁을 치르게 되는 것입니다. 눈빛이 밖으로 드러나지 않고 목에 붉은 주름이 없으며
돼지처럼 게걸스럽게 먹거나 쥐처럼 갉아먹지 않아야 좋은 상으로 전쟁을 감당할 수 있는 사람입니다.

朝中大臣不能飲食, 旣爲官, 何又祿少?
조중대신불능음식 기위관 하우록소

對曰, 官高雖是印堂寬, 富貴還須手過膝. 官高因印開眉秀, 耳正目清, 因
대왈 관고수시인당관 부귀환수수과슬 관고인인개미수 이정목청 인

此大貴. 食祿在口, 若脣薄口蹙, 食自少也.
차대귀 식록재구 약순박구축 식자소야

조정의 대신이면 먹고 마시는 것이 충분치 않을 수 없는데 관리가 되었음에도 어째서 봉록이 적은
사람이 있는가?

대왈, 관직이 높은 것은 인당이 넓기 때문이지만 부귀는 손이 무릎을 지나야 가능한 것입니다. 관직이
높은 것은 인당이 열리고 눈썹이 빼어나며 귀가 반듯하고 눈이 맑기 때문으로 대귀한 것입니다. 식록은
입에 있는데 입술이 얇고 입이 오그라들었으면 식록이 자연히 적은 것입니다.

官居極品, 臨終衣食俱無, 何說?
관거극품 임종의식구무 하설

극품의 관직에 있었더라도 죽을 때에 이르러는 의식조차 없게 되는 사람은 어째 그런가?

對曰, 凡人老運, 不拘富貴, 俱要皮土爲主, 老來皮土潤, 血色足, 日後還
대왈 범인노운 불구부귀 구요피토위주 노래피토윤 혈색족 일후환

有晩景, 必富大旺.
유만경 필부대왕

대왈, 무릇 사람이 늙었을 때의 운은 부·귀를 막론하고 모두 피토를 위주로 해야 합니다. 늙으면서
피부와 살결이 윤택하고 혈색이 족하면 날로 좋은 일이 많아 반드시 부를 크게 누립니다.

> 老來皮土幹, 血色衰, 爲官退位至窮. 爲民致困, 死後結果俱難.
> 노래피토간　혈색쇠　위관퇴위지궁　위민치곤　사후결과구난

늙을수록 피부와 살이 마르고 혈색이 쇠해진다면 관직에서 물러난 후 곤궁함에 이르게 됩니다. 일반 백성이라도 곤궁함이 이르게 되므로 죽은 후도 결과적으로 모두 어렵습니다.

> 武相作文官, 文相作武職, 何說?
> 무상작문관　문상작무직　하설

무관의 상을 지닌 사람이 문관이 되고 문관의 상을 지닌 사람이 무직에 나가는 것은 어떻게 된 것인가?

> 對曰, 包公之面, 七陷三顴, 楊郎之身, 瑩如白玉, 六郎銀面金睛, 故有封
> 대왈　포공지면　칠함삼관　양랑지신　형여백옥　육랑은면금정　고유봉
> 侯之職. 包公鐵面銀牙, 故掌宰相之權.
> 후지직　포공철면은아　고장재상지권

대왈, 포공95)의 얼굴은 칠함삼관면이었으며96), 양랑97)의 몸은 밝기가 백옥 같았으며, 육랑은 은빛 얼굴에 금색의 눈동자를 지녔기에 후에 봉해질 수 있었습니다. 포공은 철면은아였으므로98) 재상의 권력을 가질 수 있었습니다.

---

95) 포공(包公). 본명은 포증(包拯, 999~1062) 자는 희인(希仁). 북송의 관리로 개봉부윤·추밀부사 등을 역임했으며 청렴하고 공정하여 권력에 아부하지 않았으므로 포청천(包靑天) 또는 포공(包公)으로 불렸다. 또한 그의 얼굴이 흑면이었으므로 포흑자(包黑子)·포흑탄(包黑炭) 등의 별명으로도 불렸다. 속설에 의하면 사후 지옥 제5전의 염라왕이 되었다고 하며 그를 주제로 한 드라마가 제작되어 국내에서도 TV에 방영되었다.

96) 칠함삼관(七陷三顴) : 눈·코·입·귀가 분명하고 이마와 관골이 발달한 얼굴.

97) 양랑(楊郎). 본명 양연소(楊延昭, 958~1014) 일명 양육랑(楊六郎)으로 불린다. 북송의 항료대장 양업의 장자로 유년시절부터 부친을 따라 참전했으며 옹희3년(986) 29세의 나이로 부친을 따라 북벌에 참전하여 선봉장으로 삭주성 아래에서 전투 중 화살이 팔을 꿰뚫었으나 더욱 용맹스럽게 공격해 삭주를 점령했다. 부친이 사망하자 하북 지역에서 요나라의 침입을 막는 무장의 역할을 하였으며 진종황제가 "군대를 다스리고 국경을 보호함에 부친의 기풍이 있다(治兵護塞有父風)"라고 칭찬하였다.

98) 철면은아(鐵面銀牙) : 얼굴이 무쇠같이 검고 치아가 은색이 날 만큼 흰 것.

> 伍子胥顔如美婦, 獨爲眉分八字. 黨太尉靑面赤鬚, 只因目秀, 反作文臣.
> 오 자 서 안 여 미 부　독 위 미 분 팔 자　당 태 위 청 면 적 수　지 인 목 수　반 작 문 신
>
> 此四古人俱爲文武全才, 出將入相之貌, 莫以淸濁言之.
> 차 사 고 인 구 위 문 무 전 재　출 장 입 상 지 모　막 이 청 탁 언 지.

오자서는 얼굴이 아름다운 부인과 같았으나 다만 눈썹이 八자로 나뉘어 있었습니다. 당태위[99]는 얼굴 빛이 푸르고 수염이 붉었으나 눈이 빼어났으므로 오히려 문신이 된 것입니다. 이 네 옛날 사람들은 모두 문무의 재질을 함께 갖추었고, 출장입상의 용모였으므로 청탁으로 논할 수 없습니다.

> 額上紋見, 大臣常有, 何爲不好, 此係何說?
> 액 상 문 견　대 신 상 유　하 위 불 호　차 계 하 설

이마의 주름을 보면 대신들은 모두 있는데 어떤 것이 좋지 않은 것이며 이는 어떤 설과 관계가 있는가?

> 對曰, 凡額上紋一條爲華蓋, 二條爲偃月, 三條爲伏犀, 多者不妙. 凡紋欲
> 대 왈　범 액 상 문 일 조 위 화 개　이 조 위 언 월　삼 조 위 복 서　다 자 불 묘　범 문 욕
>
> 從輔骨邊起, 橫深爲妙.
> 종 보 골 변 기　횡 심 위 묘

이마에 주름이 한 줄 있는 것이 화개이며 두 줄 있는 것이 언월이며 세 줄 있는 것이 복서이며, 너무 여러 줄 있는 것은 좋지 않습니다. 주름은 보골과 변지 부분에서 시작되어야 하고 옆으로 깊어야 좋습니다.

> 華蓋主孤獨, 偃月主中貴, 伏犀者大貴. 如短如亂大不好, 一生主辛苦, 下
> 화 개 주 고 독　언 월 주 중 귀　복 서 자 대 귀　여 단 여 란 대 불 호　일 생 주 신 고　하
>
> 賤刑傷.
> 천 형 상

화개는 고독하고 언월은 중귀하며 복서는 대귀한 사람입니다. 짧거나 어지러우면 크게 좋지 않아 일생 동안 고생이 많고 하천하며 형상을 당하게 됩니다.

---

99) 당태위(黨太尉). 본명 당진(黨進, 927~977). 북송 초기의 맹장이며 삼군 총사령인 태위를 지냈다. 체격이 매우 우람하고 성격이 순박 솔직하였다. 어느 날 외출에서 돌아오니 침상 위에 놓아둔 자신의 잠옷 속에 큰 뱀이 웅크리고 있는 것을 발견하고 대노하여 뱀을 삶아 먹은 후 발병하여 51세로 사망하였다.

朕昨見一尚書天停低, 何故又得爲官?
짐 작 견 일 상 서 천 정 저   하 고 우 득 위 관

짐이 어제 보니 상서 가운데 한사람이 천정이 낮던데 어떻게 벼슬을 얻을 수 있었는가?

對曰, 天停雖低, 日月角開, 輔弼骨朝, 頭平面圓, 此乃五行相配, 故不忌
대 왈   천 정 수 저   일 월 각 개   보 필 골 조   두 평 면 원   차 내 오 행 상 배   고 불 기
低, 是以得爲尚書.
저   시 이 득 위 상 서

천정이 비록 낮아도 일월각이 열리고 보각이 보필해주며, 머리가 평평하고 얼굴이 둥글다면 이는
오행이 서로 균형을 이룬 것이므로, 천정이 낮은 것을 꺼리지 않으므로 상서벼슬에 오른 것입니다.

耳反爲官大, 何說?
이 반 위 관 대   하 설

對曰, 相有可忌有不可忌之說, 豈可一例而推? 書云, 睛雖黃有神光, 梁
대 왈   상 유 가 기 유 불 가 기 지 설   기 가 일 예 이 추 ?   서 운   정 수 황 유 신 광   양
雖折準頭豊, 身雖瘦而不露骨, 此俱不作破敗, 還作貴相推之.
수 절 준 두 풍   신 수 수 이 불 로 골   차 구 불 작 파 패   환 작 귀 상 추 지

귀가 뒤집혔는데도 관직이 높은 사람이 있는 것은 어찌된 것인가?
상에는 꺼릴 것과 꺼리지 않을 것이 있다는 설이 있으므로 어찌 한 가지만을 예로 들어 추단할 수
있겠습니까. 눈동자가 노랗더라도 정기가 있거나, 비량이 꺾인 듯해도 준두가 풍만하거나, 몸이 야위었어
도 노골이 되지 않은 것 등은 모두 실패하지 않으므로 또한 귀한 상이라고 추단하는 것입니다.

才學在人腹內, 何能得知?
재 학 재 인 복 내   하 능 득 지

재주와 학식은 사람의 내부에 있는 것인데 어떻게 그것을 알 수 있는가?

對曰, 書云, 眉聚山川之秀, 胸藏天地之機, 目如電灼流星, 自有安邦高
대 왈   서 운   미 취 산 천 지 수   흉 장 천 지 지 기   목 여 전 작 류 성   자 유 안 방 고
策.
책

대왈, 옛글에 이르길 "눈썹이 산천의 수려한 기를 모으고 가슴 속에 천지의 재기를 지녔다면 눈이
번개처럼 밝고 유성과 같아서 자연히 국가를 편안케 할 높은 비책을 지녔다."라고 하였습니다.

面如白玉, 出世之才, 齒白脣紅塵中隱士, 見人不懼, 胸中自有長策. 作事
면 여 백 옥　출 세 지 재　치 백 순 홍 진 중 은 사　견 인 불 구　흉 중 자 유 장 책　작 사

虛驚胸內決然無物.
허 경 흉 내 결 연 무 물

얼굴이 백옥과 같으면 출세할 인재이며 치아가 희고 입술이 붉으면 속세 가운데 은거한 선비입니다. 사람을 바라볼 때 두려워하지 않으면 가슴 속에 긴 비책을 갖춘 인물입니다. 일을 할 때 놀라 허둥대는 사람은 가슴 속에 확고 결연한 의지가 없는 사람입니다.

漢高祖訪一隱士, 到其門首, 其人坐而不起, 高祖問曰, 欲一士安邦, 來求
한 고 조 방 일 은 사　도 기 문 수　기 인 좌 이 불 기　고 조 문 왈　욕 일 사 안 방　래 구

賢列, 其人向陽, 覓風而應, 一一對答如流. 高祖曰, 此乃上才之士.
현 렬　기 인 향 양　멱 풍 이 응　일 일 대 답 여 류　고 조 왈　차 내 상 재 지 사

한고조[100]가 은거한 선비 한사람을 찾아가 문 입구에 도착하였는데 그 선비가 앉아서 일어나지 않았습니다. 고조가 묻기를 "나라를 안정되게 할 선비가 필요하여 현명한 인재를 구하고자 왔다."고 했습니다. 그 선비는 햇볕을 향해 바람을 쐬고 있으면서 고조의 질문에 하나하나 대답하는 것이 마치 물 흐르듯 하였습니다. 고조가 "이 사람은 참으로 뛰어난 재능을 갖춘 선비이다."라고 하였습니다.

夫形容醜怪, 石中有美玉之藏, 只看其眉目, 胸襟行動, 可知其才學耳. 印
부 형 용 추 괴　석 중 유 미 옥 지 장　지 간 기 미 목　흉 금 행 동　가 지 기 재 학 이　인

開一寸, 非爲田舍之翁.
개 일 촌　비 위 전 사 지 옹

무릇 얼굴과 형상이 추하고 괴이하게 생겼다 해도 돌 가운데 아름다운 옥이 숨겨져 있다면 다만 눈과 눈썹, 가슴에 품은 뜻과 행동을 보아 재주와 학문을 알 수 있습니다. 인당이 열려 1촌이 되면 농사를 지으며 늙을 사람이 아닙니다.

---

100) 한고조. 본명은 유방(劉邦, BC 247~BC 195), 자는 계(季). 진나라 말 군사를 일으켜 진나라를 멸망시키고 항우와 4년간 전쟁을 하여 항우를 죽이고 천하를 통일한 후 한(漢)나라를 건국했다. 원래 묘호(廟號)는 태조(太祖)인데 사마천(司馬遷)이 『사기』에서 고조라고 칭한 뒤로 이것이 통칭이 되었다.

面起三顴, 必作邊庭勇士, 眉分八字, 可作軍官. 庫若斗圓, 當爲武將, 肩
면 기 삼 관　필 작 변 정 용 사　미 분 팔 자　가 작 군 관　고 약 두 원　당 위 무 장　견

高背厚, 必然不是常流, 異貌驚人, 可以爲帥爲傅.
고 배 후　필 연 불 시 상 류　이 모 경 인　가 이 위 수 위 부

　　얼굴에서 이마와 양쪽 관골이 솟아 있다면 반드시 변방의 장수를 지낼 용사이며, 눈썹이 八자로 나뉘었
으면 군대의 장교가 될 수 있고, 지고가 국자처럼 둥글면 무장을 지내게 됩니다. 어깨가 높고 등이
두터우면 틀림없이 평범한 사람이 아니며, 모습이 기이하여 사람을 놀라게 하면 장수가 되고 군사(軍師)
가 됩니다.

爲臣不忠, 在何處看?
위 신 불 충　재 하 처 간

　　신하로서 불충한 사람은 어느 부위를 보면 알 수 있는가?

對曰, 顴高準大, 忠直之臣. 眼陷眉高, 好貪之輩. 眼圓光正, 可代君王之
대 왈　관 고 준 대　충 직 지 신　안 함 미 고　호 탐 지 배　안 원 광 정　가 대 군 왕 지

難. 鬚白脣紅, 致死陰靈報國.
난　수 백 순 홍　치 사 음 령 보 국

　　대왈, 관골이 높고 준두가 큼직하면 충직한 신하입니다. 눈동자가 함몰되고 눈썹이 높이 났다면 탐관오
리에 지나지 않습니다. 눈이 둥글고 눈빛이 바르다면 군왕의 어려움을 대신할 수 있습니다. 수염이 희고
입술이 붉다면 죽어서도 혼령이 보국하는 신하입니다.

耳聳腮尖, 一世爲人奸吝. 若要不忠不孝, 只因水陷土偏. 面方鬚正, 眞性
이 용 시 첨　일 세 위 인 간 린　약 요 불 충 불 효　지 인 수 함 토 편　면 방 수 정　진 성

多忠. 面陷頭陷, 奸邪陰毒.
다 충　면 함 두 함　간 사 음 독

　　귀가 높이 솟고 턱이 깎인 듯 뾰족하면 일생 동안 사람됨이 간교하고 인색합니다. 불충과 불효한
사람을 알려면 턱이 함몰되고 코가 옆으로 삐뚤어져 있는 사람입니다. 얼굴이 바르고 수염이 단정하면
진실된 성격에 충성심이 많습니다. 얼굴과 머리가 움푹하면 간사하고 음험하며 독한 사람입니다.

甘羅十二, 太公八十, 一遲一早, 何說?
감 라 십 이　태 공 팔 십　일 지 일 조　하 설

對曰, 此兩位前賢, 雙耳俱有珠齊口角, 爲明珠出海. 甘羅紅如火, 十二到
대 왈　차 양 위 전 현　쌍 이 구 유 주 제 구 각　위 명 주 출 해　감 라 홍 여 화　십 이 도

此卽遇. 太公白如雪, 故主老來方遇.
차 즉 우　태 공 백 여 설　고 주 로 래 방 우

감라는 12세에, 강태공은 80세에 운을 만났는데, 한 사람은 빠르고 한 사람은 늦게 운을 만난 것은 어떤 까닭인가?

두 분 모두 옛날의 현인으로 두 귓불이 구슬같이 가지런히 입 끝을 향했는데 이것을 명주출해라고 합니다. 감라[101]는 불과 같이 붉었으므로 12세에 운을 만났고, 태공[102]은 눈과 같이 희었으므로 늙어서야 운을 만난 것입니다.

朕居王位, 出於何相, 而得萬民之主?
짐 거 왕 위　출 어 하 상　이 득 만 민 지 주

짐이 왕위에 거하다가 어떤 상으로 태어났기에 만민의 주인 자리를 차지할 수 있었는가?

---

101) 감라(甘羅, BC 247~?). 전국 말기 사람으로 진(秦)나라 명장 좌승상을 역임한 감무(甘茂)의 손자로서 12세에 진나라 승상 여불위의 빈객이 되었다. BC 235년 진왕 정(政, 후일 진시황이 됨)은 조(趙)나라를 치려고 하였다. 연(燕)나라 출생으로 진나라에 와있던 채택(蔡澤)을 연나라에 사신으로 파견하여 연나라와 진나라가 합작하여 조나라를 칠 것을 요구하고 연나라 태자 단(丹)을 인질로, 진나라의 대신을 연나라의 재상으로 기용할 것을 요구했다. 여불위는 장당(張唐)을 연나라의 재상으로 보내려 했으나 장당이 병을 핑계로 거절하므로 매우 불쾌해하고 있었다. 감라는 이것을 알고 장당을 찾아가 협박과 설득으로 연나라로 떠나도록 했다. 또한 자신이 조나라 왕을 찾아가 진나라와 연나라가 합세하여 조나라를 칠 경우를 설명하고 진나라에 5개의 성(城)을 바쳐 화친할 것을 권유하여 5개성을 받고, 조나라와 진나라가 연합하여 연나라를 치게 했다. 두 나라가 연합하여 조나라를 쳐 19개성을 점령한 후 11개성을 진나라가 차지하게 하여 모두 16개성을 차지하도록 했다. 진왕은 감라를 상경(上卿)에 봉하고 그 조부의 봉읍을 감라에게 주었다.

102) 태공(太公, ?~?). 주(周)나라 초기의 인물로 본명 강상(姜尙)으로 염제(炎帝)의 후손이라고도 전한다. 동해에 가난하게 살며 집안을 돌보지 않고 위수(渭水)에서 낚시만 했으므로 그의 처가 집을 나갔다. 당시 인재를 찾던 주나라 서백(후에 문왕이 됨)을 만나 80세에 재상으로 등용되고 무왕(武王)을 도와 상(商)나라를 쳐 천하를 통일한 후 제(齊)나라에 봉해져 제나라의 시조가 되었다.

〈명나라 영락제〉

對曰, 主乃龍生鳳長, 身長六尺, 面大腰圓, 能步開三尺. 少年所困, 因未
대왈　주내룡생봉장　신장륙척　면대요원　능보개삼척　소년소곤　인미

出鬚之故, 今已鬚長一尺八寸, 以合龍相, 當年之壽.
출수지고　금이수장일척팔촌　이합용상　당년지수

　　주상께서는 용으로 태어나 봉황으로 성장하셨으므로 신장이 6척이며 얼굴이 크고 허리가 둥글며
보폭이 3척에 달할 수 있습니다. 소년 시기에 곤궁했던 이유는 아직 수염이 나지 않았던 까닭이었습니다.
지금은 이미 수염 길이가 1척 8촌이니 용의 상에 부합되는 연세에 이르렀기 때문입니다.

☞ 鬚長一尺八寸

　　이 질문은 연왕 朱棣(주체)가 정란(靖難)을 일으켜 제위에 오른 지 얼마 되지 않은 시기에
한 질문으로 보인다. 주체는 부친 주원장의 정실인 馬황후 소생이 아니라 碩妃소생이다. 위
글 가운데 '今已鬚長一尺八寸'이라는 구절이 보이는데, 이는 본래 중국 한(漢)족의 풍모가 아
니다. 주체의 생모 碩妃는 한족이 아닌 것은 분명하지만 그에 관해 몇 가지 설이 전해온다.
　　첫째, 원순제(元順帝)의 비였던 홍길라(洪吉喇)씨 또는 옹(翁)씨라는 설이다. 일부에서는
주체가 원순제의 유복자일 가능성을 제시하기도 한다.
　　둘째, 고려의 미인이라는 설이다.
　　셋째, 몽골의 미인이라는 설이다.

朕宮中無方面之妃, 朕之面方, 欲得一方面爲配, 再無何說?
짐 궁 중 무 방 면 지 비   짐 지 면 방   욕 득 일 방 면 위 배   재 무 하 설

對曰, 婦人貴在眉目肩背, 子在肚腹乳臍. 凡面方者爲虎面, 必犯殺星, 豈
대 왈   부 인 귀 재 미 목 견 배   자 재 두 복 유 제   범 면 방 자 위 호 면   필 범 살 성   기

能入宮爲貴人. 凡女形如鳳者, 方爲大貴.
능 입 궁 위 귀 인   범 여 형 여 봉 자   방 위 대 귀

鳳形面圓長, 上下配眉配已高, 目細秀項圓長, 眉背平, 此乃眞貴, 縱不入
봉 형 면 원 장   상 하 배 미 배 이 고   목 세 수 항 원 장   미 배 평   차 내 진 귀   종 불 입

宮, 亦不失爲夫人.
궁   역 불 실 위 부 인

짐의 궁중에는 얼굴이 모난 비(妃)가 없지만 짐은 얼굴이 모나다. 모난 얼굴을 지닌 여인을 한사람 비로 맞고 싶어도 되지 않는 것은 어떤 까닭인가?

부인의 귀함은 눈썹과 눈·어깨·등에 있으며, 자식에 관한 것은 배와 젖가슴, 배꼽에 있습니다. 얼굴이 모난 것을 虎面이라고 하는데 반드시 살성을 지니고 있습니다. 어찌 궁궐에 들어와 귀인이 될 수 있겠습니까. 여인의 형이 봉황과 같아야 크게 귀한 것입니다.

봉황의 형상으로 얼굴이 둥글고 길며 상하 길이가 균등하며 눈썹이 가지런하고 높이 났으며 눈이 가늘고 빼어나며 목이 둥글고 길며, 어깨와 등이 평평하다면 이는 진실로 귀인이니 비록 궁중에 들어오지 않는다 해도 夫人이 되지 않을 수 없습니다.

朕上陣交鋒, 病無懼色, 今來宮內禦室又强. 何說?
짐 상 진 교 봉   병 무 구 색   금 래 궁 내 어 실 우 강   하 설

對曰, 人非懼內, 表壯如不裏壯. 宋太祖左目小右目大, 故懼內. 張尙書鬚
대 왈   인 비 구 내   표 장 여 불 리 장   송 태 조 좌 목 소 우 목 대   고 구 내   장 상 서 수

拂於左, 一生多畏夫人.
불 어 좌   일 생 다 외 부 인

聖上眼皮多黑子, 故得賢能國母. 此論眼皮黑子, 鬚拂於左, 雙目雌雄, 此
성 상 안 피 다 흑 자   고 득 현 능 국 모   차 론 안 피 흑 자   수 불 어 좌   쌍 목 자 웅   차

三者多懼內也.
삼 자 다 구 내 야

짐은 일찍이 진을 치고 적과 교전을 할 때도 결코 두려움이 없었는데 지금은 어실이 더욱 강하니 어찌된 일인가?

사람들이 부인을 두려워하지 않는다는 것은 겉으로는 강장해도 안으로는 그렇지 못하기 때문입니다. 송 태조[103]는 좌측 눈이 작고 우측 눈이 커서 내실을 두려워했습니다. 장상서는 수염이 먼지를 터는

---

103) 송태조 : 송나라를 건국한 조광윤(趙匡胤, 927~976). 5대 10국시기 후주의 장군으로 세종 병사 후

털이개처럼 좌측으로 치우쳤으므로 일생 동안 부인을 두려워했습니다.

성상께서는 눈 껍질 피부에 검은 점이 많아 현명하신 국모를 얻으신 것입니다. 이 이론에 의하면 눈꺼풀에 검은 점이 있는 사람과 수염이 좌측으로 모여난 사람, 두 눈의 크기가 다른 사람 등은 부인을 두려워한다는 것입니다.

朕向日寵王公女, 相他必爲后母, 朕今不喜他, 何能得爲后母?
짐 향 일 총 왕 공 녀   상 타 필 위 후 모   짐 금 불 희 타   하 능 득 위 후 모

짐이 그전에는 왕공녀를 총애했었다. 그녀를 살피고 반드시 임금의 어미가 된다 했지만 지금 짐이 그녀를 좋아하지 않으니 어찌 임금의 어미가 될 수 있겠는가?

對曰, 非國母福薄, 但聖上子星未現, 故此不寵. 被生成國后, 命壽延長,
대 왈   비 국 모 복 박   단 성 상 자 성 미 현   고 차 불 총   피 생 성 국 후   명 수 연 장

若要出得太子, 必定是他. 永樂未信, 後三年復寵, 果生太子.
약 요 출 득 태 자   필 정 시 타   영 락 미 신   후 삼 년 복 총   과 생 태 자

국모는 복이 얇지 않습니다. 다만 성상께 아직 자성이 나타나지 않았으므로 총애하지 않는 것이지만 국모가 되시면 수명도 연장되실 것입니다. 태자를 낳으실 분은 틀림없이 그분이십니다. 영락황제는 이 말을 믿지 않았으나 3년 후 다시 총애하여 과연 태자가 태어났다.

婦人以嚴爲主, 何以爲嚴?
부 인 이 엄 위 주   하 이 위 엄

對曰, 凡婦人安莊恭敬爲嚴, 形體端正爲威, 作事周正, 令人一見皆有懼
대 왈   범 부 인 안 장 공 경 위 엄   형 체 단 정 위 위   작 사 주 정   영 인 일 견 개 유 구

色, 坐立不偏, 語言不泛, 寬大胸襟, 溫和.貌, 聞樂不喜, 聞難不憂, 乃塵
색   좌 립 불 편   어 언 불 범   관 대 흉 금   온 화 안 모   문 락 불 희   문 난 불 우   내 진

中之貴婦, 可以受子之封.
중 지 귀 부   가 이 수 자 지 봉

부인의 상은 엄숙함이 주가 된다는데 어떤 것이 위엄인가?

대왈, 부인은 편안하고 단정하며 공손하고 공경하는 자태가 엄숙입니다. 체형이 단정한 것이 위(威)인데 어떤 일을 할 때 두루 단정하여 사람이 한번 보면 모두 두려운 기색을 띠게 합니다. 앉거나 선 자세가 치우치지 않고 말을 함에 들뜨지 않으며 마음이 관대합니다. 온화한 얼굴과 자태이며 즐거운 일을 들어도

공제에게 선양받아 즉위했다. 후주의 후예들을 박해하지 않았으므로 후일 남송의 주자는 그의 덕성을 칭송했다.

기뻐하지 않고 곤란한 일에 처해도 근심하지 않습니다. 이런 부인은 속세의 귀한 부인이므로 자식이 봉작을 받을 수 있습니다.

詩云

> 體正身端坐立平, 威嚴一見世人驚, 行藏擧止胸襟大, 養子須當拜聖明.
> 체 정 신 단 좌 립 평　위 엄 일 견 세 인 경　행 장 거 지 흉 금 대　양 자 수 당 배 성 명

시에 이르길 "체형이 단정하며 앉고 서는 것이 바르고 위엄이 있어 한번 바라보면 세상 사람들이 두려워하며, 행동이 도를 벗어나지 않고 마음이 넓다면 자식을 길러 반드시 성군의 밝은 은덕을 받게 된다."라고 하였습니다.

> 選妃用綿衣厚穿, 令女走出汗來, 此是何說?
> 선 비 용 면 의 후 천　영 녀 주 출 한 래　차 시 하 설

왕비를 간택할 때 비단옷을 두껍게 입히고 여인들로 하여금 달려 땀이 나도록 하는 것은 무슨 말인가?

> 對曰, 非令女出汗, 乃知其體香若何, 凡女人體香方得大吉.
> 대 왈　비 령 녀 출 한　내 지 기 체 향 약 하　범 여 인 체 향 방 득 대 길
>
> 吳尙書之母極陋, 生二子如梓童, 是出何相?
> 오 상 서 지 모 극 루　생 이 자 여 재 동　시 출 하 상
>
> 對曰, 面雖陋眼若星脣若硃, 子乃臍腹所載, 何在面目? 必是臍厚腰正體
> 대 왈　면 수 루 안 약 성 순 약 주　자 내 제 복 소 재　하 재 면 목　필 시 제 후 요 정 체
>
> 直, 人若見之俱有懼色.
> 직　인 약 견 지 구 유 구 색

여인에게 땀이 나도록 하는 것은 그 체향이 어떤지를 알 수 없을 것입니다. 여인의 체향이 향기롭다면 틀림없이 크게 길한 것입니다.

오상서의 어미는 지극히 비루한데도 뛰어난 두 아들을 낳은 것은 어떤 상에서 나온 것인가?

대왈, 얼굴이 비록 비루해도 눈이 별과 같고 입술이 주사를 바른 듯하면 자식은 배꼽과 배에 실리는 것이니 어찌 얼굴에 있겠습니까. 틀림없이 배꼽이 두텁고 허리가 반듯하고 몸이 곧았을 것으로 사람들이 보고 모두 두려운 기색을 띠었을 것입니다.

> 凡婦人威嚴者多生貴子, 非面之福, 乃五臟六腑寬宏秀麗也. 後永樂封爲
> 범 부 인 위 엄 자 다 생 귀 자　비 면 지 복　내 오 장 륙 부 관 굉 수 려 야　후 영 악 봉 위
>
> 錦腸夫人. 又云, 眼秀脣紅, 當得二國之封.
> 금 장 부 인　우 운　안 수 순 홍　당 득 이 국 지 봉

무릇 부인이 위엄이 있으면 귀한 자식을 많이 두므로 이는 얼굴의 복이 아니라 오장육부가 넓고 크며 수려하기 때문입니다. 후일 영락제는 오상서[104]의 어미를 금장부인으로 봉했다. 또한 이르니, 눈이 빼어나고 입술이 붉으면 두 나라에 봉해지게 된다.

詩云

> 面陋脣硃眼若星, 威嚴深重世人驚, 雖然未得爲君后, 二國褒封拜聖明.
> 면 루 순 주 안 약 성　위 엄 심 중 세 인 경　수 연 미 득 위 군 후　이 국 포 봉 배 성 명

얼굴이 비루해도 입술이 주사를 바른 듯하고 눈이 별과 같으며 위엄이 심중해 세인을 놀라게 하면 비록 군왕이 되지는 못해도 두 나라에 봉해지는 밝은 성은을 입게 된다.

> 宮中之女多不出子, 何也?
> 궁 중 지 녀 다 불 출 자　하 야

궁중의 여인들 중에 자식을 낳지 못하는 사람이 많은 것은 어떤 이유인가?

> 對曰, 古人言美女無肩, 將軍無項. 肩太垂而身太弱, 腰太細而體太輕, 犯
> 대 왈　고 인 언 미 녀 무 견　장 군 무 항　견 태 수 이 신 태 약　요 태 세 이 체 태 경　범
>
> 此四者極多, 乃非厚福之相, 何得有子?
> 차 사 자 극 다　내 비 후 복 지 상　하 득 유 자

대왈, 옛사람의 말씀에 "아름다운 여인은 어깨가 없고 장군은 목이 없다."고 하였습니다. 어깨가 매우 낮고, 몸이 약하며, 허리가 가늘고, 몸이 너무 가벼운 것, 이 네 가지에 해당되는 이들이 지극히 많습니다. 이런 사람들은 복이 두터운 상이 아닌데 어찌 자식을 둘 수 있겠습니까?

---

104) 오상서. 오림(吳琳, ?~1374). 명나라 때의 정치인. 『명사』 권138에 의하면, 호북(湖北) 황강(黃崗) 사람으로 명태조 주원장이 무창을 공략할 때 국자감 박사였던 첨동(詹同)의 천거로 국자감 조교(박사 아래 교수)가 되었는데 경학과 학술이 첨동보다 뛰어났다. 홍무 6년(1373) 병부상서가 되었다가 이부 상서가 되었다. 다음해 사직하고 낙향하여 농사로 여생을 보냈다.

> 女人多貴中生賤, 賤中生貴, 何說? 人言女人無相, 又何說?
> 여인다귀중생천 천중생귀 하설 인언여인무상 우하설

여인이 매우 귀한데 천한 자식을 낳는 사람이 있고 천한 여인이 귀한 자식을 낳는 수도 있는 것은 어찌된 일인가, 사람들이 "여인에겐 상법이 없다."라고 말하기도 하는데 어찌된 것인가?

> 對曰, 凡女相與男相同, 女豈無相乎. 頭尖髮少, 必是賤人之女, 面圓目
> 대왈 범여상여남상동 여기무상호 두첨발소 필시천인지녀 면원목
> 正, 可配良人之妻.
> 정 가배양인지처

무릇 여상과 남상은 같은 것인데 어찌 여인이라고 상이 없겠습니까. 머리가 뾰족하고 머리카락이 적으면 반드시 천한 사람의 딸입니다. 얼굴이 둥글고 눈이 바르다면 훌륭한 남자의 처가 될 수 있습니다.

> 血足氣和, 可生好子, 土正顴平, 可推家業, 體正面正, 目秀脣紅, 再得肩
> 혈족기화 가생호자 토정관평 가추가업 체정면정 목수순홍 재득견
> 圓, 可許大貴.
> 원 가허대귀

혈기가 족하고 온화한 기운을 지니면 훌륭한 자식을 낳게 되며, 코가 바르고 관골이 평평하면 가업을 넓힐 수 있습니다. 몸이 바르고 얼굴이 바르며 눈의 격이 빼어나고 입술이 붉으며 이에 어깨가 둥글다면 대귀할 수 있습니다.

> 凡富室之女, 頭平額闊. 目若流星. 脣薄身輕, 貌美倉削, 齒白肉光, 乃賤
> 범부실지녀 두평액활 목약유성 순박신경 모미창삭 치백육광 내천
> 婦也.
> 부야

무릇 부잣집 여인은 머리가 평평하고 이마가 넓으며 눈이 마치 유성처럼 총명합니다. 그러나 입술이 얇박하고 몸이 가벼우며 모습이 아름답고 이마 양쪽 천창이 깎였으며 이가 희고 살이 빛나면 천한 부인입니다.

> 女看血氣, 出於何處?
> 여간혈기 출어하처

여인은 혈기를 보는데 어느 부위에 나타나는가?

對曰, 凡女人以血爲主, 皮乃血之處, 血乃皮之本, 看皮可知血之衰旺矣.
대왈 범여인이혈위주 피내혈지처 혈내피지본 간피가지혈지쇠왕의

皮血明則潤, 皮血紅則枯, 皮血黃則濁.
피혈명즉윤 피혈홍즉고 피혈황즉탁

여인은 혈이 위주가 되며 피부는 혈이 나타나는 것이므로 혈은 피부의 근본입니다. 피부를 보면 혈의 쇠약함과 왕성함을 알 수 있습니다. 피부와 혈이 밝다면 윤택한 것이지만 피부와 혈이 홍색이라면 마른 것이며 누렇다면 탁한 것입니다.

皮血赤則衰, 皮血白則滯. 凡濁則賤, 衰則淫, 滯則夭, 故此血宜鮮明, 表
피혈적즉쇠 피혈백즉체 범탁즉천 쇠즉음 체즉요 고차혈의선명 표

裏明潤, 則爲貴矣.
리명윤 즉위귀의

피부와 혈이 적색이라면 쇠한 것이며 피부와 혈이 백색이라면 정체된 것입니다. 탁하면 천하고 쇠하면 음란하며 정체한 즉 요절하는 것입니다. 그러므로 이와 같이 혈색은 선명해야 좋으며 겉과 속 모두 밝고 윤택해야 귀한 것입니다.

得妻發福者, 何說?
득처발복자 하설

처를 얻으면 발복하는 사람은 어떻게 된 것인가?

對曰, 書言奸門如鏡, 因妻致富成家. 鼻準豐隆, 招妻多能賢德. 得妻發福
대왈 서언간문여경 인처치부성가 비준풍륭 초처다능현덕 득처발복

者, 準頭魚尾明潤, 多得妻財, 印堂紫氣如蠶.
자 준두어미명윤 다득처재 인당자기여잠

책에 "간문이 거울과 같은 사람은 처로 인해 부유해지고 집안을 일으킨다. 코의 준두가 풍륭하면 재능이 많고 현명한 덕성을 지닌 처를 만난다. 처를 얻은 후 발복하는 사람은 준두와 어미가 밝고 윤택하다. 처를 얻어 재물이 넉넉한 것은 인당의 자색 기운이 실과 같다."라고 하였습니다.

又云, 竈頭小白, 妻妾賢能. 又云, 女人印潤眉淸, 出嫁旺夫益子. 面平脣
우운 조두소백 처첩현능 우운 녀인인윤미청 출가왕부익자 면평순

紫, 生成福祿滔滔. 此說非惟男相, 而能因妻致富, 亦因女相旺夫, 方爲兩合.
자 생성복록도도 차설비유남상 이능인처치부 역인녀상왕부 방위량합

또한 "난대 정위에 흰빛이 감돌면 처첩이 현명하고 재능이 있다."라고 하였으며 "여인의 인당이 윤택하고 눈썹이 맑으면 결혼하여 남편의 운을 왕성하게 하고 자식에게 이롭다. 얼굴이 평만하고 입술이 자색을 띠면 복록이 끊이지 않는다."라고 하였습니다. 이것은 남자의 상만을 말한 것이 아닙니다. 처로 인해 부를 이룰 수 있는 남자의 상과, 남편을 왕성하게 하는 상을 지닌 여자의 상이 만나야 비로소 양측이 합하게 되는 것입니다.

得妻財而反窮苦, 何說?
득 처 재 이 반 궁 고   하 설

對曰, 招妻破財, 只因廚竈兩空虛. 娶婦破家, 多爲奸門容一指, 陷也.
대 왈   초 처 파 재   지 인 주 조 량 공 허   취 부 파 가   다 위 간 문 용 일 지   함 야

처와 재물을 얻었으나 오히려 궁핍하고 곤란하게 되는 것은 무슨 이유인가?

처를 얻은 후 파재하는 것은 다만 두 콧구멍이 공허하기 때문입니다. 처를 얻어 가정이 깨어지는 것은 간문에 손가락 하나가 들어갈 만큼 함몰되었기 때문입니다.

形局若惡, 招妻之後亡家. 魚尾多紋, 一世窮苦到老, 骨多肉落, 一生長得
형 국 약 오   초 처 지 후 망 가   어 미 다 문   일 세 궁 고 도 로   골 다 육 락   일 생 장 득

賢妻.
현 처

형국이 나쁘면 처를 얻은 후 가정이 망하며, 어미에 주름이 많으면 일생 동안 곤궁하게 됩니다. 몸에 뼈가 많고 살이 빠지면 일생 동안 현명한 처를 얻는 것과는 거리가 멉니다.

女若鼻低, 出嫁夫家大敗. 男生班點, 招妻喪命亡家, 鼻土形也. 男若該
여 약 비 저   출 가 부 가 대 패   남 생 반 점   초 처 상 명 망 가   비 토 형 야   남 약 해

死, 女不犯刑, 可得保其性命. 又云, 物之不齊, 物之情也, 信須有之, 短
사   여 불 범 형   가 득 보 기 성 명   우 운   물 지 부 제   물 지 정 야   신 수 유 지   단

命男兒, 自有防夫之妻, 女相不良, 自有克夫之相.
명 남 아   자 유 방 부 지 처   여 상 불 량   자 유 극 부 지 상

書云, 鼻若梁低神氣小, 定有刑夫之婦. 又云, 神少梁低, 豈能長壽. 高額
서 운   비 약 량 저 신 기 소   정 유 형 부 지 부   우 운   신 소 량 저   기 능 장 수   고 액

廣, 口如吹火, 必招短壽之夫. 又云, 顴高額廣, 必定刑夫.
광   구 여 취 화   필 초 단 수 지 부   우 운   관 고 액 광   필 정 형 부

여인의 코가 몹시 낮으면 출가한 후에 남편의 가문이 대패하게 되며 남자의 얼굴에 반점이 생기면 처를 얻은 후 목숨을 잃고 집안이 망하게 됩니다. (코는 토형이기 때문입니다). 남자가 죽을 때가 되었지만 여인이 남편을 형상할 얼굴이 아니라면 그 수명을 보전할 수 있습니다. 또한 이르기를 "만물이 같지

않은 것은 만물의 성정이다."라고 하였으므로 반드시 그러한 것이 있음을 믿을 수 있습니다. 단명하는 남아에게는 자연히 남편을 해롭게 하는 처가 있으며, 여인의 상이 좋지 못하면 자연히 극부하는 상이 있는 것입니다.

옛글에 이르기를 "신기가 작은 사람인데 비량이 낮으면 반드시 남편을 형상하는 부인이다."라고 하였고, 또한 이르기를 "신기가 작은 사람인데 비량이 낮으면 어찌 오래 살 수 있겠는가? 관골이 높고 이마가 넓으며 입이 불을 부는 듯하면 반드시 단명하는 남편을 만난다."고 하였으며, 또한 이르기를 "관골이 높고 이마가 넓으면 반드시 남편을 형상한다."라고 하였습니다.

女人旺夫敗夫, 可有此說?
여 인 왕 부 패 부　　가 유 차 설

여인이 남편을 성공하게 하거나 실패하게 한다는 말이 있을 수 있는가?

對曰, 旺夫之女, 背厚肩圓. 克夫之妻, 顴高鼻小. 凡女相雖部位十二宮五
대 왈　　왕 부 지 녀　　배 후 견 원　　극 부 지 처　　관 고 비 소　　범 여 상 수 부 위 십 이 궁 오
官六府三停, 只取四件爲用. 額爲父母, 鼻爲夫星, 口爲子星, 眼乃貴賤.
관 륙 부 삼 정　　지 취 사 건 위 용　　액 위 부 모　　비 위 부 성　　구 위 자 성　　안 내 귀 천

대왈, 남편을 성공시키는 여인은 등이 두텁고 어깨가 둥글지만, 남편을 극하는 처는 관골이 높고 코가 작습니다. 무릇 여상에 비록 12궁과 5관 6부 3정의 부위가 있지만 다만 4가지를 취하여 씁니다. 이마는 부모가 되고 코는 남편성이며 입은 자식성이며 눈은 귀천이 됩니다.

凡觀女相, 先看鼻準爲夫星. 若要收成, 子貴還須脣配, 多紋子息成名, 必
범 관 녀 상　　선 간 비 준 위 부 성　　약 요 수 성　　자 귀 환 수 순 배　　다 문 자 식 성 명　　필
定眼如鳳目, 旺夫起創, 還須一面無虧.
정 안 여 봉 목　　왕 부 기 창　　환 수 일 면 무 휴

여인의 상을 보려면 우선 코와 준두를 남편성으로 봅니다. 성공하기를 원하고, 자식이 귀하게 되려면 반드시 입술이 균형을 이루어야 하며, 입술에 주름이 많으면 자식이 이름을 날리게 됩니다. 눈이 봉황의 눈과 같으면 남편을 성공시켜 창업을 일으키지만 얼굴에 이지러진 부분이 없어야 합니다.

六削三尖, 豈得興家立事. 面如瑩玉, 何愁不産麒麟. 興家之婦, 定是三停
육삭삼첨 기득흥가립사 면여형옥 하수불산기린 흥가지부 정시삼정

得配, 享福之人, 必然額正眉清. 豈有準圓孀婦. 那見(弓喬)嘴貴人. 要配
득배 향복지인 필연액정미청 기유준원상부 나견 궁교 취귀인 요배

貴夫,
귀부

6삭 3첨이면 어찌 가업을 일으키고 일을 이루겠습니까. 얼굴이 옥처럼 밝으면 어찌 기린처럼 귀한 자식을 낳지 못함을 근심하겠습니까. 가업을 일으키는 부인은 얼굴의 삼정이 균등하며, 복을 누리는 여인은 반드시 이마가 바르고 눈썹이 청수합니다. 어찌 준두가 둥근 과부가 있으며, 어디에서 입 모양이 활을 당긴 듯하고 입 끝이 뾰족한 귀인을 볼 수 있습니까.

身香體正. 多淫多亂, 面班鼻小, 身輕脚重, 多爲侍妾. 體動頭搖, 屏風之
신향체정 다음다란 면반비소 신경각중 다위시첩 체동두요 병풍지

後裙釵. 鎭日閨門整肅, 面圓嚴重, 神强權奪, 夫婿經營.
후군채 진일규문정숙 면원엄중 신강권탈 부서경영

귀한 남편의 배필이 되려면 체취가 향기롭고 몸이 반듯해야 합니다. 음란하고 산란한 여인은 얼굴에 점이 많고 코가 작습니다. 몸이 경박한데 발걸음이 무거우면 시첩이 되는 수가 많고, 몸을 움직이고 머리를 흔들면 병풍 뒤에서 치마와 비녀를 풀게 됩니다. 평소 가정을 잘 지키는 정숙한 여인은 얼굴이 둥글고 엄중합니다. 눈빛이 강하면 권한을 빼앗으므로 남편을 좌지우지하게 됩니다.

眼大睛高鼻正, 總是旺夫之女. 土正神清, 發福之人. 血利光彩, 眼中藏
안대정고비정 총시왕부지녀 토정신청 발복지인 혈리광채 안중장

秀, 必産佳兒. 面大無腮, 休言福德. 肉白如雪, 下賤多淫. 肉軟如綿, 一
수 필산가아 면대무시 휴언복덕 육백여설 하천다음 육연여면 일

生淫賤. 睛圓額削皮多滑, 不爲娼妓作尼姑. 脣白嘴尖髮又黃, 不是媒婆
생음천 정원액삭피다활 불위창기작니고 순백취첨발우황 불시매파

爲侍妾. 準圓血潤, 必主興家. 準小梁低, 出嫁破敗.
위시첩 준원혈윤 필주흥가 준소량저 출가파패

눈이 크고 눈동자가 고상하며 코가 바르면 남편을 성공케 할 여인입니다. 코가 바르고 신기가 맑다면 발복할 사람입니다. 혈색이 좋고 광채가 아름다우며 눈에 빼어난 기운을 감추고 있다면 반드시 뛰어난 자식을 낳게 됩니다. 얼굴이 크고 볼(빰)이 없으면 복덕을 말할 수 없습니다. 살결 희기가 눈과 같으면 하천하고 매우 음란한 여인이며, 살 부드럽기가 솜과 같으면 일생 음란하고 천한 여인입니다. 눈동자가 동그랗고 이마가 깎였으며 피부가 미끌미끌하다면 창기가 되지 않으려거든 출가하여 여승이 되어야 합니다. 입술이 희고 입 끝이 뾰족하며 머리털 또한 누렇다면 중매쟁이가 아니면 귀인의 첩이 됩니다.

준두가 둥글고 혈색이 윤택하면 반드시 가도를 일으킵니다. 준두가 작고 비량이 낮다면 출가하여 가정을 파하고 실패하게 됩니다.

婦人面戴殺星, 傷夫克子, 不知何如是殺?
부 인 면 대 살 성   상 부 극 자   부 지 하 여 시 살

부인의 얼굴에 살성이 있다면 남편을 여의고 자식을 극한다는데 어떤 것이 살성인지 알 수가 없는데?

對曰, 女人相有七殺, 此乃洞賓所傳, 屢屢有驗.
대 왈   여 인 상 유 칠 살   차 내 동 빈 소 전   누 누 유 험

여인의 상에는 일곱 가지 살이 있는데 여동빈(呂洞賓)[105]으로부터 전해진 것으로 오랜 경험에 의하면 대단히 영험이 있습니다.

美婦黃睛爲一殺. 面大口小爲二殺.
미 부 황 정 위 일 살   면 대 구 소 위 이 살

鼻上生紋爲三殺. 耳反無輪爲四殺.
비 상 생 문 위 삼 살   이 반 무 륜 위 사 살

아름다운 부인의 누른 동자는 첫째 살이며, 얼굴이 크고 입이 작은 것이 둘째 살입니다.
코 위의 문양이 셋째 살이며, 귀가 뒤집히고 귓바퀴가 없는 것이 넷째 살입니다.

極美面如銀色爲五殺. 髮黑無眉爲六殺.
극 미 면 여 은 색 위 오 살   발 흑 무 미 위 육 살

睛大眉粗爲七殺. 如五官俱好, 一面無虧, 犯此亦主刑夫.
정 대 미 조 위 칠 살   여 오 관 구 호   일 면 무 휴   범 차 역 주 형 부

지극히 아름다운데 얼굴이 은색이면 다섯째 살이며, 머리카락이 검은데 눈썹이 없는 것이 여섯째

---

105) 여동빈(796~?). 당나라 시기 인물이며 본명 여암(呂巖), 자가 동빈(洞賓)이었으므로 여동빈으로 전한다. 도가의 도호(道號)는 순양자(純陽子)이며 825년 진사가 되고 관리가 되었으나 관직에 염증을 느껴 사직하고 산림에 은거하였다. 장안을 주류하던 중 정양진인(正陽眞人) 종리권(鍾離權)을 만나 10가지 시험을 거친 후 종리권으로부터 금단(金丹)의 도법을 전수 받고 중국 도가 8신선 가운데 한사람이 되었다. 『송사·진단전』에 "백여 세였으나 얼굴이 아이 같고 발걸음이 빨라 잠깐 동안 수 백리를 갔으므로 세상에서 신선이라고 하였다(百餘歲而童顔,步履輕疾,頃刻數百里,世以爲神仙)" 라고 하였다. 『송사·예문지·신선류』에 『九辰玉書』 1권과 『全唐詩』에 「直指大丹歌」등 4권 2백여 수의 시가 전한다.

살입니다.

눈동자가 크고 눈썹이 거친 것이 일곱째 살입니다. 오관이 모두 좋고 얼굴에 잘못됨이 없어도 위에 해당되면 남편을 형상합니다.

詩云, 色若桃花面如銀, 誰知美相反生嗔, 刑夫害子無成日, 只好花街柳
시 운   색 약 도 화 면 여 은   수 지 미 상 반 생 진   형 부 해 자 무 성 일   지 호 화 가 류
巷行.
항 행

시에 이르기를 "얼굴색이 복숭아꽃 같거나 은빛이라면 누가 알겠는가. 아름다운 모습이 오히려 성을 낸 것이니 남편과 자식을 해롭게 하여 하루도 편안할 날이 없으므로 다만 꽃 파는 거리 버드나무 골목으로 갈 수밖에 없으리라."라고 하였습니다.

夫相窮, 妻相當, 不知可能身榮, 妻相不如夫相貴, 不知可能得配?
부 상 궁   처 상 당   불 지 가 능 신 영   처 상 불 여 부 상 귀   부 지 가 능 득 배

남편의 상은 궁핍한데 처의 상은 좋다면 몸에 영화가 이룰 수 있을지 모르지 않는가. 처의 상이 남편의 귀한 상에 미치지 못한다면 서로 배필이 될 수 있을지 모르지 않는가?

對曰, 書云, 夫從妻貴, 妻從夫貴, 此一理也. 如夫不如妻相富, 可賴全身.
대 왈   서 운   부 종 처 귀   처 종 부 귀   차 일 리 야   여 부 불 여 처 상 부   가 뢰 전 신
常言道, 一家之福在於一人, 所以世人擇夫者多, 擇妻者更多. 夫壽乃先
상 언 도   일 가 지 복 재 어 일 인   소 이 세 인 택 부 자 다   택 처 자 갱 다   부 수 내 선
天生定, 而富貴實有可以托賴之理矣.
천 생 정   이 부 귀 실 유 가 이 탁 뢰 지 리 의

대왈, 옛글에 "남편이 처의 귀함을 따르고 처가 남편의 귀함을 따른다."라고 한 것이 이 이치입니다. 남편이 처의 부한 상에 미치지 못한다 하더라도 처의 혜택을 입을 수가 있습니다. 속담에 이르기를 "한 집안의 복은 사람에게 있다."라고 하는데 그러므로 세상 사람들이 좋은 남편감을 구하고자 하지만 좋은 신부감을 구하는 일이 더 많은 것입니다. 무릇 수명은 태어날 때 하늘이 정한 것이지만 부귀는 실로 의탁하여 이룰 수 있는 것이 이치입니다.

凡小兒骨格未成, 可看得貴賤否?
범 소 아 골 격 미 성　　가 간 득 귀 천 부

對曰, 骨格未成, 五官六府三停已定, 還看聲音與神爲主. 聲音響喨, 貌溫
대 왈　　골 격 미 성　　오 관 륙 부 삼 정 이 정　　환 간 성 음 여 신 위 주　　성 음 향 량　　모 온

和, 成家之子. 五官俱正, 眼如星, 大貴之兒. 皮肉寬厚, 有福有壽. 皮急
화　　성 가 지 자　　오 관 구 정　　안 여 성　　대 귀 지 아　　피 육 관 후　　유 복 유 수　　피 급

皮浮, 且貧且夭. 聲淸音響, 多利雙親. 聲憂氣粗, 難言有壽. 眉高耳正,
피 부　　차 빈 차 요　　성 청 음 향　　다 리 쌍 친　　성 축 기 조　　난 언 유 수　　미 고 이 정

必是聰俊之兒. 眉低耳低, 多是爲僧爲道. 受父之福, 額廣印寬. 見成家
필 시 총 준 지 아　　미 저 이 저　　다 시 위 승 위 도　　수 부 지 복　　액 광 인 관　　견 성 가

業, 鼻柱梁高.
업　　비 주 량 고

소아는 골격이 아직 성장하지 않았는데 보아서 귀천을 알 수 있는가?

　　대왈, 골격이 성장하지 않았지만 오관·육부·삼정은 이미 정해져 있습니다. 또한 음성을 보고 신기를 위주로 합니다. 음성의 울림이 낭랑하고 모습이 온화하면 가업을 이룰 자식입니다. 오관이 모두 바르고 눈이 별 같으면 대귀할 아이입니다. 피부와 살집이 관대하고 두터우면 복과 장수를 누리게 됩니다. 피부가 급하거나 들뜨면 가난하고 수명도 짧습니다. 음성이 맑고 울림이 있으면 부모에게 이익이 많습니다. 음성이 위축되고 기가 거칠면 장수한다고 말하기 어렵습니다. 눈썹이 높고 귀가 바르면 반드시 총명하고 뛰어난 아이입니다. 눈썹이 낮고 귀가 낮으면 대부분 승려나 도관이 됩니다. 아비가 복을 받게 될 아이는 이마가 넓고 인당이 관대합니다. 가업을 번성케 할 아이는 비량이 높습니다.

書云, 眉高耳厚兒多福, 額廣腮圓貴必宜. 大槪未十歲宜身輕體正, 氣足
서 운　　미 고 이 후 아 다 복　　액 광 시 원 귀 필 의　　대 개 미 십 세 의 신 경 체 정　　기 족

神壯方言成器. 如削如薄如偏, 俱是不成之格.
신 장 방 언 성 기　　여 삭 여 박 여 편　　구 시 불 성 지 격

　　옛글에 "눈썹이 높고 귀가 두터우면 복이 많고 이마가 넓고 턱이 둥글면 귀해서 반드시 좋다."라고 하였습니다. 대개 10세 이전에는 몸이 가볍고 몸이 바르며 기가 넉넉하고 신이 왕성하다면 큰 그릇이라고 말할 수 있습니다. 깎인 듯하고 얇으며 기울었다면 이것은 모두 격을 이루지 못한 것입니다.

頭圓者, 決無短壽. 口闊者, 必不貧寒. 皮厚者, 還須有壽. 骨弱者, 不得
두 원 자　　결 무 단 수　　구 활 자　　필 불 빈 한　　피 후 자　　환 수 유 수　　골 약 자　　부 득

安樂. 天停削耳輪暗, 少年多困. 山根陷羅計低, 難守家財. 耳若反眉若
안 락　　천 정 삭 이 륜 암　　소 년 다 곤　　산 근 함 라 계 저　　난 수 가 재　　이 약 반 미 약

低, 不須問讀. 耳若正睛若淸, 可言功名. 聲若破色若暗, 破財之子. 聲若
저　　불 수 문 독　　이 약 정 정 약 청　　가 언 공 명　　성 약 파 색 약 암　　파 재 지 자　　성 약

清色若明, 興旺之人.
청 색 약 명   흥 왕 지 인

머리가 둥근 사람은 결코 수명이 짧은 사람이 없고, 입이 넓은 사람은 반드시 빈한한 사람이 없으며, 피부가 두터우면 또한 반드시 장수합니다. 뼈가 약한 사람은 안락을 누릴 수 없으며 천정이 깎이고 귓바퀴가 어두우면 소년시절부터 곤란함이 많습니다. 산근이 함몰되고 두 눈썹이 낮으면 가업과 재산을 지키기 어려우며, 귀가 뒤집히고 눈썹이 낮으면 학문을 물을 수 없습니다. 귀가 바르고 눈동자가 맑으면 공명을 논할만하지만, 음성이 깨어지고 기색이 어두우면 재산을 파할 자식입니다. 음성이 맑고 기색이 밝으면 크게 성공할 사람입니다.

凡庶民生下小孩, 其父見子得爵者何說, 莫非是小兒之福乎?
범 서 민 생 하 소 해   기 부 견 자 득 작 자 하 설   막 비 시 소 아 지 복 호

무릇 서민이 아이를 낳아서 그 아비가 자식이 작위를 얻는 것을 보는 것은 어떤 이유인가. 그것은 그 아이의 복이 아닌가?

對曰, 凡小孩生下, 瑞香滿室, 必主大貴. 書云, 生下身香, 定主父爵身後
대 왈   범 소 해 생 하   서 향 만 실   필 주 대 귀   서 운   생 하 신 향   정 주 부 작 신 후
榮, 昔劉阿斗, 宋太祖生下, 俱異香百日.
영   석 유 아 두   송 태 조 생 하   구 이 향 백 일

대왈, 무릇 아이가 태어났을 때 상서로운 향기가 방안에 가득하면 반드시 대귀하게 되는 것입니다. 옛글에 이르기를 "태어났을 때 몸에 향기가 나면 반드시 아비가 작위를 받고 영화를 누린다."라고 하였습니다. 옛날 유아두[106]와 송태조가 태어났을 때 모두 기이한 향기가 백일간이나 지속되었습니다.

父相起家子相敗, 可得破家否?
부 상 기 가 자 상 패   가 득 파 가 부

아비는 집안을 일으키는 상이고 자식은 실패하는 상을 지녔다면 파가하게 되는가? 혹은 그렇지 아니한가?

---

106) 유아두(劉阿斗) : 蜀漢의 황제 劉備의 아들 劉禪.

對曰, 欲知暮年破敗, 須觀地閣頭皮, 要知子息榮華, 還看乳頭臍腹. 此數
대왈　욕지모년파패　수관지각두피　요지자식영화　환간유두제복　차수

件可定老運矣.
건　가정로운의

대왈, 말년의 파가와 실패를 알고자 하면 반드시 지각과 두피를 살펴서 자식으로 인한 영화를 알 수 있습니다. 또한 유두와 배꼽·배를 보는데 이 몇 가지로서 노년의 운을 알 수 있습니다.

地閣削陷, 頭皮枯幹, 老景難言子孝. 乳朝下, 肚皮薄, 臍若淺, 老年定有
지각삭함　두피고간　노경난언자효　유조하　두피박　제약천　노년정유

破敗之兒.
파패지아

지각이 깎인 듯 움푹하고 두피가 마른 듯 건조하다면 노년에 이르러 자식의 효도를 논하기 어렵습니다. 유두가 아래로 쳐져 있고 뱃가죽이 얇으며 배꼽이 얕다면 노년에 피폐하게 될 사람입니다.

若一面相好, 獨此數件不如, 雖得過日, 自是消乏, 身亡之後, 子必敗矣.
약일면상호　독차수건불여　수득과일　자시소핍　신망지후　자필패의

此言父相老運不如也.
차언부상로운불여야

전체적으로 좋은 상을 지녔다 해도 몇 가지가 이와 같지 않다면 날이 지난 후 자연히 사그라지고 궁핍해져 자신이 죽고 난 후 자식이 반드시 실패하게 됩니다. 이것은 아비의 상에서 노년의 운이 그만 못하기 때문입니다.

凡人受子之封, 何說?
범인수자지봉　하설

자식으로 인해 작위에 봉해진다는 것은 무슨 말인가?

對曰, 乳頭圓硬耳如霜, 當受子爵. 項皮寬厚, 臥蠶高, 子立朝綱. 又云,
대왈　유두원경이여상　당수자작　항피관후　와잠고　자립조강　우운

要生貴子, 還須枕骨雙峰, 欲産俊秀, 還看臍深腹垂.
요생귀자　환수침골쌍봉　욕산준수　환간제심복수

유두가 둥글고 단단하며 귀가 서리처럼 희고 빛나는 사람은 자식이 작위를 받게 되며 목의 피부가 넓고 두터우며 와잠이 높은 사람은 자식이 조정의 높은 벼슬을 하게 됩니다. 또한 이르기를 귀한 자식을

얻으려면 침골이 쌍봉을 이루어야 하고, 준수한 자식을 얻고자 하면 또한 배꼽이 깊고 배가 아래로 늘어진 듯해야 한다.

> 老來封贈, 須觀背厚腰豐. 食子天恩, 定是皮和血潤. 觀封君不獨一處, 此
> 노래봉증　수관배후요풍　식자천은　정시피화혈윤　관봉군불독일처　차
> 數者俱許誥榮.
> 수자구허고영

늙어서 작위에 봉해지려면 반드시 등의 살집이 두텁고 허리가 풍요로운가를 살피라. 자식이 천은을 먹는 것은 반드시 피부가 온화하고 혈이 윤택하기 때문이다. "군에 봉해지는 것은 한 군데만 보는 것이 아니라 여러 가지를 모두 갖추어야 영화를 받게 된다."라고 하였습니다.

> 書云, 項寬皮厚血光明, 腹厚臍深腰背平, 隱隱臥蠶脣若紫, 地潤朝天父
> 서운　항관피후혈광명　복후제심요배평　은은와잠순약자　지윤조천부
> 子封.
> 자봉

옛글에 "목이 넓고 피부가 두텁고 혈기가 밝은 빛을 띠고 배가 두텁고 배꼽이 깊으며 허리와 등이 평평하고 와잠이 은은하며 입술이 붉어 자색을 띠고 지각이 윤택하며 천정을 향해 있다면 부자가 모두 높은 작위에 봉해진다."라고 하였습니다.

> 父相不如子相富, 不知可能興家?
> 부상불여자상부　부지가능흥가
> 對曰, 若得末年家成, 自有成家之子, 若一面格局不如, 獨臥蠶老潤, 乳頭
> 대왈　약득말년가성　자유성가지자　약일면격국불여　독와잠로윤　유두
> 高, 末年可立成家之子.
> 고　말년가립성가지자

아비의 상이 자식의 부한 상만 못하다면 가세가 흥성할 수 있을지 모르지 않는가?

말년에 가문을 이루는 것은 자연히 집안을 일으키는 자식이 있기 때문입니다. 얼굴의 격국이 그만 못 해도 와잠이 나이 들수록 윤택해지고 유두가 높으면 말년에 가업을 일으킬 수 있는 자식입니다.

> 邊地豐隆下頦(弓喬), 末年必有成立之男. 又云, 印堂廣, 雙眉成彩, 興家
> 변지풍륭하해　궁교　말년필유성립지남　우운　인당광　쌍미성채　흥가
> 助國之人.
> 조국지인

상학전서相學全書

변지가 풍륭하고 아래턱이 마치 활을 당겨놓은 듯하면 말년에 성공할 사나이입니다. 또한 이르기를 인당이 넓고 양 눈썹이 아름다워 고운 빛을 띠고 있다면 가문을 일으켜 세우고 국가에 도움이 될 사람이다.

四庫豐, 耳輪正, 榮公顯父之男. 卓立興家, 必是頭圓額廣. 自來發積, 皆
사 고 풍   이 륜 정   영 공 현 부 지 남   탁 립 흥 가   필 시 두 원 액 광   자 래 발 적   개
因土厚顴高.
인 토 후 관 고

"사고가 풍륭하고 귓바퀴가 단정하다면 공의 벼슬에 이르러 영화가 아비에게까지 이르게 될 아들이다."라고 하였으니, 크게 성공하여 가세를 흥성하게 할 사람은 반드시 머리가 둥글고 이마가 넓습니다. 절로 복이 오고 재물이 크게 쌓이는 사람은 모두 코가 두툼하고 관골이 높습니다.

有見子傷夫, 有見子傷妻者, 何說?
유 견 자 상 부   유 견 자 상 처 자   하 설

자식을 보면 남편을 잃거나 처를 잃는 것은 어째서 그러한가?

對曰, 書云, 見子傷妻, 魚尾紋通天庫, 兒成妻喪. 奸門所見有黃光, 紋通
대 왈   서 운   견 자 상 처   어 미 문 통 천 고   아 성 처 상   간 문 소 견 유 황 광   문 통
天庫, 主見子刑妻. 奸門紋生主克妻, 有黃光主有好子.
천 고   주 견 자 형 처   간 문 문 생 주 극 처   유 황 광 주 유 호 자

대왈, 글에 이르길 "자식을 보고 처를 잃는 것은 어미의 문양이 천창과 지고로 이어져 있기 때문이며 아이가 자라면서 처를 잃는 것은 간문에 누른빛이 있기 때문이다. 문양이 천창과 지고로 이어지면 자식을 보면 처를 형상한다."라고 했습니다. 간문의 문양이 생기면 처를 극하게 됩니다. 그러나 황색의 광채가 있으면 좋은 자식을 두게 됩니다.

書云, 見子傷妻顴高, 睛陷印堂平, 扶子守節, 鼻弱梁低脣似火.
서 운   견 자 상 처 관 고   정 함 인 당 평   부 자 수 절   비 약 량 저 순 사 화

글에 이르길 "자식을 보고 처를 잃는 것은 관골이 높고 눈동자가 깊고 인당이 평평하기 때문이며, 자식을 의지하고 수절하는 것은 코가 약하고 비량이 낮으며 입술이 불과 같기 때문이다."라고 했습니다.

266

凡婦人顴高眼凹豈不傷夫, 印堂平者主有子. 鼻乃夫星, 一陷定刑. 脣紅
범부인관고안요기불상부　인당평자주유자　비내부성　일함정형　순홍

必主有子.
필주유자

又云, 婦人睛赤, 見子刑夫, 男子睛黃, 刑妻克子. 又云, 克妻生子臥蠶血
우운　부인정적　견자형부　남자정황　형처극자　우운　극처생자와잠혈

潤, 魚尾靑, 克子存妻, 奸門明潤, 臥蠶弱.
윤　어미청　극자존처　간문명윤　와잠약

　무릇 부인의 관골이 높고 눈이 오목하다면 어찌 남편을 잃지 않겠습니까. 그러나 인당이 평평한 사람은 자식을 두게 됩니다. 코는 남편의 자리이므로 함몰 되었있다면 남편을 형상합니다. 입술이 붉으면 반드시 자식을 두게 됩니다.

　또한 이르기를 "붉은 눈동자를 가진 부인이 자식을 낳으면 남편을 잃게 되고, 남자의 눈동자가 황색이면 처를 형상하고 자식을 극한다."라고 했습니다. 또한 이르기를 "처를 극하고 자식을 낳는 것은 와잠의 혈색이 윤택하고 어미가 푸르기 때문이며, 자식을 극하고 처가 있는 것은 간문이 밝고 윤택하며 와잠이 약하기 때문이다."라고 했습니다.

出胎傷父, 又主刑娘, 何說?
출태상부　우주형낭　하설

　태어나서 아비를 잃거나 어미를 형상하는 것은 어째서인가?

對曰, 小兒髮低必傷父, 日月旋螺定傷母. 又云, 寒毛生角幼失雙親, 眉毛
대왈　소아발저필상부　일월선라정상모　우운　한모생각유실쌍친　미모

螺旋必主刑母.
라선필주형모

　대왈, 어린아이의 발제가 낮으면 반드시 아비를 잃게 되며 일월각 말린 것이 소라 같으면 어미를 잃게 됩니다. 그래서 이르기를 "한모가 일월각에 나면 어려서 양친을 잃게 되고 눈썹이 소라처럼 말렸으면 반드시 어미를 형상한다."라고 했습니다.

刑父者, 頭偏額削, 妨母者, 眼陷眉交. 胎毛黃, 恐防難養, 胎毛黑, 恐有
형부자　두편액삭　방모자　안함미교　태모황　공방난양　태모흑　공유

刑傷.
형상

　아비를 형상하는 사람은 머리통이 기울고 이마가 깎였으며, 모친이 해롭게 될 사람은 눈이 깊고 두

눈썹이 서로 맞닿아 있습니다. 태어날 때부터 노란 털이 있는 아이는 기르기 어려울까 두렵고 태어날 때부터 검은 머리털을 가지고 있으면 형상이 있을까 두렵습니다.

詩云

額削頭偏日月垂, 又刑父母又災危, 眉交眼陷山根斷, 乃是人間破敗兒.
액 삭 두 편 일 월 수   우 형 부 모 우 재 위   미 교 안 함 산 근 단   내 시 인 간 파 패 아

시에 이르기를 "이마가 깎인 듯하고 머리통이 기울며 두 눈이 아래로 늘어져있으면 부모를 형상하고 또한 재액이 있다. 눈썹이 맞닿고 눈이 깊고 산근이 끊겼다면 이는 인륜을 파하고 실패할 사람이다."라고 했습니다.

人老來臥蠶低, 乳朝下, 不得子, 反主老窮, 何說?
인 노 래 와 잠 저   유 조 하   부 득 자   반 주 로 궁   하 설

사람이 나이 들면서 와잠이 가라앉고 유두가 아래로 늘어지면 자식을 얻지 못하고 오히려 늙어 궁핍해진다는 것은 무슨 말인가?

對曰, 皆因皮土弱, 血不旺, 臥蠶方低, 乳方朝下, 若血色潤好, 豈有臥蠶
대 왈   개 인 피 토 약   혈 불 왕   와 잠 방 저   유 방 조 하   약 혈 색 윤 호   기 유 와 잠
反低, 乳方朝下之理?
반 저   유 방 조 하 지 리

대왈, 모두 피토가 약하고 혈기가 왕성하지 않으며 와잠이 낮고 젖가슴이 아래로 늘어졌기 때문입니다. 혈색이 윤택하고 좋다면 어찌 와잠이 낮고 젖이 늘어질 리가 있겠습니까.

凡男女犯孤, 莫非全犯, 不然, 二人豈俱無子息?
범 남 녀 범 고   막 비 전 범   불 연   이 인 기 구 무 자 식

남녀가 고독한 상이라 해도 전체가 그렇지는 않을 텐데, 그렇지 않음에도 어째서 두 사람 모두에게 자식이 없는가?

對曰, 書云, 男相有兒女相無, 除非娶妾紹宗枝, 女相有生男不立, 雙雙偕
대 왈   서 운   남 상 유 아 녀 상 무   제 비 취 첩 소 종 지   녀 상 유 생 남 불 립   쌍 쌍 해
老自嗟孤.
로 자 차 고

대왈, 옛글에 "남자의 상에는 자식이 있고 그 처의 상에는 자식이 없다면 오직 첩을 취하여 후사를 이어야 한다. 여자의 상에는 자식이 있는데 남편의 상에 자식이 없다면 두 사람이 늙어 고독해서 한숨을 쉬게 된다."라고 하였습니다.

爲子不孝, 在何處看?
위 자 불 효 　 재 하 처 간

자식이 되어 불효하는 것은 어느 부위를 보면 알 수 있는가?

對曰, 胸高臀弓喬, 休言父子親情. 髮赤鬚黃, 莫言孝名遠播. 脣齊脣厚,
대왈　흉고둔궁교　휴언부자친정　발적수황　막언효명원파　순제순후

孝義之人. 脣動齒疏, 豈能孝道?
효 의 지 인　순동치소　기능효도

대왈, 가슴이 높고 엉덩이가 활을 당겨놓은 듯하면 부자간의 정을 논할 수 없으며 머리털이 붉고 수염이 누렇다면 효자로 이름이 멀리까지 알려진다고 말할 수 없습니다. 입술이 가지런하고 두터운 사람은 효와 의가 있는 사람입니다. 입술을 씰룩거리고 치아가 드문 사람이 어찌 효도할 수 있겠습니까?

鷄睛蛇眼, 陰毒難言. 蜂項兔頭, 狐眼獨食, 咬牙切齒, 努目搖頭, 壞倫之
계정사안　음독난언　봉항토두　호안독식　교아절치　노목요두　괴륜지

子, 又是下愚.
자　우시하우

닭의 눈동자와 뱀의 눈은 음험하고 독한 것을 말로 형언하기 어렵습니다. 벌의 목과 토끼의 머리, 여우의 눈은 이익을 혼자 차지하려 하며 어금니를 악물고 이를 갈며 성난 듯 눈을 부릅뜨고 머리를 흔드는 사람은 모두 패륜아일 뿐만 아니라 하천하고 어리석습니다.

凡人心善惡, 怎看得出?
범 인 심 선 악　즘 간 득 출

사람의 마음이 선한지 악한지는 어떻게 보아야 드러나는가?

對曰, 書云, 心善三陽光彩, 心藏惡毒淚堂深, 陰陽失陷人多毒, 心內奸邪
대 왈　서 운　심선삼양광채　심장악독누당심　음양실함인다독　심 내 간 사

口角靑, 眸子若邪心豈正乎.
구 각 청　모자약사심기정호

대왈, 옛글에 이르길 "마음이 착하면 삼양이 밝고 아름다우며, 마음속에 악독함을 품고 있는 자는 누당이 깊다. 두 눈이 잘못되고 깊은 자는 독함이 많으며 마음이 간교하고 사악한 자는 입 끝이 푸르다."라고 하였습니다. 눈동자에 사악함이 깃든 자가 어찌 마음이 바르겠습니까?

鷹腮鼠耳是奸雄, 目赤睛黃全惡害, 靑筋面白莫同居. 以上數件最是可忌.
응 시 서 이 시 간 웅　목 적 정 황 전 악 해　청 근 면 백 막 동 거　이 상 수 건 최 시 가 기

매의 턱과 쥐의 귀를 지닌 자는 간웅이며 눈이 붉고 눈동자가 누런 자는 모두 악하고 남을 해롭게 합니다. 얼굴에 푸른빛을 띤 근육이 있고 피부가 희면 함께 살지 않아야 합니다. 이상 몇 가지는 가장 꺼려야 할 것들입니다.

又云, 口正脣齊準又豐, 三陽潤色印堂紅, 顔和語軟神暢舒, 德重名高世
우 운　구 정 순 제 준 우 풍　삼 양 윤 색 인 당 홍　안 화 어 연 신 창 서　덕 중 명 고 세

所宗. 此乃奇福上格, 世人不知此法.
소 종　차 내 기 복 상 격　세 인 부 지 차 법

또한 이르기를 "입이 바르고 입술이 가지런하며 준두 또한 풍만하며, 삼양이 윤택한 빛을 띠고 인당이 분홍빛을 띠었으며, 얼굴이 온화하고 말이 부드러우며 신기가 밝고 편안하다면 덕성이 중후하고 고명하며 뛰어난 인재이다."라고 하였습니다. 이와 같으면 우수하고 복이 많은 상격의 인재이지만 세상 사람이 이러한 법도를 모릅니다.

眉長壽不長, 何說?
미 장 수 부 장　하 설

눈썹이 길어도 장수하지 못하는 경우가 있는 것은 어찌된 것인가?

對曰, 書云, 眉毫不如鼻毫, 鼻毫不如耳毫, 耳毫不如枕骨高, 故此眉長難
대 왈　서 운　미 호 불 여 비 호　비 호 불 여 이 호　이 호 불 여 침 골 고　고 차 미 장 난

以保壽. 凡壽在頭皮項皮血色爲主.
이 보 수　범 수 재 두 피 항 피 혈 색 위 주

대왈, 책에 이르기를 "눈썹에 길게 난 털이 코에 길게 난 털만 못하며 코털이 귀에 길게 난 털만 못하며 귀털이 침골이 높은 것만 못하다."고 하였으므로 눈썹만 길어서는 수명이 길기 어려운 것입니다. 수명은 머리 피부와 목 피부 혈색이 주요 요인이 됩니다.

舜目重瞳, 項羽亦重瞳, 何說?
순 목 중 동   항 우 역 중 동   하 설

순임금이 중동[107]이었고, 항우 또한 중동이었다는데 무슨 말인가?

對曰, 舜目細而長, 乃鳳目也. 項目圓而露, 眼邊起皮紋如鷄眼, 乃凶相也.
대 왈   순 목 세 이 장   내 봉 목 야   항 목 원 이 로   안 변 기 피 문 여 계 안   내 흉 상 야

순임금의 눈은 가늘고 길었으므로 봉목이었습니다. 항우의 눈은 둥글고 눈동자가 드러났으며 눈 주변에 주름이 있어 마치 닭의 눈과 같았으므로 이는 흉상입니다.

凡人一生無疾病, 何說?
범 인 일 생 무 질 병   하 설

對曰, 人生在世, 相合乾坤, 驛馬高明邊地靜, 印堂平正, 六陽光, 疾厄無
대 왈   인 생 재 세   상 합 건 곤   역 마 고 명 변 지 정   인 당 평 정   육 양 광   질 액 무

暗滯, 一生福壽永綿長.
암 체   일 생 복 수 영 면 장

일생 동안 질병이 없는 사람은 어떤 이유에서인가?

대왈, 사람이 세상을 산다는 것은 상이 음양과 합하는 것입니다. 역마가 높고 밝으며 변지가 맑으며 인당이 평평하고 바르며 두 눈이 빛나고, 질액궁에 어둡고 체한 기색이 없으면 일생 동안 복과 수명이 길게 됩니다.

凡人一生多疾病, 何說?
범 인 일 생 다 질 병   하 설

평생 병이 많은 사람은 어찌 된 것인가?

對曰, 山根常暗準顴青, 兩目生塵目又昏, 邊地如泥髮如草, 一生何日得
대 왈   산 근 상 암 준 관 청   양 목 생 진 목 우 혼   변 지 여 니 발 여 초   일 생 하 일 득

安寧.
안 녕

대왈, 산근이 항상 어둡고 준두와 관골이 푸르며, 두 눈이 먼지가 낀 듯하고 어두우며 변지가 진흙같이

---

107) 중동(重瞳). 한 눈에 눈동자가 2개씩이라는 설과 눈동자 속에 눈동자가 겹쳐있는 것이라는 설 2가지가 있다.

어둡거나 머리털이 풀처럼 푸석푸석하다면 일생 동안 언제 평안을 누려보겠습니까?

三停有面有身, 何說?
삼 정 유 면 유 신　하 설

삼정이 얼굴에도 있고 몸에도 있다는 것은 무슨 말인가?

對曰, 面上三停, 髮際到山根爲上停, 爲初限. 山根到準頭爲中停, 爲中
대 왈　면 상 삼 정　발 제 도 산 근 위 상 정　위 초 한　산 근 도 준 두 위 중 정　위 중

限, 人中到地閣爲下停主末限.
한　인 중 도 지 각 위 하 정 주 말 한

如上停短削, 少年不利, 中停低陷, 一世不榮, 下停若長, 一生寒滯. 大槪
여 상 정 단 삭　소 년 불 리　중 정 저 함　일 세 불 영　하 정 약 장　일 생 건 체　대 개

上停中停俱長, 下停宜短.
상 정 중 정 구 장　하 정 의 단

대왈, 얼굴의 삼정은, 발제에서 산근이 상정으로 초년을 한정하며, 산근에서 준두가 중정으로 중년을 한정하며, 인중에서 지각이 하정으로 말년을 한정합니다.

만약 상정이 짧고 깎였다면 소년시기가 이롭지 않으며 중정이 낮거나 움푹 꺼졌다면 일생 영화가 없습니다. 하정이 길다면 일생 막히는 일이 많습니다. 상정과 중정은 긴 것이 좋고 하정은 짧은 것이 좋습니다.

身上三停頭腰足是也, 此三停俱要得配. 故云, 三停平等, 一生衣祿無虧,
신 상 삼 정 두 요 족 시 야　차 삼 정 구 요 득 배　고 운　삼 정 평 등　일 생 의 록 무 휴

五嶽朝歸, 今世錢財自旺. 又名三才, 乃天地人也.
오 악 조 귀　금 세 전 재 자 왕　우 명 삼 재　내 천 지 인 야

신체의 삼정은 머리·허리·다리로서 이 삼정이 균형을 이뤄야 합니다. 그래서 옛글에 "삼정이 평등하면 일생 의식과 복록이 그치지 않으며 오악이 안쪽으로 오긋하면 일생 금전과 재물이 절로 왕성해진다."고 하였습니다. 또한 삼정을 삼재라고도 하는데 이것이 천지인입니다.

五露五反, 何說?
오 로 오 반　하 설

다섯 가지가 드러나고 다섯 가지가 뒤집힘은 어떤 것인가?

對曰, 凡一露二露, 家無隔宿, 三露四露, 命常短促, 五露俱全, 大貴之格.
대왈 범일로이로 가무격숙 삼로사로 명상단촉 오로구전 대귀지격

대체적으로 일로와 이로는 집안에 하루걸러 먹을 양식이 없으며 삼로와 사로는 수명이 짧습니다. 그러나 오로가 모두 완전하면 오히려 대귀한 격입니다.

眼露睛不露光, 鼻露竅不偏梁, 脣露齒不露掀, 耳露廓不欠珠, 此乃金木
안로정불로광 비로규불편량 순로치불로흔 이로곽불흠주 차내금목

水火土, 五露俱犯.
수화토 오로구범

눈동자가 드러나도 눈빛이 드러나지 않고, 콧구멍이 드러나도 콧대가 한쪽으로 기울지 않으며, 윗입술이 짧아 이가 드러나도 윗입술이 걷혀 올라가 잇몸이 드러나지 않으며, 귓바퀴가 뒤집혀 드러나도 귓불에 흠이 없다면 이것은 금목수화토 오로를 모두 범한 것입니다.

露梁露光, 露掀欠珠, 此還是十分下賤之相, 五反非善相也, 乃凶惡之徒.
노량로광 노흔흠주 차환시십분하천지상 오반비선상야 내흉악지도

書云, 五反之中奧妙多, 術人何以得知之, 若還一件俱無反, 方許朝中掛
서운 오반지중오묘다 술인하이득지지 약환일건구무반 방허조중괘

紫衣.
자의

콧날의 뼈가 드러나고 눈빛이 드러나고 윗잇몸이 훤히 드러나고 귓불이 없다면 이것은 또한 하천한 상입니다. 오반은 좋은 상이 못되는 것이므로 흉악한 무리입니다. 옛글에 "오반 중에 오묘함이 많다."고 하였지만 술인이 어찌 그것을 알겠습니까? 만약 한 가지라도 잘못됨이 없다면 비로소 조정에서 높은 관복을 입게 됩니다.

五小五極, 何以辨明?
오소오극 하이변명

오소와 오극은 어떻게 판명하는가?

對曰, 凡五小者, 一小頭, 二小身, 三小手, 四小足, 五小面, 此乃五件, 一
대왈 범오소자 일소두 이소신 삼소수 사소족 오소면 차내오건 일

身還要五官六府爲主, 此乃身體五小, 非五官五小也. 若五官俱小爲五
신환요오관륙부위주 차내신체오소 비오관오소야 약오관구소위오

極, 乃小賤之相也.
극 내소천지상야

오소란 첫째 머리가 작은 것, 둘째 몸이 작은 것, 셋째 손이 작은 것, 넷째 발이 작은 것, 다섯째 얼굴이 작은 것 등 다섯 가지입니다. 일신은 오관 육부가 위주가 되므로 이는 신체의 다섯 부분이 작은 것이지 오관의 다섯 부위가 작은 것이 아닙니다. 오관이 모두 작은 것을 오극이라 하는데 이러한 상은 천한 상입니다.

凡五小聲大, 五官三停六府爲配, 方妙. 如有一件不配, 卽不如也. 五極乃
범오소성대 오관삼정육부위배 방묘 여유일건불배 즉불여야 오극내

額耳眼鼻口是也, 卽五星金木水火土.
액이안비구시야 즉오성금목수화토

오소라도 음성이 크고 오관과 삼정육부가 알맞게 균형을 이루었다면 역시 오묘한 것입니다. 그러나 그중 한 가지라도 균형이 맞지 않으면 좋지 않습니다. 오극은 이마·귀·눈·코·입이므로 곧 오성인 금목수화토입니다.

書曰, 五小身頭共四肢, 莫言耳鼻口與眉, 若是五官俱得小, 一生下賤是
서왈 오소신두공사지 막언이비구여미 약시오관구득소 일생하천시

癡愚.
치우

글에 이르기를 "오소는 몸과 머리와 사지이므로 귀·코·입·눈썹이라고 말하지 말라. 만약 오관이 모두 작으면 일생 동안 하천하고 어리석은 인물이다."라고 하였습니다.

吉凶之事何以免脫?
길흉지사하이면탈

길흉지사는 어떻게 하면 면하고 벗어날 수 있는가?

對曰, 地有東西南北, 人有五行, 色有五樣. 如水多遭難, 宜往東方可脫.
대왈　지유동서남북　인유오행　색유오양　여수다조난　의왕동방가탈

火多金難, 宜往北地方安.
화다금난　의왕북지방안

水弱土多, 還可西方助其根本. 如火來克金, 宜往北地. 金來克木, 宜往南
수약토다　환가서방조기근본　여화래극금　의왕북지　금래극목　의왕남

方.
방

대왈, 땅에는 동서남북이 있고 사람에게는 오행이 있으며 색에는 다섯 가지 빛이 있습니다. 얼굴에 수기가 많아 어려움을 만나게 되면 동쪽으로 가는 것이 좋아 벗어날 수 있으며, 화기가 많아 금이 어려우면 북쪽으로 가는 것이 좋아 비로소 편안할 수 있습니다.

수기가 약하고 토가 많아지면 또한 서쪽으로 가야 그 근본에 도움이 됩니다. 화기가 와서 금을 극하면 북쪽 지방으로 가는 것이 좋고 금기가 와서 목을 극하면 남쪽 지방으로 가는 것이 좋습니다.

一面木色, 宜行火地. 一面水色, 急去東方. 大槪氣開色潤, 可求謀行動.
일면목색　의행화지　일면수색　급거동방　대개기개색윤　가구모행동

色閉氣昏宜守. 發在某宮, 定在某月, 現在某位某事可知. 知者預防, 一生
색폐기혼의수　발재모궁　정재모월　현재모위모사가지　지자예방　일생

堅守, 可免凶危.
견수　가면흉위

얼굴 전체가 木색이면 火지방으로 가는 것이 좋고 얼굴 전체가 水색이면 급히 동쪽으로 가야합니다. 대개 기가 열리고 색이 윤택하면 도모하는 일을 구할 수 있으므로 움직이고 색이 닫히고 기가 어두워지면 분수를 지키는 것이 마땅합니다. 어느 궁에서 발하는지 어느 달인지를 정하며, 현재 어떤 위치 어떤 일인지를 알 수 있습니다. 아는 사람은 예방하여 일생 동안 굳건히 지킨다면 흉함과 위태로움을 면할 수 있습니다.

相法本取五行爲主, 又取禽獸之形, 莫非將人比畜麽?
상법본취오행위주　우취금수지형　막비장인비축마

상법은 본래 오행을 위주로 하고 또한 짐승의 형상을 취해 설명하며 가축과 비교하는 일도 없지 않은데?

對曰, 郭林宗相法, 有三百六十爲外形, 相理多端, 一時難遍. 類獸者多
대왈 곽림종상법 유삼백육십위외형 상리다단 일시난편 유수자다
富, 類禽者多貴.
부 유금자다귀

대왈, 곽림종[108] 상법에는 360개의 외형이 있으므로 상의 이치가 많고 일시에 모두 알기 어렵습니다. 땅 짐승을 닮은 사람들 중에는 부자가 많고 날짐승을 닮은 사람 가운데는 귀한 사람이 많습니다.

龍形隱隱, 虎形步闊頭藏, 猴相睛圓黃, 耳鼻俱小, 頭小性快, 不定一時,
용형은은 호형보활두장 후상정원황 이비구소 두소성쾌 불정일시
福生財祿壽好, 難言老後之兒. 兎形性癡多自怯, 眼正鼻露, 合此形. 鳳形
복생재록수호 난언로후지아 토형성치다자겁 안정비로 합차형 봉형
項長肩圓身直, 女得此亦貴.
항장견원신직 여득차역귀

용형의 사람은 은은하고 호형은 보폭이 넓고 머리를 감춘 듯합니다. 원숭이형은 눈동자가 둥글고 황색이며 귀와 코가 모두 작고 머리가 작고 성격이 쾌활하며 잠시라도 가만히 있지 않습니다. 이런 사람들은 복이 많아 재록을 누리고 장수하게 되지만 노후에 자식을 말하기 어렵습니다. 토끼형은 성격이 망설이기를 잘하며 스스로 겁이 많고 눈이 바르며 콧구멍이 드러난 형이 여기에 해당됩니다. 봉황형은 목이 길고 어깨가 둥글고 몸이 곧습니다. 여성이 이런 형이면 역시 귀합니다.

舌長脣齊鼻大, 面長身闊, 爲牛形, 主一生安逸有錢. 萬金賦云, 鳳形要眼
설장순제비대 면장신활 위우형 주일생안일유전 만금부운 봉형요안
秀, 牛形要睛圓, 此乃一陰一陽之大貴格也.
수 우형요정원 차내일음일양지대귀격야

혀가 길고 입술이 가지런하며 코가 크고 얼굴이 길며 몸이 넓은 것을 소형이라고 하는데 일생 동안 편안하고 금전에 여유가 있습니다. 만금부에 이르기를 "봉형은 눈이 빼어나야 하고 우형은 눈동자가 둥글어야 하므로 이것은 음양이 조화되어 대귀한 격이다."라고 하였습니다.

雀步蛇行, 男女大忌, 鷄睛鼠目, 必犯刑名. 馬立長將蹄換, 一生多主辛勤.
작보사행 남녀대기 계정서목 필범형명 마립장장제환 일생다주신근

---

108) 곽림종(郭林宗, 128~169). 후한인으로 본명 곽태(郭泰)이며 자가 林宗이었으므로 곽림종으로 불린다. 어려서 부친을 사별하고 굴백언(屈伯彦)의 문하에서 공부하였다. 상술에 뛰어났으며 관인팔법이 『마의상법』에 함께 전한다.

참새처럼 깡충거리며 걷거나 뱀처럼 슬슬 걷는다면 남녀 모두 크게 좋지 않습니다. 닭의 눈동자와 쥐의 눈을 지닌 사람은 반드시 형벌을 당하게 되며 말이 선 듯 길쭉하고 걸음걸이가 말처럼 걷는 사람은 일생 신고가 많습니다.

猪形目赤, 憂遭羅網之非. 鴨步身偏多厚實, 鴈行生寡子昂頭.
저 형 목 적   우 조 라 망 지 비   압 보 신 편 다 후 실   안 행 생 규 혈 앙 두

"돼지형으로 눈에 붉은 기운이 있으면 법망에 걸려 형벌을 당하게 되며, 오리걸음을 걷고 몸이 기운 듯하면 재복이 많지만, 기러기 걸음을 걷는 사람은 가난하고 고독하여 머리를 쳐들고 탄식하게 될 사람이다."라고 하였습니다.

三尖六削何如?
삼 첨 육 삭 하 여

삼첨육삭은 어떤 것인가?

對曰, 頭尖, 面尖, 嘴尖, 不良之相. 六府俱削好狡之徒, 犯此怎得富貴?
대 왈   두 첨   면 첨   취 첨   불 량 지 상   육 부 구 삭 호 교 지 도   범 차 즘 득 부 귀

대왈, 정수리와 얼굴. 입이 뾰족한 것을 삼첨이라 하여 불량한 상입니다. 육부(양쪽 이마, 양쪽 광대뼈, 양쪽 턱)가 모두 깎인 듯한 것이 육삭으로 간교한 무리이므로 어찌 부귀를 누릴 수 있겠습니까?

人言鶴形龜息, 何說?
인 언 학 형 구 식   하 설

사람들이 말하는 학형과 구식이란 어떤 것인가?

對曰, 凡鶴形起步離地三尺, 肩偏項長, 頭先過步. 今人鶴形不過步, 離地
대 왈   범 학 형 기 보 리 지 삼 척   견 편 항 장   두 선 과 보   금 인 학 형 불 과 보   이 지
高者爲是, 肩項要同前, 官到尚書, 可學神仙.
고 자 위 시   견 항 요 동 전   관 도 상 서   가 학 신 선
龜息乃安睡之說, 凡睡氣從口出, 亦不聚財, 亦不長壽. 氣從鼻出則財福
구 식 내 안 수 지 설   범 수 기 종 구 출   역 불 취 재   역 불 장 수   기 종 비 출 칙 재 복
祿俱好.
록 구 호

학형이란 걸음을 걸을 때 발이 땅에서 3척 이상 떨어지며 어깨가 기울고 목이 길어서 발보다 머리가

먼저 나가는 것입니다. 그러나 지금 사람들은 머리가 먼저 나가지 않고 걸을 때 발이 땅에서 높이 떨어지며 어깨와 목은 위와 같습니다. 이런 사람은 벼슬이 상서에 이르며 신선의 학문을 배울 수 있습니다.

구식이란 편안히 잠을 자는 것으로 잠잘 때 호흡이 입으로부터 나온다면 재물을 모으기 어렵고 장수하기 어렵습니다. 숨은 코로 내쉰다면 재복과 복록이 모두 좋습니다.

凡口鼻俱無, 氣從耳出, 方爲龜息, 易睡易醒, 乃大貴之相, 神仙之體, 世
범구비구무 기종이출 방위구식 이수이성 내대귀지상 신선지체 세
人鮮矣. 今人亂言, 二形俱少, 得此者難.
인선의 금인란언 이형구소 득차자난

입과 코로 숨을 쉬지 않고 귀로 호흡을 하는 것 같은 것을 구식이라고 하며 이런 사람은 쉽게 잠이 들고 쉽게 깨는데 대귀한 상으로 신선의 몸을 가진 것이므로 세상 사람 가운데 드뭅니다. 지금 사람들이 어지럽게 말하지만 이 두 가지 형은 거의 없으므로 이것을 타고나기가 어려운 것입니다.

凡人一體無鬚何說?
범 인 일 체 무 수 하 설

수염이 없는 사람은 어떠한가?

對曰, 鬚乃腎經之苗, 丹田元神. 水形人多有腎虛, 土形人丹田不足, 此二
대 왈 수내신경지묘 단전원신 수형인다유신허 토형인단전불족 차이
形人無鬚極多.
형 인 무 수 극 다
凡水形土形有鬚必有好子. 濁者富, 淸者貴. 若無鬚, 乃腎水不足, 元氣虛
범수형토형유수필유호자 탁자부 청자귀 약무수 내신수불족 원기허
弱, 豈能有子乎?
약 기 능 유 자 호

수염은 신경의 싹이며 단전은 신의 원기입니다. 수형인 가운데 신장의 기운이 허한 사람이 많으며 토형은 단전의 기운이 부족합니다. 이 두 형의 사람 가운데 수염이 없는 사람이 극히 많습니다.

수형·토형인이 수염이 있으면 반드시 훌륭한 아들을 두게 됩니다. 탁한 기운을 띠면 부자이고 맑은 기운을 띠면 귀합니다. 수염이 없다면 이는 신장의 수기가 부족하고 원기가 허약한 것이므로 어찌 자식을 둘 수 있겠습니까?

木形人火旺, 故此無鬚, 還須有子, 不可以鬚言人子息, 恐悞其大事. 書
목형인화왕　고차무수　환수유자　불가이수언인자식　공오기대사　서

云, 木形相髮爲嗣, 水土看髮爲後.
운　목형상발위사　수토간발위후

목형인이 화기가 왕성하면 수염이 없지만 자식은 두게 됩니다. 수염만을 가지고 자식을 논할 수는 없으므로 큰일을 그르칠까 두렵습니다. 옛글에 "목형은 수염으로 후사를 살피고 수·토인은 수염으로 후사를 본다."고 하였습니다.

身發髮落, 何說?
신발발락　하설

몸이 피면 모발이 적어지는 것은 어떻게 된 것인가?

對曰, 凡肉隨財長, 髮遂神淸. 髮乃血之餘, 髮濁血亦枯, 髮秀血亦榮. 凡
대왈　범육수재장　발수신청　발내혈지여　발탁혈역고　발수혈역영　범

髮落財遂生, 肉長髮亦落.
발락재수생　육장발역락

木形落髮卽死無疑. 書云, 肉長財豊髮自疏, 血枯神濁亂如絲, 若是木形
목형락발즉사무의　서운　육장재풍발자소　혈고신탁란여사　약시목형

鬚鬢落, 再加髮落壽元歸.
수빈락　재가발락수원귀

대왈, 살을 따라 재물이 늘어나며 모발을 좇아 신이 맑아집니다. 모발은 혈기의 여분이므로 모발이 탁하면 혈기 또한 마르고 모발이 수려하면 혈기 또한 왕성합니다. 모발이 빠지면 재물이 따라 생하는 것이며 살이 찌면 모발이 빠지는 것입니다.

목형인은 모발이 빠지면 죽게 됨을 의심할 바 없습니다. 옛글에 "몸에 살이 찌면 재물이 풍족해지고 모발은 절로 드물어진다. 혈기가 마르고 신이 탁하여 산란하기가 실이 엉킨 듯하거나 목형인이 수염과 빈발이 빠지고 또한 모발까지 빠지면 목숨이 본원으로 돌아간다."라고 하였습니다.

三陽明旺, 何爲三陽?
삼양명왕　하위삼양

삼양은 밝고 왕성해야 한다는데 어떤 것이 삼양인가?

> 對曰, 三陽三陰乃雙目下, 又名臥蠶, 又名男女宮, 又名福德宮, 乃是眼下
> 대왈 삼양삼음내쌍목하 우명와잠 우명남녀궁 우명복덕궁 내시안하
>
> 三陽. 面上三陽印準顴, 乃一面之要處, 故宜明旺, 不宜暗滯.
> 삼양 면상삼양인준권 내일면지요처 고의명왕 불의암체

대왈, 삼양과 삼음은 양쪽 눈 아래입니다. 다른 이름으로는 와잠이라고도 하고 남녀궁 또는 복덕궁이라고 하는데 이것이 눈 아래 삼양입니다. 얼굴의 삼양은 인당과 관골·준두로 얼굴의 긴요한 부분이므로 밝고 왕성해야 좋으며 어둡거나 체한 기색을 띠면 좋지 않습니다.

> 凡人之相, 何有氣色二字?
> 범인지상 하유기색이자

사람의 상에 어찌하여 기색이란 두 글자가 있는가?

> 對曰, 書云, 骨格定一世榮枯, 氣色定行年休咎. 凡氣色乃五臟六腑之餘
> 대왈 서운 골격정일세영고 기색정행년휴구 범기색내오장륙부지여
>
> 光, 故有金木水火土之詳說.
> 광 고유금목수화토지상설

옛글에 "골격은 일생의 영화와 고난을 정하며 기색은 행년의 길흉을 정한다."라고 하였습니다. 기색은 오장과 육부의 빛이 나타나는 것이므로 금목수화토의 상세한 설이 있습니다.

> 在外爲氣在內爲色, 色爲苗氣爲根. 凡看根, 先看苗, 在內者還未遇, 在外
> 재외위기재내위색 색위묘기위근 범간근 선간묘 재내자환미우 재외
>
> 者已遇. 鮮明者正旺, 淡色者已散.
> 자이우 선명자정왕 담색자이산

밖에 있는 것이 기이며 안에 있는 것이 색입니다. 색은 싹이 되고 기는 뿌리입니다. 뿌리를 보려면 먼저 그 싹을 보는 것이므로 안에 있는 것은 아직 만나지 못한 것이며 밖에 있는 것은 이미 만난 것입니다. 선명하면 지금 왕성한 것이지만 엷다면 이미 흩어진 것입니다.

> 凡欲求謀, 卽在此宮看氣色, 有鬼神不測之機, 乃奪天地之秀氣, 世間各
> 범욕구모 즉재차궁간기색 유귀신불측지기 내탈천지지수기 세간각
>
> 樣異術, 惟氣色最驗. 但恐耳聾目盲, 妄言衰旺, 則不驗矣.
> 양이술 유기색최험 단공이롱목맹 망언쇠왕 즉불험의

어떤 일을 구하려면 곧 그 궁의 기색을 보는데 귀신도 예측할 수 없는 기밀이 있으므로 이것이 천지의

빼어난 기운을 탈취하는 것입니다. 세간에는 각종 이술이 있지만 오직 기색이 가장 영험합니다. 다만 귀먹고 눈이 멀어 함부로 쇠왕을 말하여 영험하지 않은 것이 두려운 점입니다.

男以精爲主, 出於何處?
남 이 정 위 주   출 어 하 처

남자는 정이 위주가 되는데 어디에 나타나는가?

對曰, 一身之本不過精神, 神一散豈能有命乎. 目爲五形之領, 故看眼上
대 왈   일 신 지 본 불 과 정 신   신 일 산 기 능 유 명 호   목 위 오 형 지 령   고 간 안 상

則知.
즉 지

凡養精神發在雙目, 目秀神心秀, 目淸神心淸, 目枯濁神必枯濁, 目散光
범 양 정 신 발 재 쌍 목   목 수 신 심 수   목 청 신 심 청   목 고 탁 신 필 고 탁   목 산 광

神必散光, 故目要神爲主.
신 필 산 광   고 목 요 신 위 주

일신의 근본은 정신에 불과하므로 정신이 흐트러지면 어떻게 생명을 보전할 수 있겠습니까. 눈은 오형의 으뜸이므로 눈을 보아 정신을 알 수 있습니다.

정신을 길러 나타나는 곳은 두 눈이므로 눈의 정기가 빼어나면 정신도 빼어나며 눈이 맑다면 정신도 맑은 것입니다. 눈이 마르고 탁하다면 정신도 마르고 탁한 것이며 눈빛이 흩어졌다며 정신도 흐트러진 것이므로 눈은 정신의 주인이 되는 것입니다.

太素曰, 眼乃一身精華, 不宜不秀, 日月若流星, 必是身榮之客, 眼若盲
태 소 왈   안 내 일 신 정 화   불 의 불 수   일 월 약 류 성   필 시 신 영 지 객   안 약 맹

昧, 多因困苦之人.
매   다 인 곤 고 지 인

不露不偏, 不陷不浮光, 方爲美相, 此數件若犯一件, 決然不好.
불 로 불 편   불 함 불 부 광   방 위 미 상   차 수 건 약 범 일 건   결 연 불 호

書曰, 一體精神二目中, 睛明點漆必身榮, 若是焦黃亂濁, 爲人下賤且貧
서 왈   일 체 정 신 이 목 중   정 명 점 칠 필 신 영   약 시 초 황 란 탁   위 인 하 천 차 빈

窮.
궁

황제내경 태소에 이르기를 "눈은 일신의 정화이므로 빼어나지 않으면 좋지 않다. 눈이 유성처럼 빛나면 반드시 몸에 영화가 있는 사람이지만 눈이 흐리고 어둡다면 곤고함이 많은 사람이다."라고 하였습니다.

"눈동자가 드러나거나 눈이 비뚤어지지 않고 함몰되거나 눈빛이 들뜬 듯하지 않아야 좋은 상이라 할 수 있다. 이 가운데 한 가지라도 해당되면 결단코 좋지 않다."라고 하였습니다.

옛글에 이르기를 "모든 정신은 두 눈에 있으므로 눈동자가 밝고 옻칠로 점을 찍은 듯하면 반드시 몸에 영화가 이르지만 마르고 누렇고 산란하며 탁하면 사람됨이 하천하고 빈궁하다."라고 하였습니다.

一生無運, 老來反得安逸, 何說?
일 생 무 운   노 래 반 득 안 일   하 설

일생 운이 없다가도 늙어가며 편안하게 되는 사람이 있는데 그것은 어째서인가?

對日, 一生無運, 因一面失局, 星辰不勻, 部位不停, 以致一生勞苦, 無半
대 왈   일 생 무 운   인 일 면 실 국   성 신 불 균   부 위 부 정   이 치 일 생 로 고   무 반

日安閒, 老來苦. 神定血旺不在相上. 凡老運只看皮色氣血, 若神血氣俱
일 안 한   노 래 고   신 정 혈 왕 부 재 상 상   범 노 운 지 간 피 색 기 혈   약 신 혈 기 구

好, 雖無運亦好.
호   수 무 운 역 호

대왈, 일생 운이 없는 것은 얼굴의 격국이 실격되었기 때문입니다. 두 눈이 균형을 이루지 못하고 부위의 균형이 깨어졌다면 일생 동안 노고가 많게 되어 한나절도 편안하고 한가함이 없습니다. 나이 들수록 고생하는 것은 신기와 혈기가 왕성한가에 달려있지 상에 있지 않습니다. 무릇 노인의 운은 오직 피부의 색과 기혈을 보아야 하는데, 신과 혈기가 모두 좋다면 비록 운이 없다가도 좋아지게 됩니다.

若皮色一枯, 則死期至矣. 書云, 老看皮毛血共神, 四肢俱好, 主身榮, 若
약 피 색 일 고   즉 사 기 지 의   서 운   노 간 피 모 혈 공 신   사 지 구 호   주 신 영   약

是皮枯幷血弱, 一年之內必歸冥.
시 피 고 병 혈 약   일 년 지 내 필 귀 명

그러나 피부의 기색이 갑자기 마른 듯하면 죽을 때가 이른 것입니다. 옛글에 "노인은 피부와 모발. 혈색과 신기를 보고 사지가 모두 건실하다면 몸에 영화가 이르게 된다. 그러나 피부가 마른 듯하고 혈색이 약하면 일 년 이내에 반드시 어둠 속으로 돌아가게 된다."라고 하였습니다.

貌陋者心多聰慧, 何說?
모 루 자 심 다 총 혜   하 설

對日, 此乃濁中有淸之說, 常說濁中淸, 淸中濁, 未曾辨明. 凡人一身濁
대 왈   차 내 탁 중 유 청 지 설   상 설 탁 중 청   청 중 탁   미 증 변 명   범 인 일 신 탁

色, 五嶽偏陷歪斜, 止取印堂平爲福德學堂.
색 오 악 편 함 왜 사 지 취 인 당 평 위 복 덕 학 당

모습이 추지만 총명하고 지혜가 많은 것은 어떻게 된 것인가?

대왈, 이것이 바로 탁한 가운데 맑음이 있다는 설입니다. 흔히 탁중청이니 청중탁이니 하지만 일찍이 명백히 구분하지 못했습니다. 사람의 몸이 탁한 색을 띠고 오악이 기울고 함몰되고 비뚤어졌다 해도 취할 수 있는 것은 인당이 평평한 것으로 복덕학당이 됩니다.

耳有輪廓爲外學堂, 睛秀爲聰明學堂, 齒白爲內學堂. 此四學堂成, 不論
이 유 윤 곽 위 외 학 당 정 수 위 총 명 학 당 치 백 위 내 학 당 차 사 학 당 성 불 론

貌醜, 乃濁中淸, 甚是聰明, 可爲卿相.
모 추 내 탁 중 청 심 시 총 명 가 위 경 상

귀의 윤곽이 있는 것이 외학당이 되며, 눈동자가 빼어난 것이 총명학당, 치아가 흰 것이 내학당이 됩니다. 이 사학당이 제대로 이루어져 있다면 모습이 추한 것을 논하지 않으므로 이것이 바로 탁중청으로 매우 총명하여 가히 경상의 벼슬을 할 수 있습니다.

書云, 耳正睛淸似碧波, 齒齊潔白氣來和, 雖是形容多醜陋, 胸中高策萬
서 운 이 정 정 청 사 벽 파 치 제 결 백 기 래 화 수 시 형 용 다 추 루 흉 중 고 책 만

人無.
인 무

옛글에 이르기를 "귀가 바르고 눈동자가 맑아 푸른 물결 같고 치아가 가지런하고 깨끗하며 희고 온화한 기가 있다면 비록 형용이 추해도 가슴 속에는 만인에게 없는 고상한 비책을 지닌 인물이다."라고 하였습니다.

貌俊心朦, 何說?
모 준 심 몽 하 설

외모는 준수한데 마음이 어리석은 것은 어떻게 된 것인가?

對曰, 此乃.中濁之相. 凡人貌俊耳雖正, 睛欠神, 齒欠齊, 氣不和, 神多
대 왈 차 내 청 중 탁 지 상 범 인 모 준 이 수 정 정 흠 신 치 흠 제 기 불 화 신 다

亂, 此乃萬事無成之相.
란 차 내 만 사 무 성 지 상

대왈, 이것이 바로 청중탁의 상입니다. 외모가 준수하고 귀가 비록 단정해도 눈동자의 정기가 부족하고 치아가 가지런하지 않으며 기가 온화하지 않고 정신이 산란하면 만사를 이루지 못하는 상입니다.

病沈反生, 無病反死, 何說?
병 심 반 생　　무 병 반 사　　하 설

병이 깊어도 오히려 사는 사람이 있는가 하면 병이 없는 데도 오히려 죽는 사람이 있는 것은 어찌된 까닭인가?

對曰, 此二者, 獨言氣色, 不在相上. 凡病人氣色所忌五件俱主死. 山根
대 왈　차 이 자　독 언 기 색　불 재 상 상　범 병 인 기 색 소 기 오 건 구 주 사　산 근

枯, 耳輪黑, 命門暗, 口角靑, 口角黃.
고　이 륜 흑　명 문 암　구 각 청　구 각 황

대왈, 이 두 가지는 다만 기색으로 설명할 수 있을 뿐 골상에 있지 않습니다. 병자의 기색에는 꺼리는 다섯 가지가 있으므로 모두 죽게 되는 것입니다. 산근이 마른 듯 건조한 것, 귓바퀴가 검은 것, 명문이 어두운 것, 입술 끝이 청색을 띠는 것, 입술 끝이 누렇게 변하는 것 등이 그것입니다.

書云, 黑遶太陽, 盧醫莫救. 靑遮口角, 扁鵲難醫. 外有雜色, 暗滯靑黃,
서 운　흑 요 태 양　노 의 막 구　청 차 구 각　편 작 난 의　외 유 잡 색　암 체 청 황,

不過病色. 若準頭一明, 死者復生, 命門一亮, 不日身安. 年壽開, 災厄卽
불 과 병 색　약 준 두 일 명　사 자 복 생　명 문 일 량　불 일 신 안　년 수 개　재 액 즉

遠.
원

옛글에 이르기를 "흑색이 눈자위를 둘러싸면 노의[109]라도 구할 수 없고 청색이 구각을 막으면 편작[110]도 고칠 수 없다."고 하였습니다. 피부 밖으로 여러 색이 섞인 기색이나 어둡고 막힌 듯하고 청색·황색이 나타나면 병색에 불과합니다. 준두가 밝아지면 죽게 될 사람도 다시 소생하며 명문이 밝아지면 하루가 지나지 않아 몸이 편안해지게 됩니다. 년상과 수상의 기색이 열리면 재액이 즉시 멀어지게 됩니다.

---

109) 盧醫. 唐나라 張守節이 撰한 『史記正義』에 "편작은 집이 노나라 지역에 있었으므로 노의 라고도 부른다(扁鵲,家于盧國,又稱盧醫)"라고 한 것으로 보아 전국시기의 명의 편작을 가리킨다.

110) 扁鵲(?~?). 춘추시기의 의학자로 본명은 진월인(秦越人). 괵나라(BC 655년 멸망) 태자의 급환을 고쳐 죽음에서 되살렸다고 한다.

又云, 三陽如靛, 死必無疑. 年壽光明還須有救. 此五處一處開, 不死. 凡
우운 삼양여전 사필무의 연수광명환수유구 차오처일처개 불사 범

人氣色暗, 忽一日光明, 死期至矣. 常明忽暗, 死亦至矣. 病必死者, 年壽
인기색상암 홀일일광명 사기지의 상명홀암 사역지의 병필사자 연수

三陽一赤, 旬日身亡.
삼양일적 순일신망

또한 이르기를 "두 눈이 남색을 띠면 죽게 됨을 의심할 바 없지만 년상과 수상이 밝아지면 반드시 목숨을 건질 수 있다. 이 다섯 부위 가운데 한 부분이라도 기색이 열리면 죽지 않는다."라고 했습니다. 무릇 사람의 기색이 계속 어둡다가 어느 날 홀연히 밝게 빛나면 죽을 때가 이른 것이며, 항상 밝다가 홀연히 어둡게 되어도 죽음이 또한 이르는 것입니다. 병으로 반드시 죽게 된 사람이 년상·수상·삼양에 붉은색이 나타나면 10일 후에 죽게 됩니다.

白發印堂黃發口, 一七殞命. 四壁如烟起赤光, 須防二七. 老人滿面黃光
백발인당황발구 일칠운명 사벽여연기적광 수방이칠 로인만면황광

現, 一七難逃.
현 일칠난도

인당에 백의 기운이 나타나고 입에 황의 기운이 나타나면 7일 후에 죽을 목숨이며 온 얼굴에 연기 같은 기색이 나타나고 붉은빛이 보이면 반드시 14일 후를 방비해야 합니다. 노인이 만면에 황색 빛이 나타나면 7일 후를 피하기 어렵습니다.

少者靑來口角邊, 一月之數. 有病人雖看準頭不潤, 好人則只看年壽如泥
소자청래구각변 일월지수 유병인수간준두불윤 호인칙지간년수여니

耳生塵, 還須有疾病.
이생진 환수유질병

耳輪赤, 萬事無憂. 印堂黑, 非死也. 重顴骨靑, 大難來臨. 一身血色有光
이륜적 만사무우 인당흑 비사야 중권골청 대난래림 일신혈색유광

華, 一年之內. 皮血滯如泥不亮, 半載之間.
화 일년지내 피혈체여니불량 반재지간

소년이 입 끝에 청색이 나타나면 1개월의 수입니다. 병이 있는 사람은 준두가 윤택하지 않고, 건강한 사람도 년상과 수상이 진흙 같고, 귀가 먼지가 낀 것처럼 어둡다면 틀림없이 질병이 있는 것입니다.

귓바퀴가 붉다면 모든 일에 근심이 없고, 인당이 흑색이면 죽지는 않지만 관골에 청색 기운이 강하게 나타나면 큰 어려움이 닥치게 됩니다. 몸 전체가 핏빛과 같고 빛이 화려하면 일 년 이내, 피부와 혈색이 막혀 진흙 같고 밝지 않으면 반년 이내의 운이 좋지 않습니다.

一骨格, 二部位, 三形神, 四氣色, 此四件何一件更準?

첫째는 골격이며 둘째는 부위, 셋째는 형신, 넷째는 기색이라 하는데 이 네 가지 중 어떤 것을 더 기준으로 삼는가?

對曰, 骨格定一世貧富, 部位定一世消長, 形神定更改, 氣色定當年吉凶, 此四件俱準, 各有一用. 依前三十六法, 一一細看, 無不應驗.

대왈, 골격은 일생의 빈부를 정하고 부위는 일생의 성쇠를 정하지만 형신은 이를 바꿀 수 있습니다. 기색으로는 당년의 길흉을 보는데 이 네 가지 모두가 기준이 되고 각기 적용되는 범위가 있습니다. 먼저 36가지 방법에 의거하여 하나하나 자세히 살핀다면 영험치 않은 것이 없습니다.

氣色逐時有變, 可依後逐年生克, 逐月宮份, 逐日氣節, 求其事應於某宮, 當用某月某日可得. 何方可求, 何方可避, 依法用心, 鬼神莫測, 可奪天機也.

기색은 때에 따라 변화가 있으므로 그 해의 생극을 따르고 월궁 부위를 따르고 하루의 기의 변화를 따르면 그 일이 어떤 궁에 나타나는지 찾아 어느 달 어느 날에 얻을 수 있는지, 어떤 방향에서 구할 수 있으며, 어떤 방향으로 피할 수 있는지를 알게 되어 법도에 따라 마음을 쓴다면 귀신도 알지 못하는 경지이므로 하늘의 기밀을 빼앗을 수 있는 것입니다.

286

12 │ 觀人八法
관 인 팔 법

一曰 威 威猛之相
일왈 위 위맹지상

첫째는 위엄이니 위엄 있고 용맹스러운 상이다.

尊嚴可畏謂之威, 主權勢也. 如豪鷹搏兔而百鳥自驚, 如怒虎出林而百獸
존 엄 가 외 위 지 위   주 권 세 야   여 호 응 박 토 이 백 조 자 경   여 노 호 출 림 이 백 수

自戰. 蓋神色嚴肅而人所自畏也.
자 전   개 신 색 엄 숙 이 인 소 자 외 야.

존엄하여 두려운 마음이 드는 상을 위(威)라 하므로 권세를 지니게 된다. 기백 있어 해동청이 토끼를
잡으므로 모든 새가 놀라고, 노한 범이 숲에서 나오니 모든 짐승이 스스로 두려워 떠는 듯하다. 무릇
신색이 엄숙하여 사람들이 스스로 두려운 마음을 갖게 된다.

☛ 위맹지상을 지닌 사람은 타고난 위엄이 있으므로 엄숙하여 타인들이 스스로 위엄을 느끼게
된다. 눈썹 끝이 위를 향하고 눈이 작고 가늘며 눈빛이 예리하고 말수가 적으며 냉정한
이성을 갖춘 특징이 있다. 주로 무관(武官)이나 법조인 가운데 많으며 무관으로 출발하여
고위직에 오르는 인물이 많다.

二曰 厚, 厚重之相
이 왈 후   후 중 지 상

둘째는 후함이니 중후한 상이다.

體貌敦重謂之厚, 主福祿也. 其量如滄海, 其器如萬斛之舟. 引之不來而
체 모 돈 중 위 지 후   주 복 록 야   기 량 여 창 해   기 기 여 만 곡 지 주   인 지 불 래 이

搖之不動也.
요 지 부 동 야

신체와 얼굴이 두툼하고 중후한 것을 후(厚)라고 하며 복록을 누리게 된다. 그 기량이 푸른 바다와

같고 그 그릇이 만석을 실은 배와 같으므로 끌어도 끌려오지 않고 흔들어도 움직이지 않는다.

☛ 몸과 얼굴에 살집이 두툼하고 윤택하며 인품이 너그럽고 통이 크다. 중후하여 쉽사리 남의 말에 이끌리지 않으며 주로 재복이 많아 재벌이나 사업가들이 많다.

三曰 淸, 淸秀之相
삼 왈 청 청 수 지 상

셋째는 맑음이니 청수한 상이다.

淸者, 精神翹秀謂之淸. 如桂林一枝, 崑山片玉, 洒然高秀而塵不染. 或淸
청 자 정 신 교 수 위 지 청 여 계 림 일 지 곤 산 편 옥 쇄 연 고 수 이 진 불 염 혹 청

而不厚, 則近乎薄也.
이 불 후 즉 근 호 박 야

맑다고 하는 것은, 정신이 우수하고 빼어난 것을 맑다고 한다. 마치 계수나무 중에 빼어난 가지와 같고 곤산에 있는 한 조각의 옥과 같아서 자태가 맑고 상쾌하며 고상하고 수려하여 티끌도 오염시킬 수 없다. 그러나 맑기만 하고 중후하지 않으면 경박스럽고 박복한 상에 가깝다.

☛ 모습이 빼어난 선비의 상으로 눈에 총기가 가득하다. 두뇌 회전이 빨라 비상한 수재형의 인물이 많으며 학자·과학자·교육계 종사자들이 많다. 그러나 신체가 중후하지 않으면 성격이 경박하고 박복하다.

四曰 古, 古怪之相
사 왈 고 고 괴 지 상

네 번째는 기이함이니 고괴한 상이다.

古者, 骨氣岩稜謂之古. 古而不淸, 則近乎俗也.
고 자 골 기 암 능 위 지 고 고 이 불 청 즉 근 호 속 야

고괴함이란, 골기가 바위처럼 딱딱하고 모서리 같은 것을 말하며 고괴하기만 하고 청수하지 않으면 속됨에 가깝다.

☛ 고괴지상은 다소 괴이하게 생긴 상으로 마치 토끼나 원숭이 등 동물, 또는 돌덩이 등

광물을 닮은 얼굴이다. 이러한 상으로 청수한 인물들 가운데 특별한 재능을 지녔거나 재복이 있어 특별한 분야에서 성공한 인물이 많고 과학자나 예술가·종교인 등으로 크게 성공한 인물이 많다. 그러나 청수하지 못하고 괴이하기만 하다면 가난하고 일생 동안 신고가 많으며 결혼과 자식이 늦다.

五曰 孤, 孤寒之相
오 왈 고 고 한 지 상

다섯 번째는 외로움이니 외롭고 추운 상이다.

孤者, 形骨孤寒, 而項長肩縮. 脚斜腦偏. 其坐如搖, 其行如攫. 又如水邊
고 자 형 골 고 한 이 항 장 견 축 각 사 뇌 편 기 좌 여 요 기 행 여 확 우 여 수 변
獨鶴, 雨中鷺鷥. 生成孤獨也.
독 학 우 중 노 자 생 성 고 독 야

고독한 상이란, 체형과 골격이 외롭고 추운 듯한 것으로 목이 길고 어깨를 움추린 듯하며 정강이가 기울고 머리가 치우치며, 앉은 자세가 요동스럽고 움직임이 빨리 낚아채는 듯하다. 또한 물가의 외로운 학이나 비 맞은 백로나 해오라기 같은데 태어나기를 고독하게 태어난 것이다.

☛ 고한지상이란 고독함을 타고 난 것으로 처량한 듯 고개를 옆으로 기울이거나 앞으로 떨구고 자주 한숨을 쉬는 경우도 있다. 목이 가늘고 길지만 추운 듯 어깨를 움추린 듯한 체형이 많다. 또한 다리와 정강이에 살이 없어 가늘므로 다리가 휜 듯 보인다. 잠시도 한 곳에 중후하게 앉아 있지 못하며 특별한 일이 없어도 바쁜 듯 돌아다니기를 좋아한다. 종교인으로 되는 것이 좋다.

六曰 薄, 薄弱之相
육 왈 박 박 약 지 상

여섯째는 박복함이니 박복하고 나약한 상이다.

薄者, 體貌劣弱, 形輕氣怯, 色昏而暗, 神露不藏. 如一葉之舟, 而泛重波
박 자 체 모 열 약 형 경 기 겁 색 혼 이 암 신 로 불 장 여 일 엽 지 주 이 범 중 파
之上. 見之皆知其微薄也. 主貧下賤, 縱有食必夭.
지 상 견 지 개 지 기 미 박 야 주 빈 하 천 종 유 식 필 요

박약한 상은, 신체와 면모가 열약하고 형상이 가볍고 기가 약해 겁먹은 듯하다. 기색이 어둡고 침침하며 눈의 정기가 밖으로 드러나고 은장하지 않다. 조각배가 큰 파도 위에 떠 있는 듯하기 때문에 보면 자질구레하고 박복함을 알 수 있다. 가난하고 하천하며 비록 먹을 것이 있다 해도 반드시 요절한다.

☞ 박약한 상을 지닌 사람은 막 잠에서 깨어난 사람처럼 기질이 나약해 보이고 신체나 행동에 중후함이 없다. 항상 겁먹은 듯 상대를 똑바로 응시하지 못하고 주저하며 망설이고 말끝이 분명치 않아 입안에서 우물우물 한다. 신기(神氣)가 약해 결단성이 부족하여 큰일을 할 수 없으므로 가난하고 천하게 살게 되는데 갑자기 부를 얻으면 요절하게 되므로 가난하게 살아야 천수를 누리게 되는 부빈즉요(不貧卽夭)에 속하는 상이다.

七曰 惡, 惡頑之相
칠 왈　악　악 완 지 상

일곱째는 악으로, 악하고 완고한 상이다.

惡者, 體貌兇頑, 如蛇鼠之形, 豺狼之聲, 或性暴神露. 骨傷節破, 皆主凶
악 자　체 모 흉 완　여 사 서 지 형　시 랑 지 성　혹 성 폭 신 로　골 상 절 파　개 주 흉

暴, 不足爲美也.
포　부 족 위 미 야

악한 상이란, 신체와 면모가 흉악하고 고집스럽다. 뱀이나 쥐와 같은 형상에 이리나 늑대와 같은 음성을 지녔으며 성정이 포악하고 신기가 밖으로 드러난다. 골육을 죽이고 패륜하는 등 주로 흉폭하여 아름다움이 부족하다.

☞ 악한 상이란 우선 얼굴이 흉악하다. 주로 양쪽 관골(顴骨)이 옆으로 솟아 튀어나온 듯하거나, 관골이 눈 끝의 아랫부분까지 솟아 있는 경우가 많다. 또는 노루머리와 같이 뒤통수가 납작하고 얼굴이 갸름하며 눈동자가 쥐 눈과 같이 작고 검어 마치 학자인 듯 행세하는 경우가 많은데 이런 사람을 장두서목(獐頭鼠目)이라고 하고 도둑이나 사기꾼일 따름이다. 또한 눈꺼풀의 아랫부분을 예리한 칼로 오려낸 듯하며, 눈동자가 눈꺼풀 안에서 내어다 보는 듯한 사안(蛇眼, 뱀눈)을 지닌 사람은 성정이 독하고 흉폭하여 부모를 때리게 되며, 사안이나 양안(羊眼, 양눈)·벌과 같은 봉안(蜂眼)을 지니고 이리나 늑대와 같은 음성을 지닌 사람은 부모나 형제를 죽이고 끝내 멸문지화를 당하게 된다.

八曰 俗, 俗濁之相
팔 왈 속 속 탁 지 상

여덟째는 속이니 속탁한 상이다.

俗者, 形貌昏濁, 如塵中之物, 而淺俗. 縱有衣食, 亦多迍也.
속 자 형 모 혼 탁   여 진 중 지 물   이 천 속   종 유 의 식   역 다 둔 야

속탁한 상이란, 형상과 면모가 어둡고 탁하여 마치 흙먼지에 덮인 물체와 같고 소견이 좁고 속되다. 비록 의식이 있다 해도 또한 막히는 일이 많다.

☛ 속탁한 상에 속하는 사람은 얼굴에 뼈가 드러난 노골(露骨)과 쭈글쭈글 늘어진 살이 많고 면모가 꾀죄죄하며 생각과 행동이 비루하고 천박하며 잡기에 능한 면이 있다. 잡기에 가깝거나 노동에 가까운 직업을 갖는데 일생 동안 신고가 많다.

觀相叅考文獻
관 상 참 고 문 헌

原典
원 전

史廣海, 『面相秘笈』, 台中: 瑞成書局, 2000.

袁忠徹, 『柳莊相法』, 臺灣:文化圖書公司, 1992.

袁忠散 訂正, 『神相全編』. 臺北: 新文豐出版公司.

龔稚川, 『相理大全』, 臺中: 瑞成書局, 民國 58.

樓紹棠 編著, 『相學通鑑』, 臺北: 正一善書出版社, 民國 78.

單行本
단 행 본

김광일, 『관상학의 길잡이』, 서울: 책 만드는 집, 2008.

김명광, 『얼굴이 사람을 말한다』, 서울: 무한, 2001.

김문기, 『얼굴로 보는 평생 운명학』, 서울: 가교, 1994.

김성헌, 『한국인의 얼굴 한국인의 운명』, 서울: 동학사, 2002.

김혜진, 『정통관상과학대사전』, 서울: 동영, 1997.

김효린, 『관상의 비밀』, 서울: 청비송, 2010.

마의천, 『관상과 운명』, 서울: 도서출판 밀알, 1994.

박일주, 『관상을 알면 팔자가 보인다』, 서울: 좋은글, 1994.

백운학, 『관상보감』, 서울: 민예사, 2004.

신기원, 『신기원의 꼴 관상학』, 고양: 위즈덤하우스, 2010.

신응철, 『관상의 문화학』, 서울: 책세상, 2006.

양학형, 『현대관상과학대사전』, 서울: 철암사, 1976.

엄기헌, 『복을 부르는 관상 화를 부르는 관상』, 서울: 아카데미북, 1999.

엄원섭, 『관상보고 사람 아는 법』, 서울: 백만문화사, 2007.

오현리, 『정통관상백과』, 서울: 동학사, 2001.

이우영, 『알기쉬운 관상과 손금』, 서울: 아이템북스, 2009.

이정래, 『상학진전』, 서울: 우정출판사, 1984.

이정욱, 『심상관상』, 서울: 천리안, 2006.

정현우, 『인상 경영학』, 서울: 어문각, 1986.

조성우, 『관상대전』, 서울: 명문당, 1989.

조성우 역, 『麻衣相法』, 서울: 명문당, 2001.

조성태, 『생긴 대로 병이 온다』, 서울: 샘이깊은물, 2007.

조용진, 『얼굴, 한국인의 낮』, 사계절, 1999.

주선희, 『얼굴경영』, 서울: 동아일보사, 2014.

최인영, 『면상비급』, 서울: 청학출판사, 2008.

허영만, 『허영만의 꼴 세트(전10권)』, 서울: 위즈덤하우스, 2010.

博士論文
박 사 논 문

김수동, 「얼굴유형별 승용차 구매평가기준에 관한 연구」, 전남대 박사논문, 2000.

김연희, 「유초 인물지의 인재론에 관한 상학적 연구」, 원광대 박사논문, 2009.

양탁생, 「고전상학의 수명론 연구: 동양의학과 관련하여」, 원광대 박사논문, 2023.

주선희, 「동·서양 인상연구의 비교와 인상관리에 대한 사회학적 고찰」, 경희대 박사논문, 2004.

홍수현, 「음양오행사상의 관상학에 기반한 애니메이션 캐릭터 얼굴 설계 시스템 연구」, 부산대 박사
　　　논문, 2005.

홍연수, 「음양오행사상을 중심으로 한 방송출연자의 인상학적 연구, 동방대 박사논문, 2014.

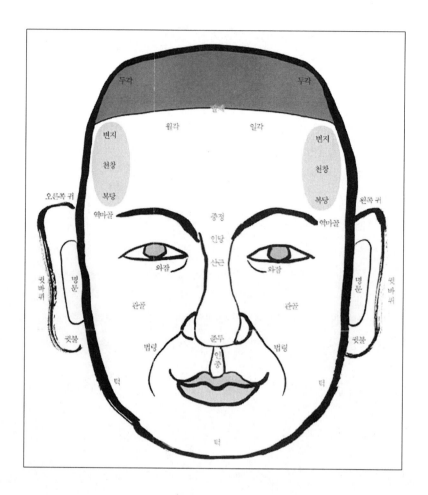

| 편저자 소개 |

창암 양탁생梁卓生
문학박사(인상학 전공)
원광대학교 동양학대학원(관상학) 석사 졸업
원광대학교 일반대학원 한국문화학과 동양문화(관상학) 박사 졸업
현) 영산대학교 창조인재대학 동양상담복지학부 외래교수

박사논문
고전상학의 수명론 연구 - 동양의학과 관련하여 -

관상인문학
상학전서相學全書

초판 인쇄   2025년   3월   1일
초판 발행   2025년   3월   8일

편 저 자 | 양탁생
펴 낸 이 | 하운근
펴 낸 곳 | 學古房

주   소 | 경기도 고양시 덕양구 통일로 140 삼송테크노밸리 A동 B224
전   화 | (02)353-9908 편집부(02)356-9903
팩   스 | (02)6959-8234
홈페이지 | http://hakgobang.co.kr/
전자우편 | hakgobang@naver.com
등록번호 | 제311-1994-000001호

ISBN 979-11-6995-651-2 93180

값 : 30,000원

■ 파본은 교환해 드립니다.